용산참사를 통해 본

도시재개발사업의
갈등과 대안

용산참사를 통해 본

도시재개발사업의
갈등과 대안

여관현 지음

KSi 한국학술정보㈜

　최근 들어 정부 정책을 둘러싼 이해당사자 간 주장이나 요구가 사
회적 갈등으로 확대되는 현상들이 늘어나고 있다. 특히, 이해관계가
복잡하게 얽힌 도시재개발사업 등의 대규모 지역현안 사업의 경우
에는 이러한 현상이 두드러진다. 이러한 경향에 따라, 최근 도시정
부와 학계에서는 도시재개발사업의 갈등에 대한 연구들이 증가하고
있다. 그러나 도시재개발사업의 이해당사자 간 갈등구조에 대한 이
해부족과 체계적, 종합적인 갈등해소 방안 마련의 미흡은 직·간접
적인 참여주체 간 물리적인 충돌을 넘어서 법적 소송까지 이어지고
있다. 더욱이 재개발구역의 지속적인 증가는 향후 진행될 재개발사
업의 갈등발생 가능성을 간접적으로 보여 주고 있다.

　이 도서는 바로 이러한 취지에서 출발하게 되었다. 도시재개발사
업은 대부분이 민간주도의 조합방식으로 추진되기 때문에 그 과정
에서 이해당사자 간의 신뢰 형성은 매우 중요하다. 이러한 재개발사
업의 특성상 이해당사자 간의 첨예한 입장 차이가 때로는 역동적이
고 폭력적인 갈등으로 표출되기도 한다. 그 대표적인 사례로 용산4
구역을 들 수 있는데, 특정지역에서 진행된 재개발사업 갈등이 사회

적으로 확대된 경우이다. 도시재개발사업의 갈등은 원활한 사업진행
에 장애요소로 작용하고 있으며, 이에 갈등의 효과적이고 체계적인
갈등관리 시스템이 요구되고 있다.

　도시재개발사업의 갈등문제를 체계적으로 관리하기 위해서는 갈
등의 원인을 정확히 이해하는 것이 무엇보다 필요하다. 이것은 재개
발사업 참여주체와 그들 간의 상호 관계, 네트워크 구조 등을 통해
서 역동적(dynamic)인 재개발사업의 갈등 메커니즘을 이해할 수 있
다. 또한, 이를 기반으로 갈등요인 및 해소기제, 그리고 정책적 함의
도출이 가능하다. 따라서 도시재개발과정의 갈등구조를 정책네트워
크 관점(policy network perspective)으로 접근하여 갈등형성 메커니즘
을 분석할 목적으로 연구된 것이다.

　용산4구역 재개발사업에 참여하는 이해당사자 간의 상호작용, 네
트워크 구조, 갈등단계별 갈등구조를 살펴보고, 갈등해소를 위한 제
언 및 정책적 시사점을 도출하였다. 이론적 연구는 도시재개발사업
의 갈등과 정책네트워크 이론을 중심으로 한 문헌조사로 진행하였
다. 사례연구는 문헌자료, 언론자료, 심층면접(in-depth interview)자

료, 용산구청 및 재개발조합 업무일지, 회의자료 등을 사용하였다. 심층면접 대상자는 용산4구역 재개발사업의 직·간접적인 주요 행위자를 대상으로 하였다. 여기에는 용산구청, 서울시청을 비롯하여 사업추진주체인 정비업자, 시공자, 그리고 시민단체인 전철연, 범대위 등이 해당된다.

본 서적에서 다루고 있는 연구의 대상은 도시재개발사업 중 상업지역을 정비하는 도심재개발사업을 중심으로 한다. 공간적 범위는 '한강로2가 국제빌딩 주변 일대'에 위치한 서울시 용산4구역 재개발사업으로 한정한다. 용산4구역은 최근 재개발사업과 관련하여 이해당사자 간의 갈등이 사회적으로 표출된 대표적인 갈등 사례지이다. 용산4구역 재개발계획은 2006년 서울시의 재개발사업 시행결정에 따라 구역결정고시로 시작되었다. 그리고 재개발과정에서 재개발조합과 상가세입자 간의 극심한 갈등으로 2009년 1월 '용산참사'가 발생하였다.

도시재개발사업의 갈등해소를 위한 제언은 6가지로 요약된다. 첫째, 재개발사업에서 갈등발생을 줄이고 갈등방안을 마련하기 위한 방향전환이 필요하다. 둘째, '용산참사'와 같은 재개발사업의 갈등해소를 위해서는 간접적인 행위자들의 참여를 확대함으로써 직접적인 이해당사자 간의 협상분위기를 조성할 수 있다. 셋째, 마을만들기 등의 개선형 정비수법을 도입하여야 한다. 넷째, 지방정부의 공적이고 적극적인 시각전환이 필요하다. 다섯째, 상가권리금을 비롯한 다양한 상가세입자의 보상기준 마련이 필요하다. 여섯째, 공공관리제도의 권한강화로 재개발사업 추진주체의 투명성을 강화해야 한다.

도시재개발사업의 정책적 함의는 5가지로 요약된다. 첫째, 상가세입자 보상과 관련된 법제도적 기준을 다양하고 명확하게 개선해야 한다. 금전적인 보상을 비롯하여, 가이주단지, 임시상가, 상가우선분양권 등 다양한 보상방법이 마련되어야 한다. 둘째, 도시재개발사업의 갈등해소를 위해서 다양한 개선형 정비수법의 도입이 필요하다. 예를 들면, 현지개량수법(휴먼타운, 경관협정사업 등), 협력형 마을만들기, 소규모주택 정비사업, 주택 개·보수사업(마을기업, 사회적 기업 등) 및 리모델링 활성화사업, 소규모 상가 신축·개축사업, Urban Village 등이 있다.

셋째, 상가세입자와 지속적인 소통을 통해서 이해관계를 조정할 수 있는 재개발사업 전담기구가 필요하다. 왜냐하면, 재개발사업은 보상과 관련된 소통이 무엇보다 중요하기 때문이다. 넷째, 경찰의 강압적인 철거민 진압작전을 신중하게 결정할 수 있는 제도적 규정이 강화되어야 한다. 경찰을 투입하는 경우에는 충분한 시간을 가지고 신중히 대처해야 할 것이다. 다섯째, 상가세입자와 결탁하여 물리적인 충돌을 유발하는 단체들에 대한 규정이 마련되어야 한다. 재개발사업에서 전철연 등의 개입은 경찰 및 철거업자 등과의 갈등을 고조시킴으로써 갈등이 최고조에 달하게 되었기 때문이다.

2012년 2월 전농동 연구실에서
저자 여관현

차례

제1장 도시재개발사업 갈등연구의 시작　15

제1절 연구의 배경 및 목적　17
제2절 연구의 대상 및 범위　23
제3절 연구의 방법 및 구성　26
1. 연구의 방법　26
1. 연구의 구성　28

제2장 이론적 고찰과 분석틀　31

제1절 도시재개발사업과 갈등　33
1. 도시재개발사업의 개념 및 추진절차　33
2. 도시재개발사업의 이해당사자 간 역할구조　36
3. 도시재개발사업의 변화와 갈등의 특성　40

제2절 정책네트워크 이론　46
1. 정책네트워크 이론의 등장배경　48
2. 정책네트워크 이론의 유용성　52
3. 정책네트워크 관점에서 본 재개발사업의 갈등　55

제3절 선행연구 검토 및 분석틀　57
1. 선행연구 검토　57
2. 분석틀 구성　71

제3장 용산4구역 재개발사업의 환경 분석　87

제1절 대상지 선정 및 대내적 환경　89

1. 대상지 선정배경　89
2. 대내적 환경 분석　92
3. 주요 쟁점 및 갈등단계 분류　100

제2절 용산4구역 재개발사업 현황　108

1. 용산4구역 추진배경　108
2. 용산4구역 추진경과　112

제3절 용산4구역 재개발사업 관련제도　119

1. 도시 및 주거환경정비법　121
2. 2020 서울도시기본계획　128
3. 2020 도시 · 주거환경정비기본계획　129

제4절 소결　131

제4장 정책네트워크 관점에서의 갈등구조 분석　135

제1절 주요 행위자　137
1. 주요 행위자 구성 및 역할　137
2. 주요 행위자 간 이해관계　150
3. 주요 행위자 간 주요 쟁점　157

제2절 상호작용　167
1. 협력적 관계　167
2. 갈등적 관계　171
3. 단계적 관계　175

제3절 네트워크 구조　185
1. 네트워크 구조 형태　185
2. 갈등구조　189

제4절 갈등구조 종합　194
1. 갈등구조 변화과정　194
2. 갈등형성 요인　199
3. 갈등해소 기제　205
4. 갈등해소를 위한 제언　209

제5절 소결　224

제5장 마을만들기, 그리고 커뮤니티 정비사업의 추진　229

제1절 연구결과의 종합　231

제2절 정책적 함의 및 한계점　234

참고문헌　241

부록 1. 심층면접 결과　249

부록 2. 전화인터뷰 결과　273

부록 3. 「도시재정비 및 주거환경정비법」 제정안　278

제1장

도시재개발사업
갈등연구의 시작

제1절 연구의 배경 및 목적

현대사회에서 양적 도시성장은 도시의 무분별한 확산과 그 도시가 가지고 있는 도시만의 특성(identity)의 소멸을 가져오게 되며, 지지기반 인구의 감소, 경쟁력 약화에 따른 도시위상 약화 등 제반문제를 파생시키게 된다(상남규, 2010: 1). 즉, 근대화과정에서 도시주변부에 대한 신도시개발이라는 도시패러다임의 등장은 대도시주변부에 짧은 기간 동안 대규모 주택공급을 함으로써 도심공동화 현상을 가속하게 되었다. 게다가, 정주인구의 이동은 구시가지에 대한 재투자를 감소시켜 도시의 생활편익시설과 주거의 질 등 구시가지의 기반시설은 점차 취약해졌다.

따라서 우리나라는 도시기능이 저하되고 주거환경이 열악한 지역을 대상으로 도시재개발사업[1]을 추진하고 있다. 도시재개발사업은

---

[1] 본 책에서 말하는 '도시재개발사업'은 「도시 및 주거환경정비법」 제2조의 '정비사업'의미로 사용하였으며, 주거환경개선사업, 주택재개발·재건축사업, 도시환경정비사업 등이 여기에 해당된다.

1960년대 이후, 도시민의 주거의 질을 개선하고 주거복지를 담보하고자 도입하게 되었다. 즉, 도시 내 노후·불량주택을 대상으로 주거환경을 개선하고 도시기능을 회복하며, 주민의 삶의 질을 개선하기 위해 도시재개발사업을 추진하고 있다. 서울시를 비롯한 대도시권을 중심으로 시작된 재개발사업은 2009년 기준, 전국에 1,957개에 달하는 재개발구역이 지정되었다. 서울시 통계자료에 따르면, 2009년 현재까지 지난 6년간 지정된 뉴타운·재개발지역은 서울시 전체 주거지역의 9.45%인 2,889만 9천여㎡에 이르고 있다. 이는 지난 1973년부터 2001년까지 28년 동안 주택재개발구역으로 지정된 1,455만 6천여㎡보다 두 배에 달하는 규모로써 빠른 증가추세를 보이고 있다.

도시재개발사업은 주거환경개선사업, 주택재개발·재건축사업, 도시환경정비사업 등 다양한데, 대부분 민간이 재개발조합을 구성하여 진행되므로 개발이익 위주의 고층·고밀로 주택이 공급되고 있다. 따라서 다양한 문제점들이 그동안 제기되어 왔는데 그중에서도 특히, 개발이익을 둘러싼 참여주체 간의 갈등심화는 '용산참사'[2]와 더불어 사회적 이슈로 최근에 대두되고 있다. '용산참사'는 2009년 1월 19일 서울특별시 용산구 한강로2가에 위치한 남일당 상가에서 농성 중이던 용산4구역 철거대상 세입자들과 전국철거민연합회 회원을 대상으로 경찰의 강제진압 과정에서 철거민 5명, 경찰 1명이 사망하고 23명의 부상자가 발생한 참사였다(박광국, 2010: 32-33). 이러한 참사의 발생배경으로는 재개발지역의 철거민과 재개발조합

---

[2] '용산참사'는 2009년 1월 20일 서울시 용산구 한강로 3가 63-70번지에 위치한 건물의 옥상에서 점거농성 중이던 세입자와 전국철거민연합회, 경찰, 용역직원들 사이에서 충돌이 벌어지면서 화재가 발생하였고, 그로 인하여 다수의 사상자가 발생한 사건을 지칭하는 것으로 조선일보 등 많은 언론의 헤드라인의 명칭으로 사용되었다.

간 보상과 관련된 첨예한 의견차이로 갈등이 심화되었기 때문이다.

서울시는 '용산참사' 재발방지를 위한 정부, 학계, 시민단체 등 다양한 의견수렴을 위한 공청회와 토론회 등을 개최하였다(신동우, 2009; 장영희, 2010). 또한, 2010년에는 「도시 및 주거환경정비법」 개정 공청회와 '사회갈등예방을 위한 도시재정비 제도개선' 토론회 등을 통해 일부 제도적인 보완을 하였다(장영희, 2010). 최근의 공청회 및 토론회의 핵심쟁점은 무엇보다 재개발사업에서 이해당사자(stakeholder) 간 발생되는 갈등과 관련된 것이었다. 왜냐하면, 최근 재개발사업에서의 갈등이 증대되면서 경제적, 시간적 손실뿐만 아니라, 감정적으로도 이해당사자 간에 상처와 불신을 남기기 때문이다(하혜영, 2007b: 1). 이에 정부는 각 지방정부에 '분쟁조정위원회'를 설치하는 등 법제도적 차원의 갈등해소를 위한 긴급대책을 마련하기도 하였다.

국토해양부는 2011년 8월 정비사업의 투명성 제고를 통한 주민 간의 갈등완화 등의 내용을 포함한 「도시재정비 및 주거환경정비법」 제정안을 입법예고하였다. 즉, 재개발사업 관련제도의 효율적인 운영을 위해 현행 「도시 및 주거환경정비법」과 「도시재정비촉진을 위한 특별법」을 통합하여 「도시재정비 및 주거환경정비법」을 제정하는 것이다. 이 법의 제정사유는 재정비촉진사업, 주택재개발·재건축 등이 부동산 경기침체, 사업성 저하, 주민 간 갈등 등으로 지연·중단되고 있기 때문이다. 이에 재개발사업에 대한 공공의 역할을 확대하고, 규제완화 등을 통해 원활한 재개발사업의 추진을 지원하고자 하였다. 즉, 재개발사업의 추진이 어려운 지역은 주민의 의사에 따라 재개발조합을 해산하거나 정비구역을 해제하고, 사업단계별로 일정기간 사업이 진행되지 않을 경우 정비구역을 자동 해제토록 하는 일몰제 등의 도입을 내용으로 담고 있다. 그러나 이러한 노력에도 불구하고 아직까지 실질적인 재개발사업의 갈등문제는 쉽게 해결되지 않고 있다.

도시재개발사업에서 추진과정상의 갈등문제를 해결하기 위한 대비책을 마련하기 위해서는 갈등의 원인을 정확하게 분석하고 이해하는 것이 필요하다. 이를 위해서는 우선적으로 관련된 참여주체들이 누구이고, 그들 간의 상호 관계는 어떠하며, 각각의 다양한 가치와 이해관계가 어떤 방식으로 조절되는지 살펴볼 필요가 있다. 왜냐하면 참여주체들 간의 이해관계를 파악함으로써 역동적(dynamic)인 재개발사업의 갈등형성 메커니즘을 분석할 수 있으며, 이를 통해 갈등해소를 위한 대안마련이 가능하기 때문이다.

이렇게 다양한 이해당사자 간의 복잡한 갈등구조를 분석하기 위한 적합한 개념 또는 이론에 대한 공통적인 합의는 없으나, 최근 주목받는 것으로 정책네트워크 개념(policy network concept) 또는 정책네트워크 이론(policy network theory)이 있다(Klinjin, 1996). 이 이론은 현대사회의 복잡하고 다원화된 현실을 잘 기술할 수 있고, 영향력 있는 주요 행위자가 누구인지를 보여 줌으로써 다양한 분야에서 정책결정의 해석이 가능하기 때문에 정책의 변화를 설명하는 유용한 도구로 활용되고 있다(배응환, 2001; 방민석, 2002; 김선경 외, 2003). 본 책에서는 특정한 정책과정에서의 분석은 아니지만, 정책네트워크 관점(policy network perspective)에서 도시재개발과정의 주요 행위자 간 상호작용과 네트워크 구조를 분석함으로써, 재개발사업의 갈등구조를 분석하고자 한다. 따라서 사업추진과정이 복잡하고 이해당사자가 다양한 도시재개발사업에서 참여주체 간의 상호 관계를 상세히 기술할 수 있는 정책네트워크(policy network)를 분석틀의 준거로 설정하였다.

그동안 진행된 우리나라의 재개발사업은 이해당사자 간의 갈등에 대한 이해부족과 체계적인 갈등해소 방안 등의 미흡으로 갈등의 순기능적 차원을 넘어서 물리적인 충돌뿐만 아니라 법적 소송에까지 이르고 있다(이주원, 2009: 22-40). 더욱이 최근, 재개발구역의 지속적인 증가는 향후 추진될 재개발사업에서의 갈등발생 가능성을 간접적으로 말해 주고 있다. 도시재개발사업은 대부분 민간주도의 조합방식으로 추진되기 때문에 재개발사업의 추진과정에서 이해당사자 간의 신뢰형성에 기초한 상호 합의는 중대한 사안이다. 이러한 재개발사업의 특성으로 인하여 때로는 이해당사자 간의 첨예한 입장 차이에 따른 역동적이고 파괴적인 갈등을 유발되기도 한다. 이는, 도시재개발사업의 원활한 사업진행의 장해요인으로 작용하고 있으며, 이는 재개발사업에서 발생하는 갈등의 체계적이고 효과적인 해소방안을 필요로 하고 있다.

본 서적은 "도시재개발사업의 갈등형성과 해소기제는 무엇인가?"라는 기본적인 의문에서 시작되었으며, 그 밖의 연구 질문은 다음과 같다. 첫째, "용산4구역 재개발사업에 영향을 미치는 대내적 환경요인은 무엇인가?", 둘째, "용산4구역 재개발사업의 이해당사자 간 갈등구조는 어떤 특징이 있는가?", 셋째, "용산4구역 재개발사업의 갈등양상은 갈등 단계별로 어떻게 변화하는가?", 넷째, "용산4구역 재개발사업의 갈등발생 요인과 갈등해소 기제는 무엇인가?" 등이다. 본 책에서는 이러한 연구 질문(research question)에 대한 답을 찾고자 하였다.

이러한 맥락에서, 본 책에서는 도시재개발과정의 갈등구조를 정책네트워크(policy network) 관점에서 접근하여 갈등형성 메커니즘을 분석하는 것을 궁극적인 목적으로 하였다. 즉, 재개발사업에 참여하는 이해당사자 간의 상호작용, 네트워크 구조, 갈등단계별 갈등구조를 살펴보고, 갈등해소를 위한 제언을 도출하였다. 구체적으로는 이론적 고찰을 통해 연구의 분석요소 및 분석틀을 도출하고, 도출된 분석틀을 기반으로 재개발과정의 갈등구조를 분석하였다. 마지막으로, 분석결과를 통해 재개발과정의 갈등형성 요인과 갈등해소 기제를 살펴보고, 재개발사업의 갈등해소를 위한 제언을 도출하였다.

이상의 목적달성을 위해 첫째, 관련이론 및 선행연구를 검토함으로써 재개발사업에 적용 가능한 정책네트워크 분석틀을 설정한다. 둘째, 재개발과정에서 갈등구조의 특성을 분석하고, 이를 기초로 하여 재개발사업의 갈등발생 원인 및 갈등해소 기제를 도출한다. 이를 위해 재개발사업과 관계된 주요 행위자와 그들 간의 관계, 그리고 그들의 다양한 가치추구와 이해관계를 통해 상호작용 등을 분석한다. 따라서 주요 행위자 간 상호작용관계를 파악하며, 재개발사업에서 내재적으로 작동하는 갈등형성 및 갈등해소 과정의 구조적인 메커니즘을 밝혀낸다. 셋째, 용산4구역 재개발사업의 갈등형성기부터 갈등해소기까지 해당되는 갈등구조의 변화과정을 분석한다. 이것은 갈등구조를 갈등단계별로 분석함으로써, 각 갈등단계별 갈등해소를 위한 제언을 도출하기 위함이다.

제2절 연구의 대상 및 범위

본 서적에서 다루고 있는 연구대상은 우리나라의 도시재개발사업 중 상업지역을 정비하는 도심재개발사업을 중심으로 한다. 그리고 재개발사업의 갈등구조를 분석하기 위해 용산4구역 재개발사업을 사례지로 선정하여 사례분석을 한다. 이처럼, 용산4구역 재개발사업을 연구사례지로 선정한 이유는 다음과 같다.

첫째, 특정지역에서 진행된 재개발사업의 갈등이 사회적인 관심으로 확대된 대표적인 재개발사업의 갈등사례이다. 용산4구역 재개발사업은 인명피해가 발생될 정도로 극심한 갈등이 유발되었다. 게다가, 갈등해소와 대책마련을 위해 정부가 개입할 정도로 정치적, 사회적인 관심뿐만 아니라 정부와 전 국민들의 사회적 이슈로 부각된 재개발사례지이다.

둘째, 용산4구역 재개발사업은 어느 재개발사업보다 다양한 이해당사자들이 참여한 재개발사례이다. 즉, 서울시, 용산구청 등 공공기관을 비롯하여, 국회, 국무총리 등 중앙정부, 그리고 전국철거민연합회[3](이하 전철연), 범국민대책위원회[4](이하 범대위), 종교단체[5] 등의

---

3) "전철연"이라고도 부르며, 1994년 6월 19일자로 전국철거민연합회 창립선언문을 발표하면서 전국 철거민과 도시빈민을 대변하는 등의 활동을 수행하는 민간단체이다.

4) 범대위는 '용산참사'가 발생한 2009년 1월 20일 빈민단체, 노동단체, 인권단체, 종교단체, 진보정당, 촛불네티즌단체 등이 모여 범대위 구성 논의를 거쳐, 1월 20일 80여 개 단체(이후 100여 개 단체)가 참여하는 범대위가 구성되었다. 대표적인 범대위 구성단체는 한국진보연대, 전국빈민연합, 전국농민회총연맹, 사회주의정당준비모임, 민주화를위한전국교수협의회, 전국민주노동조합총연맹, 민주화실천가족운동협의회, 민족미술협의회, 한국작가회의, 진보신당, 민주노동당 등이 해당된다. 출범 당시 범대위는 '용산참사' 진상규명 및 책임자 처벌, 뉴타운·재개발정책의 근본적인 대책마련, '용산참사' 사망자·부상자·연행자 및 철거민 대책마련 등을 위해 투쟁하기로 결정한다.

5) '용산참사'에 참여한 종교단체로는 천주교(천주교정의구현사제단), 불교, 원불교, 개신교(한

시민단체들이 개입한 재개발사업이다.

셋째, 용산4구역 재개발사례는 지금까지 도시재개발사업이 잠재적으로 가지던 문제점들이 총체적으로 표면화된 재개발사례이다.

넷째, '용산참사' 이후 각 지방정부에 분쟁조정위원회 설치를 비롯한 '용산5법'이 도입되는 등 법·제도적 차원에서 크게 변화하는 계기가 되었다. 상기와 같은 이유로 도시재개발과정의 갈등구조분석을 위한 사례지로서 용산4구역 재개발사업을 선정하게 되었다.

본 서적에서는 정책네트워크의 분석틀(analytical framework)을 통해 도시재개발사업의 갈등구조를 분석함으로써 갈등형성 요인 및 갈등해소 기제를 살피고, 체계적이며 종합적인 갈등해소를 위한 제언을 제시하는 것이다. 따라서 내용적 범위는 첫째, 정책네트워크이론을 검토하여 재개발사업의 갈등구조 분석을 위한 분석틀을 정립한다. 정책네트워크의 이론적 고찰을 통해 분석요소를 도출함으로써 연구의 분석틀을 구성한다.

둘째, 용산4구역 재개발사업의 환경적 분석을 함으로써, 대내적 환경과 용산4구역 재개발사업의 현황 및 관련제도 등을 살펴본다.

셋째, 용산4구역 재개발사업의 갈등구조를 정책네트워크 관점에서 분석하고, 갈등단계별 갈등구조의 변화를 살펴본다. 이를 위한 분석요소는 외적 요인과 내적 요인으로 구분한다. 우선, 외적 요인은 제도적 환경변화, 주민참여의 확대, 정치적 환경변화 등의 대내적 환경으로 보았다. 그리고 내적 요인은 주요 행위자, 상호작용, 네트워크 구조 등으로 구분하였다. 갈등단계는 갈등생성기, 갈등표출

국기독교협의회) 등이 포함된다. 이들의 종교단체들은 '용산참사' 직후 범대위가 구성된 초기부터 각종 추모행사 등을 통해서 적극적으로 참여하게 된다.

기, 갈등심화기, 갈등해소기 등의 4단계로 구분하였다.

넷째, 용산4구역 재개발사업의 주요 행위자를 심층면접(in-depth interview)하고, 그 결과를 정책네트워크 분석에 활용한다. 이는, 각종 언론보도 등의 자료에 대한 객관성을 보완하고, 내재된 주요 행위자 간의 갈등구조를 파악하기 위함이다.

마지막으로, 정책네트워크 분석으로 밝혀낸 용산4구역의 갈등구조를 기초로, 재개발사업의 갈등해소를 위한 정책적 함의를 도출한다.

공간적 범위는 '한강로2가 국제빌딩의 주변 일대'에 위치한 서울시 용산4구역 재개발사업을 대상으로 한정하였다. 시간적 범위는 사업구역이 결정·고시된 2006년 4월부터 보상금지급의 협상안이 타결되어 희생자들의 장례식이 거행된 2010년 1월까지 약 4년 동안이다. 이 기간을 갈등의 전개과정에 따라 갈등변화를 분석하고, 각 갈등단계별 갈등구조의 특징을 분석하였다. 갈등단계의 분류기준은 Pondy(1967)가 제시한 갈등의 5단계[6]를 재개발사업의 특성에 맞도록 수정·보완하여 4단계로 재구성하였다.

---

6) Pondy(1967)는 갈등을 역동적인 일련의 과정으로 보았다. 즉, 갈등의 진행과정을 잠재적 갈등(latent conflict), 인지된 갈등(perceived conflict), 감지된 갈등(felt conflict), 명백한 갈등 (manifest conflict), 갈등여파(conflict aftermath) 등의 5단계로 구분하였다.

제3절 연구의 방법 및 구성

1. 연구의 방법

본 서적에서는 연구방법을 크게 이론연구(theory study)와 사례연구(case study)로 구분하고 있다. 이론연구는 정책네트워크와 도시재개발사업의 갈등을 중심으로 한 문헌조사로 진행되며, 활용자료는 학위논문, 연구보고서, 학회지, 관련서적, 기타 각종 문헌자료로 한다. 사례연구의 활용자료는 문헌자료, 용산구청 및 재개발조합의 업무일지와 회의자료 등의 내부자료, 언론보도자료, 심층면접(in-depth interview)자료 등을 사용한다. 사례연구는 질적 연구방법(qualitative research methods)으로 하며, 분석방법은 사례연구의 현장, 특히 사람들의 행동이나 상호작용, 사회적 과정 등에서 수집된 자료를 근거로 분석하는 근거이론 연구방법(ground theory)을 적용하였다. 이렇게 근거이론 연구방법의 해석과정을 거침으로써, 이를 기반으로 재개발사업의 주요 행위자 간 상호작용과 네트워크 구조, 그리고 그들 간의 관계구조를 면밀히 살피고자 하였다.

사례연구에서 활용된 언론보도 자료는 한국언론재단 웹사이트(http://www. kinds.or.kr)에서 '용산4구역 참사'를 검색하여 수집하였다. 검색범위는 제목과 본문을 설정하였으며, 매체명은 전체(전국종합일간지, 경제일간지, 영자신문, 인터넷신문, 지역주간신문, TV뉴스)로 설정하였다. 검색결과, 2008년도 12월 이전에 8건을 시작으로 2011년 6월 20일까지 총 1,358건의 언론자료가 검색되었고, 그중에서 연구의 분석틀에 입각하여 재수집한 672건을 기초자료로 활용하였다.

사례연구에서 등장하는 주요 행위자를 대상으로 1회의 심층면접 (in-depth interview)을 실시하였고, 심층면접이 불가하거나 어려운 경우는 전화인터뷰를 통해 보완하였다. 심층면접은 용산4구역 재개발사업의 사업추진 및 직·간접적인 이해당사자를 직접 방문하여 일대일 대면면접의 인터뷰방식으로 실시하였다. 이러한 자료를 통해 언론자료의 분석만으로 도출하기 어려운 주요 행위자들의 심리적인 갈등구조에 접근함으로써, 자료의 객관성을 확보하고자 하였다.

심층면접(in-depth interview)은 2011년 8월 12일부터 2011년 10월 12일까지 면접대상자의 소속 사무실, 용산구청 및 서울시청 등에서 실시하였다. 그리고 전화인터뷰는 2011년 11월 14일부터 2011년 11월 22일까지 실시하였다. 심층면접 대상자는 용산4구역 재개발사업의 직·간접적인 주요 행위자를 중심으로 선정하였다. 여기에는 용산구청, 서울시청 등 지방정부를 비롯하여, 사업추진주체인 정비업자, 시공자, 그리고 시민단체인 전철연, 범대위, '용산참사'진상규명위원회 등이 해당된다. 전화인터뷰는 심층면접 대상자 중 부족한 내용을 보충하기 위하여 서울시청, 정비업자, 전철연, '용산참사'진상규명위원회 등을 대상으로 실시하였다. 용산4구역 재개발사업의 심층면접 대상자는 다음과 같다(<표 1-1> 참조).

〈표 1-1〉 용산4구역 재개발사업의 심층면접 대상자

구분		소속	구분		소속
공무원	용산구청7)	주무관 담당자	시민단체	범국민대책위원회8)	'용산참사'진상규명위원회 관계자
	서울시청	주무관 담당자			'인권재단사람' 관계자
사업추진업체	정비업자9)	(주)파크앤시티 담당자		전국철거민연합회	'전철연' 관계자
	시공자10)	삼성물산 담당자	기타	나눔과미래11)	'뉴타운바로세우기 연대회의' 관계자

2. 연구의 구성

본 서적의 장절체계 구성은 다음과 같다. 우선, 제1장은 서론부분으로 문제제기 및 연구목적, 연구의 대상 및 범위, 연구의 방법 및 구성 등을 설명한다.

---

7) 본 면접자는 용산구청 사업담당자는 용산4구역 재개발조합이 설립되어 사업시행인가를 받는 시기인 2007년 초반부터 '용산참사' 당시를 비롯하여, 현재까지 용산4구역을 담당하는 실무담당자이다.

8) 본 면접자는 '용산참사' 이후 구성된 '범대위'의 주요한 집행부원으로 활동하였다. '범대위'는 '용산참사' 발생 이후 각 사회에서 100여 개의 시민단체로 구성된 시민단체이다. 현재는 '범대위'를 '진상규명위원회'라는 이름으로 재편하여, 용산참사 진상규명, 책임자 처벌, 재개발제도개선 등을 지속적으로 전개하고 있다. '진상규명위원회'는 전철연, 빈민운동단체, 인권단체, 노동사회단체, 문화예술계, 학계, 법조계, 정당, 종교계, 유가족대표 등으로 구성되어 있다. 또한, 그들은 장기적으로 제2의 '용산참사'를 막기 위한 관련제도 개선에 초점을 두어 활동하고 있다.

9) 2006년 말 용산4구역 재개발구역이 선정되고 '용산참사' 이후부터 본 면접자는 용산4구역을 실무적으로 담당하게 되었다. 그 이후로 현재까지 약 5년 동안 용산4구역을 담당하고 있으며, 용산4구역 정비업체의 실질적인 실무자이다.

10) 용산4구역 재개발사업은 사업시행인가 이후 2007년도에 시공사가 선정되었고, 그 시기부터 본 면접자가 용산4구역을 담당하게 되었다. 따라서 본 면접자는 '용산참사'시기뿐만 아니라 용산4구역 사업추진상의 실무적인 시공사의 실무담당자이다.

11) 본 면접자는 현재, 뉴타운지역에서 가옥주 및 세입자들에게 상담, 교육, 주민조직지원 등을 담당하고 있다. 그리고 '용산참사' 당시 '뉴타운바로세우기 연대회의' 소속으로 '용산참사 재발방지'를 위한 각종 토론회, 세미나 등에 다수 참여한 재개발사업에서 갈등의 전문가이며, 또한 실무자에 해당되기 때문에 본 심층면접 대상자로 선정하였다.

제2장은 연구의 이론적 기틀과 분석틀을 마련하는 장으로서, 제1절은 도시재개발사업의 갈등부분으로, 도시재개발사업의 추진절차, 이해당사자 간 역할구조, 갈등의 특성 등을 고찰한다. 제2절은 정책네트워크의 이론부분으로, 정책네트워크 이론의 등장배경, 유용성, 정책네트워크 관점에서 본 갈등 등을 살펴본다. 제3절은 이론적 고찰과 선행연구를 기초로 정책네트워크 관점에서 본 갈등구조 분석을 위한 분석요소 선정과 연구의 분석틀을 구성한다.

제3장은 용산4구역 재개발사업의 환경 분석을 한다. 제1절은 용산4구역 대상지 선정배경과 대내적 환경 분석, 주요 쟁점과 갈등단계 등을 분류한다. 제2절은 용산4구역 재개발사업의 추진배경, 추진경과 등을 살펴본다. 마지막, 제3절은 용산4구역 재개발사업 관련제도인 「도시 및 주거환경정비법」, 2020 서울도시기본계획, 2020 도시·주거환경정비기본계획 등을 분석한다.

제4장은 정책네트워크 관점에서 접근하여 용산4구역 재개발사업의 갈등구조를 분석한다. 즉, 주요 행위자분석, 상호작용 분석, 네트워크 구조를 분석함으로써, 주요 행위자 간의 네트워크 구조의 특성과 변화 등을 밝힌다. 그리고 정책네트워크 분석을 통해 주요 행위자 간 갈등구조의 변화과정, 갈등형성 요인과 갈등해소의 기제, 재개발사업의 갈등해소를 위한 제언을 제시한다.

제5장은 연구결과를 종합하고, 정책적 함의 및 한계점을 기술하면서 본 장을 마친다. 이상의 연구과정을 도식화하면 다음과 같다(<그림 1-1> 참조).

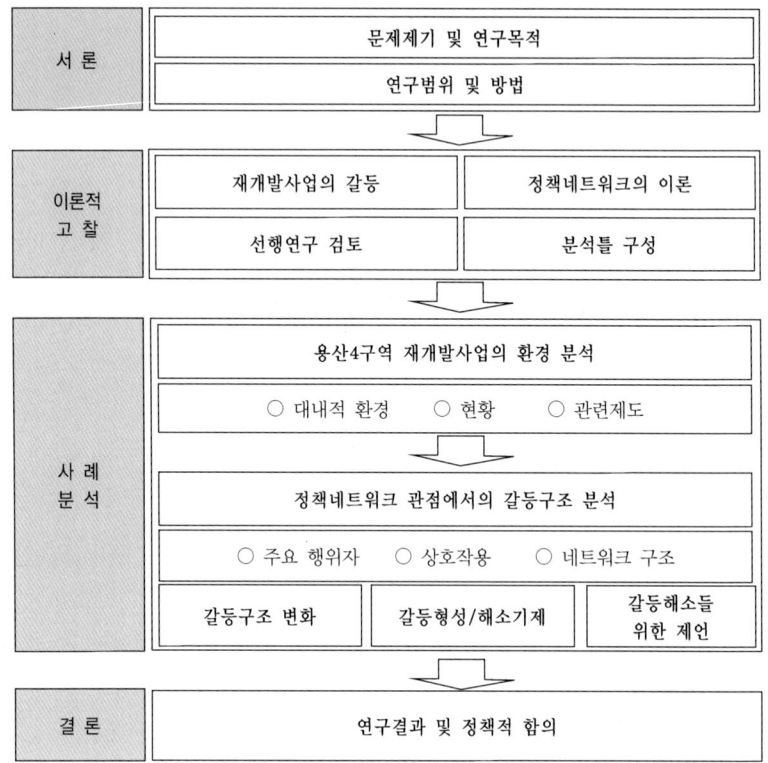

| 서 론 | 문제제기 및 연구목적 |
| | 연구범위 및 방법 |

| 이론적 고 찰 | 재개발사업의 갈등 | 정책네트워크의 이론 |
| | 선행연구 검토 | 분석틀 구성 |

사 례 분 석	용산4구역 재개발사업의 환경 분석
	○ 대내적 환경 ○ 현황 ○ 관련제도
	정책네트워크 관점에서의 갈등구조 분석
	○ 주요 행위자 ○ 상호작용 ○ 네트워크 구조
	갈등구조 변화	갈등형성/해소기제	갈등해소들 위한 제언

| 결 론 | 연구결과 및 정책적 함의 |

〈그림 1-1〉 연구의 흐름도

제2장

이론적 고찰과 분석틀

제1절 도시재개발사업과 갈등

1. 도시재개발사업의 개념 및 추진절차

도시재개발사업이란 2003년 7월부터 시행된 「도시 및 주거환경 정비법」에 따라서 도시기능을 회복하기 위한 기반시설을 정비하고, 주택 등 건축물을 개량·건설하는 주택재개발사업, 주택재건축사업, 도시환경정비사업, 주거환경개선사업을 말한다. 「도시 및 주거환경 정비법」상 사업추진절차는 재개발사업의 종류에 따라 다르게 나타난다. 따라서 도시재개발사업 중 연구 사례지인 용산4구역에서 시행되는 도시환경정비사업의 사업추진절차를 살펴보고자 한다. 용산4구역 재개발사업인 도시환경정비사업의 추진과정은 다음과 같이 계획단계, 시행준비단계, 시행단계, 완료단계로 진행된다(<그림 2-1> 참조).

우선, 계획단계는 특별시장·광역시장·시장 등이 기초조사, 주민공람[12], 지방의회 의견청취[13], 주민설명회[14], 관계행정기관의 협조 등의 도시계획수립절차를 거쳐 도시·주거환경정비기본계획[15] (이하 정비기본계획)을 수립한다. 정비기본계획은 정비사업의 기본 방향, 시행기간, 주거지 관리계획 등을 제시하며, 도시재개발사업이 가능한 정비예정구역을 고시한다. 이러한 정비예정구역을 시장·군 수 또는 주민 등이 정비계획을 수립함으로써 본격적인 재개발사업 이 진행된다.

시행준비단계는 해당지역 주민이 재개발조합설립을 위한 조합설 립추진위원회(이하 조합추진위)를 구성하고, 재개발조합을 통해서 본격적인 사업추진을 도모하게 된다. 이 단계에서는 추진위원회의[16] 또는 주민대표회의 구성, 조합설립인가[17]와 시공자선정[18] 등의 과 정이 포함된다.

---

12) 주민공람은 2개 이상의 일간신문에 게재하는 것으로써, 재개발사업에서는 모두 4차례의 주민공람을 하여야 한다. 도시·주거환경정비기본계획수립과 정비구역 지정 시에 14일 간, 그리고 사업시행인가와 관리처분계획인가 시에 30일간의 공람을 해야 한다.
13) 도시재개발사업에서는 2차례의 지방의회 의견청취를 하여야 한다. 도시·주거환경정비기 본계획수립과 정비구역 지정 시에 60일간 주민공람에 따른 의견청취를 해야 한다.
14) 주민설명회 및 공청회는 그 필요에 따라서 소단위로 다수의 개최가 가능하다.
15) 도시·주거환경정비기본계획은 인구 50만 이상의 시에서 10년 단위로 수립하며, 5년마다 타당성 검토 후 기본계획에 반영함으로써 사업시행에 따른 기본계획의 변경이 가능하다.
16) 추진위원회의 구성은 토지등소유자 과반수의 동의를 얻어 구청장의 승인을 받아야 한다. 그리고 위원장을 포함한 5인 이상의 위원으로 추진위원회가 구성된다.
17) 조합설립인가는 토지등소유자의 3/4 이상이 동의를 하거나 토지면적의 1/2 이상의 동의 가 있을 시에 가능하다. 그리고 조합정관, 조합원명부, 동의서, 창립총회 회의록, 사업계 획서 등을 첨부해야 하며, 조합설립인가 후 30일 이내에 법인등기를 신고해야 한다.
18) 시공자 선정은 조합설립인가 후 재개발조합은 건설업자 또는 등록업자를 시공자로 선정 해야 하며, 국토해양부장관이 정하는 경쟁입찰 방식으로 선정하도록 되어 있다.

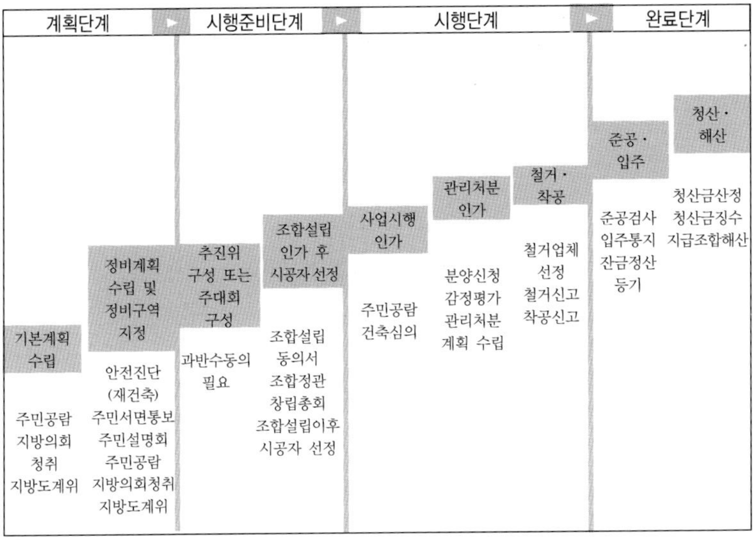

| 계획단계 | ▶ | 시행준비단계 | ▶ | 시행단계 | ▶ | 완료단계 |

청산·해산
청산금산정
청산금징수
지급조합해산

준공·입주
준공검사
입주통지
잔금정산
등기

철거·착공
철거업체
선정
철거신고
착공신고

관리처분인가
분양신청
감정평가
관리처분
계획 수립

사업시행인가
주민공람
건축심의

조합설립인가 후 시공자 선정
조합설립
동의서
조합정관
창립총회
조합설립이후
시공자 선정

추진위 구성 또는 주대회 구성
과반수동의
필요

정비계획 수립 및 정비구역 지정
안전진단
(재건축)
주민서면통보
주민설명회
주민공람
지방의회청취
지방도계위

기본계획 수립
주민공람
지방의회
청취
지방도계위

*추진위: 조합설립추진위원회, 주대회: 주민대표회의, 지방도계위: 지방도시계획위원회
자료: 국토해양부(2010a: 24).

〈그림 2-1〉 도시환경정비사업 추진절차

시행단계는 관리처분계획을 통해 재개발조합원들의 권리가액을 신청하며, 이를 바탕으로 신규주택분양을 확정한다. 또한, 사업시행 인가[19]를 통해 해당 재개발사업구역의 최종적인 개발밀도가 결정되며, 사업시행인가 이후에는 사업시행계획 내용을 근거로 재개발조합의 최종적인 개발이익과 사업비용이 산출된다. 따라서 이를 근거로 관리처분계획[20]을 수립하고 철거작업과 공사착공[21]을 진행한다.

---

19) 사업시행인가 시에는 관련서류의 사본을 30일 이상 일반인이 볼 수 있도록 있도록 공람 하여야 하며, 공람요지와 공람장소는 지방자치단체 공보에 공고하여야 한다.

20) 관리처분계획은 사업시행인가고시 이후 21일 이내에 분양공고와 공람(30일 이상)을 하여 야 하며, 이를 지방자치단체의 공보에 고시하여야 한다.

21) 공사착공은 재개발조합원의 4/5 이상의 동의가 있어야 하며, 철거인가 후 이주계획 및 일 정을 협의하여야 한다. 또한, 공사착공은 철거인가 고시일로부터 21일 이내에 일간신문에

관리처분계획[22]단계는 사업시행인가를 통해 결정된 신규공급주택의 평형별 재개발조합원 분양신청을 받게 되며, 종전자산평가, 종후자산평가를 함으로써 개별 조합원의 권리가액 및 비례율을 산정한다. 이러한 과정을 통해서 산정된 권리가액 및 비례율과 분양신청내용을 기준으로 개별 재개발조합원이 부담해야 할 최종부담금이 결정된다.

마지막으로, 완료단계는 관리처분계획인가를 행정기관으로부터 취득함으로써 재개발조합은 주거이주를 실시한다. 「도시 및 주거환경정비법」상 거주민의 이주시기에 대한 규정은 명확하지 않으나, 사업절차상 적절한 시기는 관리처분계획수립을 통해 재개발조합원이 개별적으로 신축아파트나 상가입주부담금이 확정된 이후이다. 마지막으로, 준공 이후 재개발조합의 청산 및 해산절차를 통해서 모든 사업절차상의 추진과정이 마무리된다.

2. 도시재개발사업의 이해당사자 간 역할구조

도시재개발사업에서 이해당사자 간 갈등관계를 이해하기 위해서는 무엇보다 상호 간의 관계와 역할구조를 이해하는 것이 필요하다. 도시재개발사업은 복잡한 사업추진과정을 거치므로 다양한 의사결정 및 협의과정을 거친다. 이 과정에서 이해당사자 간의 이해관계

30일간 공고하며, 분양 미신청자는 해당일로부터 150일 이내에 현금청산을 하여야 한다.

22) 관리처분계획이란 사업구역 내 종전의 토지 및 건축물에 대하여 새롭게 건설되는 시설물로 권리를 변화시키는 '환지처분계획'과 환지되지 않는 권리에 대한 청산계획, 사업시행자에게 귀속된 건축시설물에 대한 처분계획, 기타 공공시설 등 잔여시설에 대한 처분계획을 말한다. 이는 곧 사업의 수익성과 비용을 확정하고, 재개발조합원에게 비용을 배분하여 조합원별 부담금 또는 청산금 등을 결정하여 재개발사업에 대한 최종계획을 확정하는 계획을 말한다(장성환, 2010: 44 재인용).

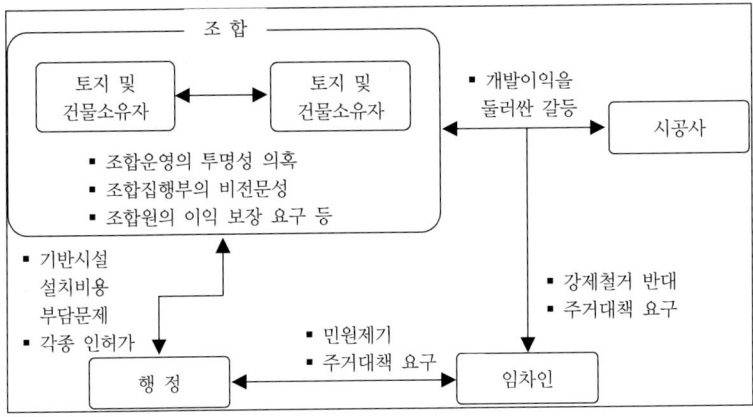

자료: 홍인옥(2009: 6).

〈그림 2-2〉 도시재개발사업의 역할구조

조절 및 역할분담이 공정하고 합리적이지 못할 경우 갈등이 발생할 수 있다. 따라서 조합집행부, 조합원, 세입자, 시공자, 행정기관 등의 이해당사자 간 사업과정에서 어떠한 역할관계로 상호작용을 하는지 분석하고자 한다. 도시재개발사업의 일반적인 이해당사자 간 역할구조를 도식화하면 다음과 같다(<그림 2-2> 참조).

1) 조합집행부 및 조합원

조합집행부는 재개발조합을 대표하여 사업을 시행하는 핵심주체로서, 재개발조합의 의사결정, 업무집행 및 감독업무를 수행한다. 조합집행부의 역할에 대해 구체적으로 살펴보면, 조합장은 재개발조합을 대표하고 행정업무를 총괄하며 총회[23]와 대의원회의 의장이 된

---

[23] 조합원총회는 조합원으로 구성되는 조합의 최고의사결정 기관이며, 총회는 일반적으로 창립총회, 정기총회, 임시총회로 구분하여 시행된다(국토해양부, 2010a: 126).

다. 이사는 장관이 정하는 규정에 따라 조합장을 보좌하고 이사회에 부결된 사항을 심의의결하며 재개발조합의 사무를 분장하게 된다. 이처럼 재개발조합의 의사결정권은 조합장을 비롯한 조합임원에게 집중되어 있다. 따라서 사업추진상 조합임원과 조합원사이에 의견차이가 있을 경우 갈등이 발생될 소지가 있다.

조합원은 토지등소유자(조합원)로 구성되며 주택재개발사업의 경우 사업에 동의하지 않더라도 가입이 강제된다. 사업추진 과정에서 조합원들의 역할은 추진위 및 조합설립, 사업시행인가신청, 관리처분계획인가 동의권을 행사하며, 각종 총회에서 발언권 및 의결권을 통해 의사결정과정에 참여한다. 그리고 무엇보다 토지 및 건축물의 재산권을 재개발조합에 출자하는 형식으로 사업비를 조달하는 역할을 수행한다. 조합원은 대의원과 일반 조합원으로 구분되며 대의원은 대의원회의를 통해 주요 안건의 의결권을 행사한다. 그리고 총회의 권한을 일부 위임받아 총회의 권한을 대행하는 등 중요한 역할을 맡고 있다.

2) 세입자 및 시공자

세입자는 주거세입자와 상가세입자로 구분되며, 이들은 조합원과 함께 지역의 커뮤니티를 형성해 온 주민들이다. 세입자는 사업시행자는 아니지만 도시재개발사업에 직접적으로 영향을 주고받는 행위자들이다. 즉, 재개발과정에서 본인의 의사와는 다르더라도 이주를 해야만 하는 입장이어서 조합집행부 또는 조합원과 심한 갈등관계를 형성하기도 한다. 이 과정에서 시행자 측이 강제철거나 명도소송을 동원하기도 하며, 세입자들은 외부의 시민단체와 연계함으로써 이들 간의 갈등이 악화되기도 한다.

시공자는 「도시 및 주거환경정비법」의 제·개정[24]으로 공사도급계약에 의해 재개발공사를 담당하게 되었다. 시공자는 재개발사업에 대한 경험과 자금력을 기반으로 정비업자와 함께 재개발조합의 자문, 초기운영자금, 세입자 이주비 등 중요한 역할을 맡고 있다. 하지만 이렇게 중대한 임무를 가지는 시공자는 선정과정에서 상당한 갈등의 소지를 가지게 된다. 왜냐하면 시공자 선정 시에 민주적인 절차로 이루어지지 않을 경우 시공자와 재개발조합 간의 결탁 등 의혹으로 인해 조합원 간의 갈등이 발생할 수 있다(강선호, 2008: 32). 따라서 정비사업의 투명성 제고를 위해 조합설립인가 후 경쟁 입찰로 시공자를 선정토록 하며, 공공관리자가 합리적이고 투명한 시공자선정을 하도록 지원하고 있다.

또한, 시공자는 단순히 공사도급계약에 따라 대가를 받고 공사만 해 주는 역할뿐만 아니라 개발업자(developer), 금융대부업자(lender) 등의 역할까지도 하게 된다. 이는 도시재개발사업이 조합과 시공자 간의 공동사업이라는 성격을 지니기 때문이다(이주원, 2010: 104). 이러한 시공자는 전문지식과 경험을 가지고 있는데 반해, 재개발조합은 도시재개발사업의 경험이 없는 주민들로 구성되므로 재개발사업의 사업진행은 대부분 시공자 중심으로 진행되는 경우가 많다.

3) 행정기관

행정기관은 재개발사업의 추진에 필요한 각종 관련규정 등을 마

---

24) 「도시 및 주거환경정비법」의 제정(2002.12.30.)으로 시공자의 역할이 종전의 합동재개발 방식에서 공사수급자로 그 역할이 축소된다. 하지만, 원활할 사업자금조달의 어려움과 신속한 사업추진을 위해 「도시 및 주거환경정비법」을 개정(2005.3.18.)함으로써, 시공자는 재개발조합과 공동사업이 가능하게 되면서 그 역할이 다시 증대되었다.

런하며, 사업승인 및 행정업무 등을 통해 사업시행을 관리 및 감독하는 역할을 수행하고 있다. 이를 위해서 도시재개발사업의 방향을 제시하는 정책과 제도의 수립 및 운영, 용적률·층수·세대수·공공용지의 확보 등 사업계획에 대한 승인, 조합의 설립 및 해산, 조합원의 자격심사를 하게 된다. 또한, 사업시행자인 재개발조합과 조합원에 대한 관리, 조합원 및 지역주민 등의 사업과정에서 발생하는 분쟁발생의 관리, 공사착공 및 준공 등과 관련된 관리감독의 업무활동 등을 수행하게 된다.

그리고 무엇보다 행정기관은 도시·주거환경정비기본계획을 수립하여 도시재개발사업의 커다란 방향을 제시하며, 적합한 범위에서 정비계획의 수립 및 정비구역을 지정하게 된다. 또한, 도시주거환경정비기금마련, 국공유지 무상양여 등 원활한 정비사업 추진을 위해 경제적 지원방안을 모색한다. 행정기관은 정비사업 추진과정에서 추진위 및 조합설립의 승인, 사업시행인가, 관리처분계획인가 등 사업전반에 걸친 사업승인을 통해 사업진행을 관리한다. 뿐만 아니라, 이해당사자 간 분쟁 및 민원의 중재와 조정기능 역시 행정기관이 담당하는 중요한 역할 중 하나이다.

3. 도시재개발사업의 변화와 갈등의 특성

1) 재개발사업의 국내·외 패러다임 변화

국내의 재개발사업은 2011년 현재까지도 전면철거라는 재개발방식에 따라 경제적인 논리로 진행되고 있다. 이러한 정비수법은 도시의 관리적 측면이나 사회·경제적 측면에서 많은 문제점을 가지고 있으나, 아직까지 별다른 대안이 모색되지 않고 있다. 이와는 달리 선진국의 도시재개발은 과거 수십 년간의 다양한 경험을 바탕으로 현재에 이르고 있어서 우리에게 시사하는 바가 크다(하성규 외, 2003: 214). 물론, 각 나라마다의 사회·경제적 상황과 여건이 다르므로 정비방식에 있어서도 다소 차이를 보인다. 그러나 오늘날 공통적으로 나타나는 정비수법의 특징은 통합적 접근에 의한 재개발 도모와 주민참여형 재개발 또는 커뮤니티 중시형의 통합적 재개발사업이 추진되고 있다는 것이다.

영국과 미국, 일본 등에서는 이미 1970년대 초반부터 전면철거방식에서 벗어난 지역커뮤니티 회복을 위하여 지구단위의 점진적인 정비방식으로 전환하고 있다. 국내에서도 물리적인 주거환경개선 위주의 정비방식에 대한 한계를 인식하면서, 지역밀착형 또는 커뮤니티 밀착형 등의 점진적인 정비방식의 필요성이 제기되고 있다. 최근에 거주자가 중심이 되고 기존의 거주환경을 유지하면서 도시의 재활력을 도모한다는 의미로서, 미국에서는 커뮤니티운동, 일본에서는 마을 만들기 운동, 영국에서는 근린지역재생운동(New Deal for Communities) 등으로 추진되고 있다(서수정 외, 2006: 11). 이러한 1960년대 후반부터 등장한 구미의 수복형 정비방식은 지역주민 커뮤니티의 중요성이 내재된 정비수법이다.

영국에서는 1986년 대런던(Great London)의 일포드(Ilford)에서 최초로 TCM(Town Center Management) 활동이 시작되었다. 즉, 민간과 공공부문의 협력관계를 갖춘 비영리단체(NPO)를 중심으로 특정사업이 재원으로 해결하기 어려운 활동을 전개하였다. 이것은 약 200개 이상의 실적과 약 220명의 매니저를 갖추었으며, 정부기관인 'English

Partnership', 'Scottish Enterprise'와 연대하여 활동하기도 하였다(이주형, 2009: 120). 미국에서는 1974년 '주택커뮤니티 재개발법'을 제정하여 재개발사업의 정비수법에 변화를 꾀하였다. 즉, 물리적인 환경정비를 극복하기 위해 비영리단체인 CDC(Community Development Corporation)를 창설하여 지역주민의 건강한 커뮤니티를 유지하고자 하였다.

또한, 상업업무기능의 활성화를 위하여 업무개량지구(BID; Business Improvement District)를 지정하였다. 이것은 미국도시 중심부의 일정지구를 대상으로 지역 내 부동산 소유자 대다수의 동의를 얻은 뒤, 그 지구의 부동산을 자산가치의 일정비율로 부담금을 부과하는 제도이다(이주형, 2009: 333). 이렇게 조달된 재원은 '마을만들기 조직'을 운영하는 데 사용하고 있다.

일본에서도 1965년을 전후하여 전면철거방식의 재개발사업은 후퇴되었고, 지역사회를 보전하는 방식의 지역 밀착형 및 커뮤니티 밀착형 정비방식을 도입하였다. 주민중시형 재개발사업의 특징은 1970년대 이후 커뮤니티를 중시하는 정비기법이 시도되면서 재개발사업에 주민참여와 의견수렴의 중요성이 부각되었다. 1980년대부터는 주민과 민간기업, 정부, 공단 등이 다양한 형태로 상호 협력하여 사업을 진행하는 제3섹터의 정비기법의 등장이 특징적이다. 최근에는 주민참여에 의한 주민주도의 정비방식의 하나로써 마을만들기(まちづくり)가 일반적이다. 마을만들기(まちづくり)는 1978년부터는 주민참여에 의한 협력형 마을만들기로 진화되고 있다. 이것은 지역주민들이 재개발사업의 추진주체가 되어 주거환경개선에 직접 참여함으로써, 점진적인 주거환경개선을 도모하는 것이다.

서울시에서도 최근 물리적 주거환경개선 위주의 정비방식의 한계를 인식하면서 서울시 휴먼타운 조성사업, 디자인서울 빌리지 등을 시행하고 있다. 이미 유럽, 미국, 일본 등 선진국에서는 무분별한 주거지개발에 대한 반성과 함께 지역주민의 자발적인 참여가 이루어지고 있다. 이러한 측면에서 서울시는 획일적인 아파트 공급방식을 지양하고, 소단위 맞춤형 정비사업인 휴먼타운 조성사업을 제안하였다.

휴먼타운은 1990년 수복형 재개발방식이 도입된 이후, 수복형 정비방식으로 도입된 최초의 사업이다. 중앙정부는 2005년부터 시행된 '살기 좋은 도시만들기'를 통해 주민참여에 의한 '도시 및 마을만들기' 활동을 지원하였다. 이것은 서울시 휴먼타운 조성사업의 발판이 되었으며, 개발주체가 전문가나 공공이 아닌 당해 지역주민으로 이전되는 계기가 된다. 즉, 휴먼타운은 물리적인 주택공급뿐만 아니라 지속적인 유지관리 및 지역커뮤니티를 제공하고 있다.

서울시는 정부주도의 획일적이고 규제중심적인 경관관리로 인해 지역주민과의 갈등이 증가하면서 지역주민이 스스로 지역경관을 관리하는 서울형 마을가꾸기 개념인 '디자인서울 빌리지' 사업을 추진하게 되었다. 이것은 경관관리에 주민참여를 유도하는 「경관법」의 제정으로 경관협정제도가 도입되면서 시행하게 되었다. 서울시는 경관조례 및 시행규칙을 제정하여 주민이 참여하는 마을가꾸기 사업의 법적 근거를 확보하였다. 그리고 지역주민이 자기지역의 경관을 가꾸고 관리하는 '디자인서울 빌리지'사업의 추진으로 새로운 개념의 서울형 마을가꾸기 정비사업이 시도되고 있다.

2) 도시재개발사업 갈등의 특성

최근, 사회가 복잡하고 다양해지면서 갈등의 양상과 형태가 역동적으로 발전하면서 갈등에 대한 개념도 다양한 측면으로 정의되고 있다. Dahrendorf(1959)는 사회세력 간의 표현상 충돌뿐만 아니라 싸움, 경쟁, 논쟁, 긴장 등을 포함하는 광의의 개념으로, 그리고 Boulding(1962)은 사회 내 각 주체들이 양립할 수 없는 경쟁의식 또는 주체별 가치가 상이할 때 발생하는 경쟁관계라고 보았다. 하혜영(2007a)은 둘 혹은 그 이상의 갈등당사자들이 목표, 수단, 혹은 가치 등이 양립 불가능한 상황에서 상호작용할 때 발생되는 과정으로 보았으며, 장성환(2010)은 희소자원의 배분이나 목표·가치·인식 등의 차이로 발생하는 개인 간, 집단 간, 또는 조직 간에 발생하는 대립적 상호작용으로 보았다. 이처럼 학자마다 갈등의 개념논의는 다양한데, 본 서적에서 다루게 되는 도시재개발사업에서의 갈등은 '경합관계의 당사자 간 상충하는 이해관계가 표출되는 일련의 과정'이라고 정의한다.

갈등은 일반적으로 '예상되는 행위의 일탈', '의사결정 기제의 훼손', '협력에 대한 위협', '적대적 싸움' 등의 부정적인 개념으로 인식되어 왔다(Schmidt & Kochan, 1972). 그러나 한편으로 갈등의 사회 기능론적 관점에서 순기능에 관한 논의들이 진행되고 있다(김성연 외, 2010: 21). 즉, 갈등은 집단분열을 막고 집단형성과 지속을 위한 필수 요소로 보는 것이다(Coser, 1968). 또한, 조직목표 관리를 위해 필요한 요인(Pinkley & Northcraft, 1994), 또는 사회발전을 위해 필수적인 원동력(지속가능발전위원회, 2005a, 2005b) 등으로 보기도 한다. 이러한 것들은 재개발사업에서 갈등의 순(順)기능을 말해 주는 것이다.

최근 제기되는 재개발사업에서 갈등의 상호작용적 접근을 살펴보면, 협동적 조직은 발전역량이 저하되며, 정체된 조직의 문제해결을 위해서 갈등이 필요하다고 본다. 즉, 적극적으로 갈등을 자극시켜

활용할 가치가 있다는 논리이다(Robbins, 1983). 이러한 재개발사업
에서 갈등의 구조계층25)과 이들 간의 인과관계 형성은 다음과 같다
(<그림 2-3> 참조).

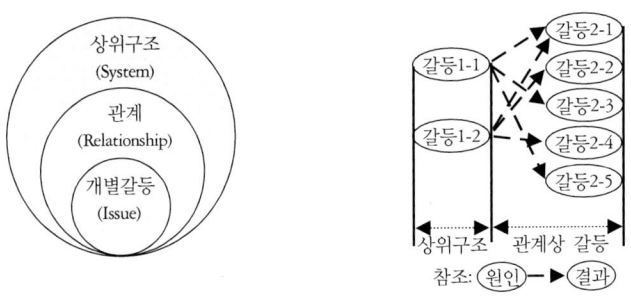

자료: 김성연 외(2010: 22).

〈그림 2-3〉 재개발사업에서 갈등의 구조계층과 인과관계

위의 <그림 2-3>을 살펴보면 상위구조(system)는 관계(relationship)
사이에서 발생하는 개별갈등의 원인이 됨을 알 수 있다. 즉, 표면화
된 개별갈등(issue)에 주목할 필요는 있지만 관계(relationship) 간 발
생하는 갈등은 상위구조(system)가 중요한 변수임을 알 수 있다. 따
라서 재개발사업에서 갈등의 근본적인 접근과 재발방지를 위해서는
갈등의 상위구조를 검토하는 것이 무엇보다 필요하다.

본 책에서도 재개발사업에서 갈등의 구조적 탐색을 위해 직접적
인 개별갈등뿐만 아니라 개별갈등에 영향을 주는 상위구조를 분석

---

25) Dugan(1996)은 미국 지역학교에서 인종차별이 원인이 되어 발생한 흑인과 백인의 폭력집
단 사이의 갈등해결을 위해 4단계 유형의 갈등구조(문제, 관계상 갈등, 하위구조, 상위구
조)를 제시하였다. 즉, 구조적 이론의 핵심은 개별적으로 발생하는 갈등에 대한 상위구조
를 파악하여 관리하지 않고 단지 개별 갈등만을 이해하는 것은 근본적인 갈등해결이 실
현되기 어려운 갈등관리로 전락할 우려가 있음을 알 수 있다.

하였다. 왜냐하면, 개별갈등구조 자체만을 분석한다면 갈등의 실체를 파악하는 데 한계가 있기 때문이다. 즉, 재개발사업의 개별갈등에 영향을 미치는 외적 요인으로서 제도적 환경, 시민참여의 증가, 정치적 환경 등을 상위구조(system)로 보고 갈등형성 메커니즘을 분석하고자 하였다.

제2절 정책네트워크 이론

정책네트워크[26] 분석의 시각이 정책연구에서 중요한 방법론으로 논의된 이유는 그것이 현대사회 정치체제의 변화를 절적하게 반영할 수 있기 때문이다. 즉, 오늘날 국가와 사회 간의 복잡한 사회의존성과 제도적 변화 속에서 수평적, 연계적으로 진행되는 정책과정의 특성을 고려함으로써 그 가치를 인정받게 된 것이다. 특히, 사회중심적시각과 국가중심적인 시각으로 추진되어 온 정책연구들은 정책네트워크에서 상호 수렴하는 경향을 보여 준다(이순호, 1999).

한편, 국가정책 연구를 위해 설명 가능한 두 가지는 행위자 중심적 접근과 구조중심적인 접근이 있다. 이것은 정치현상의 일면만을 강조하고 있으며, 행위자와 구조 간의 상호작용을 고려하지 못한다

---

26) 정책네트워크는 기존의 연결망 개념을 정책과정에 도입한 것이다. 이러한 연결망 개념을 처음으로 도입한 학자는 Brons가 있으며, 연결망 부분의 발달은 Mitchell에 의하여 이루어졌다. Mitchell은 연결망의 두 가지 특성으로 형태(연계의 패턴과 구조적 특징), 상호작용 행위(연계자체의 속성 또는 특성)로 구분한다. 그리고 연결망 구조를 묘사하는 다양한 용어로써 범위, 정도, 규모, 밀도 등을 소개한다(이우권, 1999). 정책네트워크의 개념 및 접근방법은 학문적 영역이기 때문에 학자들마다 네트워크를 바라보는 시각이 조금씩 상이하다. 하지만 이들의 공통점은 정부와 비정부부문을 포함하여 특정한 정책과정에 참여하는 다수의 행위자간의 복합적인 상호작용을 중시하고, 이들 상호 간의 협력체계, 갈등구조 등을 분석하는 것이다.

는 비판을 받고 있다[27]. 따라서 행위자와 구조변수 모두를 산정하고, 이들 간의 상호작용을 포괄할 수 있는 이론적 틀이 필요하게 되었다. 이를 통해 보다 완벽한 정책과정의 설명이 가능하다는 주장들이 설득력을 가지면서, 정책네트워크 이론이 등장하게 되었다. 즉, 정책네트워크 시각은 미시적 접근과 거시적 접근 가능성을 균형 있게 수용한다. 또한, 미시와 거시, 즉 행위자와 구조 간의 매개과정을 밝혀내는 중간영역 이론으로 적립되며, 이를 도식화하면 다음과 같다 (<그림 2-4> 참조).

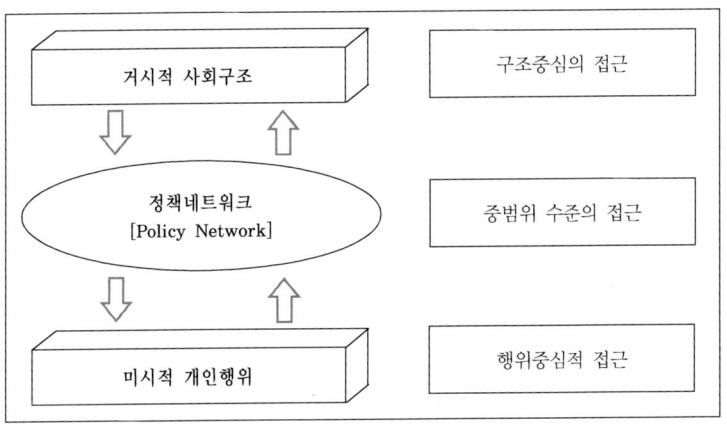

자료: 양재대(2003: 12).

<그림 2-4> 정책네트워크의 이론화 수준

---

27) 정책결정과 같은 정치현상을 미시적인 차원인 개인의 동기나 행위의 결과로 간주하는 환원주의적 접근(reductionalism)은 보다 높은 분석수준의 현상을 모두 개별적인 행위의 합산으로 간주한다. 때문에 행위에 영향을 미치는 제도적인 특성은 무시되고 있으며, 거시적인 구조중심의 접근은 행위자의 선택을 제약하는 매개과정이 불분명하다. 또한 극단적인 구조결정론의 입장에서 바라볼 경우 행위자의 자발적 선택의 가능성을 상실하게 된다. 따라서 구조중심의 접근은 행위자의 실천적인 의미가 무의미해지는 약점을 가진다(양재대, 2003: 11 재인용).

본 책에서도 이 같은 이론적 특성을 기반으로 하여 재개발사업 갈등구조 분석을 위한 도구로써 정책네트워크 이론을 적용하고자 한다. 이번 장에서는 정책네트워크 이론의 등장배경, 특징 및 유용성, 구성요소, 그리고 정책네트워크 관점에서 본 갈등고찰 등을 논하고자 한다. 이러한 이론적 고찰을 통해, 도시재개발과정의 갈등구조를 분석하는 분석요소의 선정기준으로 활용한다. 또한, 정책네트워크 이론을 통해, 분석틀 구성의 이론적 기틀을 마련하였다.

1. 정책네트워크 이론의 등장배경

도시정책은 정부기관이 중앙지배적으로 만드는 것이라기보다, 민간부문을 포함한 다양한 행위자 간 상호작용의 결과이다. 따라서 정책형성과정을 표현하는 정책네트워크 이론에 관한 다양한 논의들이 대두되고 있다(양재대, 2003: 12-13). 정책네트워크 이론은 다양한 행위자가 참여하는 복잡한 정책과정에 네트워크 개념을 도입한 것이다. 정책네트워크란 복잡한 정책현실을 설명하기 위한 개념(방민석, 2002: 29)[28]으로서, 정책형성과정에서 다원주의·조합주의 한계, 조직 간 이론의 등장, 이익집단의 등장 등 여러 논의들이 있다. 여기서는 지금까지 진행된 다양한 논의들을 바탕으로, 정책네트워크 등장배경을 도시정책의 환경변화, 신공공관리 등장, 레짐이론(Regime Theory) 발달, 다원주의·조합주의 한계로 구분하였다.

---

28) 정책네트워크 개념은 두 가지로 나누어서 정의 될 수 있다. 첫째, 은유의 측면에서 현실을 특정한 이미지로 개념화하는 것이고, 둘째는 이론의 측면에서 은유되는 현실속의 연구문제와 관련된 개념적 구성요소를 가지고 개념화하여 현실을 분석하는 데 사용된다(배응환, 2001: 266-268).

1) 도시정책의 환경변화

정책네트워크에 대한 시각이 미국이나 유럽 등에서 정책연구의 주요 방법론으로 논의된 것은 현대사회의 정치체제 변화를 적절히 반영할 수 있기 때문이다. 즉 정책네트워크는 국가와 사회 간의 복잡한 상호의존성과 제도적인 분화 속에서 수평적, 연계적인 정책과정의 특성을 반영하는 데 그 가치를 인정받게 된다(이순호, 1999: 30). 또한, 정부에 전적으로 의존하여 자원배분이 되던 것이 상호의존적 관계로 전환되는 과정에서 정부의 조정능력은 한계에 부딪힌다. 이에 민간부문을 포함한 다양한 분야에서 정보와 자원을 활용하게 된다. 이러한 측면에서 Jansen(1991)[29]은 정책네트워크의 등장배경을 정부의 대규모사업 집행과정에서 실패를 경험하는 것과 연관시키고 있다.

정책네트워크는 이렇게 네트워크 분석의 일반적 이론을 정책과정의 구조분석에 적용한 것이다. 즉, 정책네트워크에서의 행위자는 정책과정에 관계되는 개인과 집단이 해당된다. 사회가 점점 다원화될수록 정책결정과정에서 관료주의적 정치체제는 불가능하게 되고 있다. 그리고 정책을 둘러싼 갈등이 발생하면서 정책집행을 더욱 어렵게 만들기도 한다. 이러한 정책과정의 다양한 행위자와 행위자 간 상호 관계를 설명하는 도구로서 정책네트워크 이론이 등장하게 되었다.

---

29) Jasen(1991)은 특정 정책의 집행이 수평적, 비계층적인 조정을 통해 운영되고, 무엇보다 국가가 결여하고 있는 정보와 자원을 보유하는 사회적 행위자들이 감지된다고 보면서, 정책네트워크가 정책형성에서 중요한 역할을 수행한다고 보고 있다(양재대, 2003: 13-14 재인용).

2) 신공공관리 등장

정책네트워크 등장은 신공공관리 도시정부의 대두배경과 함께하고 있다(Blom Hansen, 1997: 672). 즉, 1970년대 세계경제의 장기침체는 복지국가로의 추진과정에서 성장한 정부부문의 축소와 재편 등 복지국가의 위기와 더불어 조합주의적 경제관리 패턴의 변화를 초래하였다. 20세기 중반부터 지속적으로 성장한 공공부문에 대한 비효율성의 비판이 커지면서 정부부문의 역할축소가 제기되었다. 그리고 이들 국가들은 정부의 역할수행을 위한 부문으로 시장(market)을 바라보게 된 것이다. 따라서 공공영역에서는 민영화, 민간위탁 방식으로 민간부문이 공공서비스 공급과정의 대안으로써 등장한다.

이러한 변화가 있은 이후에 도시행정은 더 이상 과거의 중앙정부가 일방적이고 시혜적으로 시행하던 것에서 벗어나, 쌍방적이고 상호 의존적인 관계로 변화를 시도하고 있다(양기용, 2000: 81-98). 이러한 도시정부의 위상약화는 공공서비스의 공급부문에서 두드러진다. 결국, 이것은 공공부문에서 서비스공급시장의 질서와 같은 경쟁원리를 적극적으로 도입하는 움직임으로 이어졌다.

하지만, 대부분의 유럽국가들은 작은 정부의 구현에 초점을 맞춘 신공공관리[30]의 전면적인 수용 대신 정부와 조직화된 이익집단간의 협력관계를 기초한 새로운 해결방안을 모색하려고 시도하게 된다. 영국과 독일을 중심으로 전 유럽으로 확대된 정책네트워크 논의는 복지국가의 전통과 이익집단으로 대표되는 유럽의 현실을 반영한

---

30) 대처와 레이건의 집권을 통해 본격화된 신공공관리는 이후 영국의 연방 국가들을 중심으로 급속히 확산되었다. 이러한 현상은 재정개혁, 조직 감축, 민영화, 규제완화 등을 핵심으로 하는 신공공관리가 작은 정부의 실현과 경제 활성화에 효과적이라는 인식을 반영하는 것이다(김정렬, 2000: 22).

것이다. 나아가 신공공관리로 대표되는 정부혁신은 최근 정책네트워크로 지칭되는 대안적 국정관리를 촉진하는 촉매제 역할을 하게 되었다.

3) 레짐이론 발달

미국과 영국의 도시 거버넌스에 관한 연구는 1980년대 후반부터 1990년대 중반까지 활발해지는데, 도시 거버넌스와 관련된 대표적인 이론이 바로 레짐이론(Regime Theory)이다. 레짐이론은 다원론이나 엘리트이론과는 달리 비교적 새로운 시각으로서, 완전한 이론정립이 완성되지 않고 있다. 따라서 실증분석은 어렵지만 도시정치의 권력구조에 대한 하나의 개별적인 시각을 제시하고 있다. 그리고 도시 거버넌스를 대표하는 주요 설명이론의 하나로서, 왜 도시가 변화하게 되는지의 실질적인 이해를 돕기 위해 활용되고 있다(김석준 외, 2002: 170-171). 레짐이론은 도시정부가 직면하는 사회·경제적인 도전에 대응하고자 정부부문과 비정부부문 간의 권력관계에서 상호의존성을 강조한다. 또한 이들 두 부문 간의 행위자들은 협조와 조정문제에 초점을 맞춘다. 이들의 주장은 국가마다 다소 차이가 있지만, 오늘날 선진 자본주의 사회에서는 공공과 민간의 협력이 요구된다는 것이다.

정책네트워크 접근은 이러한 레짐이론과 유사하게 다양한 이해집단과 조직 간의 협력적인 노력에서 출발한다고 본다. 여기서 협력이란 계층에 의한 방법이나 협상이라기보다는 집단 간의 응집력, 충성, 신뢰도, 상호 지지도 등에 기초한 약속이나 신뢰관계의 확립으로 형성된다는 것이다. 즉 정책네트워크의 조직들은 자신의 상호 의존성을 통해 협력을 학습하게 된다.

4) 다원주의·조합주의 한계

정책네트워크는 미국과 유럽으로 구분하여 그 기원과 발전에 대해 살펴볼 수 있다. 미국에서는 정책네트워크의 기원으로 다원주의에 대한 비판으로 보았다. 반면, 유럽에서는 조직간 이론과 조합주의를 연관시켜 설명하였다. 하지만 다원주의와 조합주의는 정책형성과정의 분석에 한계를 보인다. 따라서 이것이 정책네트워크 연구의 필요성을 증대시키는 하나의 계기가 되었다(정용남, 1998: 59-60).

다원주의와 조합주의의 정책결정과정 연구는 다수의 참여자 간 상호작용과 네트워크 구조로 전개되는 역동적인 정책과정을 분석하는 데 있어서 한계를 보였다. 즉, 상호 의존적인 다수의 행위자 간 갈등과 협력이 발현되는 실질적인 네트워크 구조에 대한 심층적인 분석이 어렵다는 것이다. 따라서 정책과정을 이해하는 새로운 대안이 필요하게 되었는데, 이러한 배경에서 정책네트워크 이론이 하나의 대안으로 등장하게 되었다.

2. 정책네트워크 이론의 유용성

정책네트워크 이론은 지금까지 어느 이론보다 많은 논란이 되어왔다. 그중에서 가장 핵심적인 쟁점은 정책네트워크 이론이 현실의 정책과정을 분석하는 데 얼마나 유용한가에 관한 것이다. 즉, 정책네트워크 이론이 현실 분석을 위한 것이 아닌 일종의 은유(metaphor)에 불과하다는 주장[31]과 정책결정과 정책변동의 원인을 밝히는 유용한 설명이론이라는 주장[32] 간의 대립이 있었다(김순양, 2003: 180, 양현모 외, 2008: 22). 전자의 입장을 대표하는 Dowding(1995)은 정책네트워크가 인과적 설명력(explanatory power)을 갖지 못하므로 이론이라기보다는 하나의 은유로 사용된다고 주장한다. 이 주장에 따르면 정책네트워크는 정책결과에 직접적인 영향을 미치지 않으며, 상호작용과 자원교환의 유형을 나타낼 뿐이고(Marsh, 1998: 4), 정책네트워크 이론은 기술적인 용도로만 가능하다고 보았다.

그러나 Rhodes, Marsh, Smith 등의 연구자들은 정책네트워크 이론이 은유에 불과한 개념이 아니라, 현실을 분석하는 데 유용한 이론이라고 주장한다. 따라서 정책네트워크는 행위자 간의 상호작용을 정확히 기술하며, 정책과정과 정책결과 간의 인과관계를 설명하는 유용한 도구라고 주장한다(Bulkeley, 2000; Rhodes & Marsh, 1992). 또한, 그들은 기본적으로 정책네트워크가 정책결과에 많은 영향을 미친다고 보며, 다음과 같은 유용성을 가진다고 보았다(홍성만, 2006:

---

31) 여기서 정책네트워크를 은유라고 보는 관점은 마치 기계론적 패러다임이 조직을 기계로 비유하는 기계적 은유로 비유하는 것처럼, 체제이론이 조직을 유기체에 비유하는 은유이다. 즉 네트워크에서의 은유는 하나의 체제 내부의 모습을 해부하여 구성요소들 간의 관계와 상호작용을 설명하는 것이 은유라는 것이다. Dowding (1995)은 정책네트워크 접근이 은유로서 시작되었으며, 인과적 설명을 갖지 못하므로 이론이 아니라고 본다. 따라서 정책네트워크는 단지 발견적 장치(heuristic device), 즉 은유로 사용된다고 주장한다. 또한 Jordan & Richardson(1987)은 정책네트워크는 정책영역과 지방정부영역에서 나타나는 특징들을 묘사하는 은유적 개념이라 설명하고 있다.

32) 주류적 입장의 정책네트워크 연구자인 Rhodes, Marsh, Smith 등의 학자들은 정책네트워크가 수사적 은유에 불과한 것이 아니라, 현실을 분석하는 데 유용한 이론이라고 주장한다. Bulkeley(2000)는 정책네트워크는 행위자들 간의 상호작용을 유용하게 기술할 수 있으며, 정책과정과 정책결과간의 인과관계를 설명하는 유용한 수단으로 본다. Marsh(1998) 역시 정책네트워크가 정책결과에 많은 영향을 미친다고 주장하고 있다. 또한, 배응환(2001)은 정책네트워크의 이론적 틀이 이론적 측면과 현실적 측면에서 정치행정현상에 적용 가능한지 검토한 결과, 다양한 정치행정현상들, 특히 정치행정의 문제들을 기술하고 설명하여 예측 가능한 하나의 이론으로서 그 적절성이 있으며, 따라서 행정학의 지배적인 이론으로 성숙될 수 있다고 본다.

124-126).

첫째, 오늘날 단편화되고 분권화된 정책체제에서 공식적 정책기구뿐만 아니라 비공식적 정책과정을 분석하는 데 유용하다. 즉, 정책네트워크는 정책과정에서 참여자들 사이의 행위와 상호작용을 분석하고 이들의 상호작용을 파악함으로써 정책결정 및 집행구조를 밝혀낼 수 있다.

둘째, 정책참여자의 경계를 새롭게 한다. 즉, 정책네트워크 시각은 정부와 기업, 시민을 포함한 민간단체, 지역주민, 이익집단, 그리고 전문가 집단 등 다양한 행위자를 포함시켜 정책참여 범위를 광범위하게 설정한다.

셋째, 정책행위자들 간 상호작용을 체계적으로 분석하고, 그 패턴을 규명한다는 점에서 정책현실의 설명력을 제고할 뿐만 아니라, 처방책의 모색까지도 가능하다.

넷째, 정책네트워크 관점은 정책영역에서 상이한 정책행위자 간 이동균형점(moving equilibrium)을 탐색하기에 유용하다. 정책네트워크는 해결하려는 문제의 성격이나 목적 및 이해관계에 따라 다양한 행위자들의 의사소통 채널과 협의의 장을 제공하기 때문이다.

이상과 같이, 정책네트워크 이론에 관한 유용성 논의들은 본 책에서의 분석도구를 정책네트워크 분석틀에 적용하는 데 이론적 논거를 제시하고 있다. 즉, 특정한 정책과정을 분석하는 것은 아니지만, 재개발과정에서 정책네트워크 이론을 적용한 주요 행위자 내 또는 주요 행위자 간 상호작용 및 네트워크 구조 등을 분석하여 갈등구조를 살펴볼 수 있는 것이다. 따라서 재개발사업과정의 갈등구조를 분석하기 위해 정책네트워크를 분석틀로 선정하였다. 위의 논의들은 연구의 분석틀 구성의 이론적 설명력을 제고하게 된다.

3. 정책네트워크 관점에서 본 재개발사업의 갈등

본 서적에서는 정책네트워크분석을 적용하여 재개발사업의 갈등 구조를 분석하는 것이다. 재개발사업의 갈등구조를 살펴보기 위한 분석도구로서 정책네트워크 분석틀이 유용한 것인지 그 적용 가능성을 살펴보고자 한다.

이상에서 살펴본 것처럼 정책네트워크 이론은 다양한 행위자들이 참여하는 복잡한 정책과정을 분석하기 위하여 네트워크개념을 도입한 것이다. 물론, 정책네트워크에 대한 정의는 연구자마다 달라 통일된 정의를 내리기는 어렵지만, 복잡한 정책과정을 들여다보는 것을 전제로 한다. 따라서 정책과정 분석을 위한 정책네트워크의 구성요소를 공통적으로 사용하고 있다. 본 책에서의 연구는 정책과정은 아닌, 재개발사업의 추진과정에서 갈등구조의 메커니즘을 분석하고자 정책네트워크 분석틀을 적용하고자 하였다. 이것은 재개발사업의 갈등구조 분석을 위한 분석요소의 선정과정을 통해서 정책네트워크 분석틀의 적용이 가능하다고 보았다.

도시재개발사업의 갈등에 관한 연구는 오랫동안 다양한 분야에서 주요 관심의 대상이 되었을 뿐만 아니라, 시간이 지나면서 그 시각도 다양하게 달라짐을 알 수 있다. 그리고 갈등분석의 접근방법은 집단과 계급간의 갈등으로 바라보는 마르크스주의적 접근(Marxist Approach)과 같은 고전적 접근방법부터, 과정적 접근(Process Approach), 구조적 접근(Structural Approach)을 비롯하여, 1980년대 이후 등장한 대체적 분쟁해결(ADR: Alternative Dispute Resolution) 접근방법에 이르기까지 다양하게 활용되고 있다. 특히, 가장 최근에 등장한 대체적 분쟁해결 접근방법(ADR: Alternative Dispute Resolution)은 법정이나 정부의 결정이 아닌, 이해당사자 간 협상이나 제3자의 개입에 의한 화해, 조정, 중재 등을 통해 갈등을 해결하려는 방법이다.

이렇게 다양한 분야에서 각기 다른 특성을 가지고 발생되는 갈등은 그 성격이나 특성에 따라 적절한 갈등분석 방법을 선정해야 할 것이다. 본 책에서는 갈등해결을 위한 다양한 접근방법 중 재개발사업의 갈등분석을 위하여 정책네트워크 분석틀(analytical framework)을 적용하고자 한다. 왜냐하면, 지금까지 재개발사업에서의 갈등접근방법은 고전적, 전통적, 현대적 접근방법 등이 다양하게 연구되어 왔다. 하지만, 지금까지는 주로 재개발사업의 갈등을 해결하고 관리하는 방법으로 재개발사업의 갈등을 접근하였기 때문에 재개발사업에서 갈등형성 과정의 메커니즘을 세밀하게 분석하는 데에는 한계점을 가지고 있다.

도시재개발사업에서 발생되는 갈등을 적절히 조절하고 관리하기 위해서는 갈등의 형성구조를 정확하게 진단하고 이해하는 것이 선행되어야 할 것이다. 따라서 이러한 차원에서 현대사회의 복잡하고 다원화된 이해당사자 간의 갈등발생 메커니즘을 기술할 수 있는 정책네트워크 분석틀을 갈등분석을 위한 분석틀로 활용하였다. 즉, 재개발사업에서 갈등과 관련된 각각의 이해당사자 간 어떠한 입장 차이를 보이며, 그들 간의 이해관계와 상호작용, 네트워크 구조 등을 분석함으로써 갈등구조를 역동적(dynamic)이고 구체적(specific)으로 분석하고자 한다.

무엇보다 사업추진상 다양한 이해당사자가 참여하고 진행과정이 복잡한 도시재개발사업에서 발생되는 갈등구조를 분석하기에 정책네트워크 이론은 적절한 분석틀을 제공한다고 보았다. 즉, 도시재개발사업의 참여주체 간의 관계를 구체적으로 기술할 수 있는 정책네트워크(policy network)의 분석틀을 준거로 참여주체 간의 관계 및 상호작용을 파악함으로써, 갈등단계별 갈등형성 요인을 분석하고 갈등해소를 위한 정책적 시사점을 도출할 수 있다.

제3절 선행연구 검토 및 분석틀

1. 선행연구 검토

1) 정책네트워크에 관한 선행연구

정책네트워크에 관한 국내연구는 1990년대부터 진행되었는데, 하나의 정책분야에 대한 사례를 통하여 정책네트워크가 존재함을 밝히고, 네트워크 내부에서 주요 행위자들 간의 상호작용 관계를 분석하는 연구들이 대체로 많다. 대부분의 사례연구에서는 장기간 정책과정의 분석이 특징적이며, 두 개 이상의 사례지역을 비교연구하기보다는 단일사례를 연구대상으로 분석하였다.

우선, 정책네트워크의 이론연구는 정책네트워크 분석의 성격, 구성요소, 정책이슈별로 구분해 참여주체 간의 입장을 전개한 김순양(2003)이 대표적이다. 그리고 사례연구는 특정 정책분야에서 주요 행위자 간의 상호작용관계를 분석하는 것이 다수인데, 신영균(2006)은 의약분업의 정책결정과정을 사례분석을 하였다. 김렬 외(2004),

김태영(2008)은 법률의 입법과정에 대한 정책네트워크 분석을 통해 정책적 환경, 주요 행위자들의 상호작용 및 관계를 분석하였고, 김선경 외(2003), 양재대(2003)는 도시계획 결정과정에서 정책네트워크 분석을 시도한다. 또한, 권영규(2007)는 도로하천복원사업 정책과정을 정책네트워크로 비교분석하게 된다. 마지막으로, 본 서적과 직접적으로 관련되는 정책네트워크 분석을 통한 갈등연구는 김강민 (2008)이 최초로 시도하게 된다(<표 2-1> 참조).

<표 2-1> 정책네트워크에 관한 선행연구

연구자	주요 내용	분석틀
김순양 (2003)	•정책네트워크에 대한 이론적 쟁점을 정리하고, 현실분석에서의 유용성을 고려하여 각각에 대한 입장을 개진	정책네트워크의 성격, 구성요소, 하위유형
김선경 외 (2003)	•도시계획 사례를 분석하여, 정책결정 참여자 간의 관계 및 상호작용 분석 •정책네트워크 내의 연결고리가 무엇보다 정책네트워크의 형태에 중요한 영향을 미치고 있음.	행위자(목표, 정책선호, 전략, 자원), 행위자간 상호작용(갈등관계, 협력관계), 연계구조
김렬 외 (2004)	•지방분권특별법이 재정되기까지 정책과정과 참여한 행위자 간의 상호작용 분석 •주요 행위자는 정책네트워크군(群)을 형성하고 복잡한 상호 관계 통해서 지방분권특별법이 제정되고 있음.	대내·외적 환경, 행위자, 상호작용, 연계구조
신영균 (2006)	•의약분업 정책결정과정의 정책네트워크 특성 분석 •정책네트워크에서 정부가 순조로운 합의, 중재, 타협을 통해서 정책결정을 위해서는 정당성 확보를 위한 합리적인 정책능력의 구비가 필요함.	행위자, 기능, 상호작용의 관습, 권력분포
권영규 (2007)	•서울 청계천과 일드프랑스의 비에브르 도시하천 복원사업을 대상으로 참여자 역할, 정책이슈별 상호작용 분석 •청계천복원사업은 '정부주도형 네트워크'의 특징을 보인 반면, 비에브르복원사업은 '시민주도형 네트워크'의 특징을 보임.	주요 행위자, 정책과정, 참여자 간 상호작용
김태영 (2008)	•종합부동산세의 입법과정을 정책네트워크 분석을 통해 주요 행위자 간의 갈등과 협력관계를 규명 •종합부동산세의 도입과정을 통해 정책이 정치적인 산물이 될 수 있음을 간접적으로 증명함.	정부, 시민단체, 전문가, 자치단체, 국회

김순양(2003)은 정책네트워크의 성격(characteristics), 구성요소(components), 네트워크의 하위유형(sub-types)에 대한 쟁점을 설명하고, 각각의 쟁점에 대한 입장을 개진하고 있다. 정책네트워크 이론은 현상의 기술은 물론 현상들 간의 인과관계 설명에도 유용하며, 분석수준에서 다양한 행위자들 간의 관계를 분석하는 이론으로 보았다. 신영균(2006)은 정부, 의료계, 약계, 시민단체, 전문가 등 다양한 참여자들의 첨예한 대립과 갈등으로 사회적 이슈가 되었던 의약분업 정책결정과정의 정책네트워크 특성을 분석하였다. 분석결과, 정부가 정책네트워크에서 합의, 중재, 타협을 통한 정책을 도출하기 위해서는 정책네트워크의 정당성 확보를 위한 합리적인 정책능력을 구비해야 함을 도출하였다.

김렬 외(2004)는 지방분권특별법이 제정되기까지 정책과정에 참여한 행위자들 간의 상호작용을 분석함으로써, 지방분권특별법이 만들어진 과정을 분석하였다. 분석결과, 각 주요 행위자들은 하나 또는 복수의 정책네트워크군(群)을 형성하면서 서로 중첩되는 복잡한 상호 관계를 가지면서 지방분권특별법이 만들어짐을 밝히고 있다. 김태영(2008)은 종합부동산세의 입법과정을 정책네트워크 분석을 통해 정부 내부, 정부와 전문가 집단, 정부와 지방정부의 갈등과 협력 관계를 규명하였다. 분석결과 종합부동산세의 도입과정을 통하여 정책이 정치적인 산물이 될 수 있음을 제한적이나마 확인할 수 있었다.

김선경 외(2003)는 정책네트워크 분석이론에 근거하여, 최근 서울시에서 수행된 세 가지 도시계획 사례를 대상으로 정책결정 참여자 간의 관계 및 상호작용을 파악하였다. 분석결과, 주요 행위자의 수와 규모, 참여형태에 따라 다양한 유형의 정책네트워크 형성 가능성과 가변성으로 정책네트워크 제도화의 수준이 낮음을 밝혀냈다. 권영규(2007)는 서울의 청계천과 일드프랑스의 비에브르 도시하천복원사업을 대상으로 정책네트워크의 성격, 정책과정상의 특징, 참여자의 역할, 정책이슈별 상호작용이라는 관점에서 비교·분석하였다.

마지막으로, 김강민(2008)은 사회문제로 나타나는 갈등문제를 정책네트워크 분석을 통해 갈등발생 과정을 구체적으로 살펴보고 효율적인 갈등관리 적용방안을 도출하였다. 분석결과 단기적인 갈등관리시스템을 제시하며 장기적으로 갈등예방을 위한 교육, 홍보 등에 필요한 네트워크 및 시스템 구축이 필요함을 강조하였다.

2) 도시재개발사업의 갈등에 관한 선행연구

(1) 도시재개발사업의 갈등구조 연구

도시재개발사업의 갈등구조는 다양한 방법으로 진행됨을 알 수 있다. 이에 해당되는 연구를 살펴보기 위해 연구방법에 따라 크게 두 가지로 구분한다. 즉, 참여주체 간의 이해관계 분석방법과 언론보도내용을 통한 내용분석으로 구분하여 살펴볼 수 있다(<표 2-2> 참조).

구분	연구자	주요 내용	대상/방법
참여자 간 이해관계 또는 상호작용	이홍권 (2009)	이해당사자 참여의 타당성, 상호작용의 장 창출, 사회적 학습, 제도적 맥락을 갈등단계별로 실증분석	부산 북항 재개발사업 (집단 간 갈등)/사례연구
	장성환 (2010)	주택재개발사업에서 다양한 이해집단 간에 발생하는 갈등양상과 갈등구조 분석	주택재개발사업구역(집단 간 갈등)/6하 원칙 분석
	송석휘 (2011)	갈등의 원인과 전개과정, 갈등의 주체 및 당사자, 참여주체간의 상호작용 등을 갈등단계별로 분석	용산재개발사업(집단 간 갈등)/사례연구
	여관현 외 (2011)	행위자 간의 상호작용과 연계구조를 갈등의 태동기, 갈등의 표출기, 갈등의 심화기로 구분하여 정책네트워크 분석	용산재개발사업(집단 간 갈등)/사례연구, 정책네트워크 분석
	秦 中伏 외 (2010)	갈등에 관계되는 제3자(a third party)의 역할을 측정하고, 도시개발과 관련된 실제적인 갈등을 metagame으로 분석	도시개발사업/메타게임 분석
내용분석	이상경 외 (2001)	주택재건축사업의 갈등내용, 갈등유형, 갈등의 강도 등을 분석해 관련주체별 갈등발생 특성과 양상을 규명	주택재건축사업(집단 간 갈등)/내용분석
	임자영 외 (2008)	도시재개발사업 사업시행단계부터 관리처분계획단계까지 갈등발생을 관련문헌 및 신문기사를 중심으로 내용분석	44건의 갈등사례(집단 간 갈등)/사례연구

첫째, 참여주체 간의 이해관계 또는 상호작용을 통한 도시재개발사업의 갈등구조를 분석한 연구(송석휘, 2011; 여관현 외, 2011; 이홍권, 2009; 장성환, 2010)가 있고, 일본에서는 도시개발사업의 이해관계를 둘러싼 갈등문제를 분석한 연구가 진행되었다(秦 中伏 외 4인, 2010). 이러한 연구들의 특징은 최근에 연구되었으며, 본 서적의 연구와 유사한 선행연구에 해당된다.

가장 최근의 연구인 송석휘(2011), 여관현 외(2011)는 용산4구역 재개발사업을 사례로 주요 행위자 간 갈등형성 과정을 분석하였다. 송석휘(2011)는 도시재개발사업의 갈등구조를 종합적이고 체계적으로 이해하기 위해 갈등의 원인과 전개과정, 갈등의 주체 및 당사자, 참여주체 간의 상호작용 등을 갈등단계별로 구분하여 분석하였다. 이를 통해 갈등관리를 위한 교육훈련 요소를 도출하고 갈등교육을 위한 시사점을 제시하고 있다.

여관현 외(2011)는 정책네트워크 분석방법으로 행위자 간의 상호작용과 네트워크 구조를 갈등의 태동기, 갈등의 표출기, 갈등의 심화기로 구분하여 살펴보았다. 분석결과, 같은 이해관계를 가진 행위자들은 서로 개방적인 네트워크 구조로 협력적이며 정보공유가 자유로운 구조를 보였다. 하지만, 이해관계가 상이한 행위자간에는 폐쇄적이고 단절된 네트워크 구조로 상호 간의 의사전달이나 합의가 어려운 것으로 나타났다.

이홍권(2009)은 협력적 계획의 관점에서 '부산 북항 재개발사업 갈등 사례를 대상'으로 갈등구조를 분석하였다. 이를 통해 부산 북항 재개발사업에서 갈등을 조정하고 사회적 합의를 이끈 요인을 밝혀냈다. 연구방법은 이해당사자 참여의 타당성, 상호작용의 장 창출, 사회적 학습, 제도적 맥락을 갈등단계로 구분하여 실증분석하였다.

장성환(2010)은 주택재개발사업 추진과정에서 다양한 이해집단 간에 발생하는 갈등양상과 갈등구조를 분석하였다. 분석방법은 육하원칙 접근, 즉 당사자(who), 이슈(what), 발생 시기 및 단계(when), 사업구역 특성요인(where), 원인 및 유형(why), 표출형태 및 관리방식(how) 등을 규명하였다. 분석결과, 조합 내부의 갈등이 가장 많았으며 사업추진행정절차의 이행을 둘러싸고 사업의 승인권자인 행정기관의 갈등도 빈번하였다. 그리고 갈등발생 시기는 주로 사업 초기의 주민조직을 만드는 시점인 것으로 분석되었다.

秦 中伏 외 4인(2010)은 Metagame 분석을 통해 도시개발사업의 이해당사자 간 형성되는 갈등문제를 연구하였다. 이 연구의 분석방법인 Metagame 분석은 갈등과 관련된 개인이나 기업의 이해당사자 간 안정된 상태를 찾는 것에 초점을 맞추어서 진행하였다. 즉, 도시개발에서의 갈등문제를 해결하는 하나의 과정(process)을 Metagame으로 분석한 것이다. 결과적으로 이 연구는 도시개발사업의 갈등형성과 관계되는 제3자(a third party)의 역할을 측정하고, 실질적인 갈등을 분석하였다. 분석결과는 두 사람 또는 세 사람 사이에서의 게임을 비교하고 분석하여 도출하였다.

둘째, 언론 보도내용을 통한 내용분석을 통해 재개발사업의 갈등구조를 분석한 연구(이상경 외, 2001; 임자영 외, 2008) 등이 있다. 우선, 이상경 외(2001)는 주택재건축사업을 연구대상으로 신문기사를 내용분석(Content Analysis)하여 갈등내용, 갈등유형, 갈등발생의 강도 등을 분석하였다. 주택재건축사업 관련주체들 간의 갈등에 관한 내용분석과 유형화, 지역 간 비교분석을 병행하여 갈등의 특성과 발생양상을 규명하고 있다. 서울과 경기·인천지역의 비교분석 결과, 분야별 갈등의 발생빈도와 강도가 다름을 통계학적으로 검증하였다.

임자영 외(2008)는 도시재개발사업의 시행단계인 조합추진위 단계부터 관리처분계획단계를 대상으로 관련문헌 및 신문기사를 조사하여 갈등사례를 분석하였다. 이렇게 44건의 갈등사례 분석결과, 지역주민 참여는 주로 사업지구지정까지만 이루어지며, 지구지정이 승인된 이후 주민의견 반영이 어려움을 밝혀냈다. 분석결과 도출된 재개발사업의 추진단계별 갈등내용은 다음과 같다(<표 2-3> 참조).

<표 2-3> 도시재개발사업의 추진단계별 갈등내용

절차	갈등 내용
추진위 구성 단계	•통합추진위 구성의 어려움. -각각의 이해당사자 사이에서 다양한 추진위가 구성됨.
조합설립 단계	•주민공청회 과정에서 과열된 의견대립 •지분쪼개기, 알박기 등의 형태로 조합원의 자격을 얻으려고 시도함. -시공사의 개입
사업시행 인가 단계	•조합 내부의 갈등으로 인한 소송 발생함. •시공사 선정 시 조합원들의 의견이 반영되지 않아 무효소송 발생함.
관리처분 단계	•과도한 추가부담금 요구로 사업의 지연이 발생됨.

(2) 도시재개발사업의 갈등해소방안 연구

도시재개발사업의 갈등해소방안에 관한 연구는 다양한 방법으로 진행되었다. 여기서는 연구방법에 따라 크게 두 가지로 구분하고자 하는데, 그것은 참여주체 간의 이해관계 분석방법, 제도분석 등이 해당된다(<표 2-4> 참조).

<표 2-4> 도시재개발사업 갈등해소 방안연구

구분	연구자	주요 내용	대상/방법
참여자 간 이해관계 또는 상호작용	하성규 (1998)	도시재개발사업에서 발생하는 갈등을 10개 유형으로 분류, 원인 규명	도시재개발사업(집단 간 갈등)/사례연구
	홍인옥 외 (2003)	도시정비사업의 추진단계별 내용 및 형태별로 분석하여 이해관계, 부담금, 미동의자, 미이주자 등의 갈등양상을 분석	주택재개발사업(집단 간 등)/요인분석
	박환용 외 (2007)	주택재개발·재건축사업의 행위자 간 사업추진단계별 갈등 및 부패사고를 분석	주택재개발·재건축사업(집단 간 갈등) / 언론보도내용, 법원판결문
	김종기 (2007)	주택재개발사업의 갈등을 주민들 개인 간, 주민과 집단 간, 집단과 집단 간의 세 유형으로 분석하여 갈등해소방안을 모색	주택재개발사업(집단 갈등)/주민 설문조사, 전문가 면접조사

참여자 간 이해관계 또는 상호작용	古賀 元也 외 (2011)	도시재개발과정에서 직면하고 있는 갈등문제들을 해소하기 위해 새로운 합의형성을 위한 지원수법을 연구	도시재개발사업/합의 형성지원수법
	地域問題研究所 (2001)	주민의 가치기준이 다양화된 일본의 마을만들기에서 주민의 합의형성에 관한 새로운 합의형성모델을 제시함	마을만들기/합의형성 모델분석
제도분석	홍순주 (2008)	주택재건축사업의 갈등유형 및 요인과 해결방안을 모색	주택재건축사업(집단 간 갈등)/제도분석
	김성연 외 (2010)	주택재개발사업의 갈등관리를 위한 제도적 접근의 갈등탐색, 갈등관리 방안, 갈등예방 프로그램, 공공참여 제안	주택재개발사업(집단 간 갈등)/제도분석

첫째, 참여주체 간의 이해관계 또는 상호작용을 통한 도시재개발 사업의 갈등구조를 분석한 연구(김종기, 2007; 박환용 외, 2007; 하성규, 1998; 홍인옥 외, 2003; 홍인옥 외, 1998)가 있으며, 일본에서는 재개발사업 또는 마을만들기 사업에서 이해관계자 간의 합의형성에 관한 연구들이 진행되었다(古賀 元也 외 4인, 2011; 地域問題研究所, 2001).

김종기(2007), 박환용 외(2007)는 주택재개발·재건축사업을 연구대상으로 하여 갈등해소 방안을 마련하고 있다. 김종기(2007)는 주택재개발사업에서 발생되는 갈등을 주민들 개인 간, 주민과 집단 간, 집단과 집단 간의 세 유형으로 분석한다. 박환용 외(2007)는 주택재개발·재건축사업의 행위자 간 사업추진단계별 갈등 및 부패사고를 분석하였다. 연구방법은 언론의 보도내용, 법원 판결문 등을 조사하여 갈등 및 부패발생을 파악하는 것이다. 분석결과, 업체선정 기준의 불명확, 사업주체의 전문성 부재, 조합·자금 운영의 불투명, 관리처분 및 인하가 관리기준의 불명확 등을 개선과제로 제시하였다. 하성규(1998)는 사례연구를 통해 도시재개발사업에서 발생하는 다양한 갈등을 10개 유형으로 분류하고, 그 원인을 규명하였다. 우리나라 도시재개발사업은 사업지구마다 차이는 있으나, 대부분 가옥주(지주)와 세입자, 조합과 정부, 시공회사와 정부, 그리고 시행자와 주민 사이에서 갈등이 발생됨을 밝혔다.

홍인옥 외(1998)는 도심재개발을 둘러싸고 나타나는 관련주체들 간의 이해관계의 갈등양상을 살펴보고, 이의 대안을 모색하고 있다. 연구방법은 3개의 사업지구를 선정하고, 주요 이해주체들 사이의 갈등양상을 연구하였다. 연구결과, 주민참여를 유도하는 것이 필요하며, 국가나 지방정부가 갈등에 대한 중재자 또는 조정자로서 적극적인 역할을 해야 함을 강조하였다. 홍인옥 외(2003)는 도시정비사업의 추진단계별 내용 및 형태별로 분석하여 이해관계, 부담금, 미동의자, 미이주자 등의 갈등양상을 분석하였다. 갈등전개과정은 잠재기, 표출기 및 고조기, 조정 모색기 등으로 분류하고, 갈등요인은 경제적 요인, 제도적 요인으로 구분하여 분석하였다.

일본에서 古賀 元也 외 4인(2011)은 일본의 도시재개발사업에서 토지등소유자 간의 합의형성을 위한 계획지원시스템의 적용을 개발하였다. 즉, 도시재개발과정에서 직면하고 있는 갈등문제들을 해소하기 위해 새로운 합의형성을 위한 지원수법을 연구한 것이다. 연구결과 영상출력을 이해하기 쉽게 토지등소유자에게 제공하면서 각종 제안된 계획에 따른 전체 프로젝트 비용과 권리변환 등의 요소를 만들기 위한 중요한 결정요소를 시뮬레이션할 수 있는 지원시스템 모델을 제안하고 있다.

地域問題硏究所(2001)는 주민의 가치기준이 다양화된 일본의 마을만들기에서 주민의 합의형성에 관한 새로운 접근방법이 요구됨을 지적하였다. 즉, 일본의 전국적인 마을만들기 동향조사와 선진사례에서 지역 특성에 따른 합의형성 모델을 검토하였다. 게다가, 타당성 연구로 대도시에서 행정과 주민의 협력, 중소도시의 상업 활성화를 위한 커뮤니티 비즈니스, 인터넷을 통한 커뮤니티 만들기의 사례조사를 통해 향후 합의형성 시스템의 모습을 고찰하였다.

둘째, 제도분석을 통해 도시재개발사업의 갈등구조를 분석한 연구(김성연 외, 2010; 홍순주, 2008)가 있다. 김성연 외(2010)는 주택재개발사업의 원활한 수행을 위해 발생되는 갈등을 관리하기 위한 제도적 접근을 시도하였다. 여기서는 주택재개발사업의 갈등탐색과 갈등관리 방안도출, 갈등예방 프로그램, 공공참여를 제안하고 있다. 분석결과, 갈등관리 관점에서 주택재개발사업의 바람직한 방향을 현행 민간부문 위주의 사업추진 방식을 공공이 주도하도록 방향전환과 제도적 개선이 필요함을 주장하였다. 한편, 홍순주(2008)는 주택재건축사업의 갈등유형 및 요인과 해결방안을 모색하였다. 연구방법은 개인의 욕구나 동기, 상호작용 등을 강조하는 심리학·사회학적 접근과 주택재건축 관련법령과 규정 등을 강조하는 법제도적 접근을 동시에 시도하고 있다.

(3) 선행연구의 요약 및 시사점

도시재개발사업에서 갈등발생은 도시재개발법이 제정되어 재개발사업이 시작된 1970년대부터 지속되고 있다. 최근에는 사회갈등으로까지 확산, 심화되고 있는 도시재개발사업의 갈등에 관한 연구들은 아직까지 많지는 않았다. 하지만, 2000년대 이후로 도시재개발사업의 갈등에 관한 연구들이 증가하고 있음을 선행연구를 통해 알 수 있었다. 상기의 선행연구를 살펴본 결과 다음과 같은 몇 가지 한계점이 드러났다.

첫째, 그동안 진행된 갈등에 관한 선행연구들은 갈등을 분석하기 위해 설문조사를 통한 실증분석과 같은 양적 연구들이 수행되고 있었다. 또는, 기존문헌, 언론의 보도내용, 판결사례, 심층인터뷰 등의 질적 연구방법을 적용하고 있었다. 그러나 이러한 단일 연구방법을 통한 연구들은 갈등구조를 종합적인 측면에서 접근하기에는 한계를 보이고 있었다.

둘째, 선행연구들 중에서 심층면접방법으로 갈등문제를 접근하는 사례연구들이 진행되고 있었다. 하지만 그동안 진행되어 온 연구들은 도시재개발사업에서 발생하는 갈등양상을 역동적으로 기술하는 것은 가능하나, 이해당사자 간의 상호작용을 심층적으로 분석하여 갈등구조를 도출하기는 부족하다.

셋째, 최근, 도시재개발사업의 갈등에 관한 연구들은 증가추세에 있었지만, 종합적이고 체계적인 갈등관리 및 갈등해소를 위한 연구는 많지는 않았다. 즉, 도시재개발사업의 이해당사자 간 갈등구조 분석연구는 진행되고 있으나 실질적인 갈등해소를 위한 시사점 도출이나 해소방안이 종합적인 차원에서 연구되지 못하고 있었다. 다만, 재개발사업의 갈등구조를 분석함으로써 제도적인 차원에서의 개선방안을 정도를 마련하는 것에 그치고 있었다.

넷째, 지금까지의 연구들은 참여주체들 사이의 이해관계를 분석하고 있지만, 그들 구체적인 간의 상호작용이나 네트워크 구조, 그리고 갈등형성의 구조적인 메커니즘을 분석하지는 못하고 있다. 그러나 도시재개발사업의 갈등해소를 위한 대비책 마련을 위해서는 갈등의 발생요인을 정확히 이해하는 것이 우선적으로 필요하다. 즉, 관련 참여주체와 그들 간의 관계, 그리고 각각의 다양한 가치와 이해관계 조절방식 등을 살피는 것이 필요하다.

이러한 선행연구들의 한계점을 기반으로, 기존 서적 및 연구논문과의 차별성은 다음과 같다.

첫째, 재개발사업의 갈등구조 분석을 위한 질적 연구(qualitative research)를 수행함으로써, 종합적이고 체계적인 갈등구조를 분석한다는 것이다. 즉, 용산4구역 재개발사업과 관계되는 사업추진행위자, 직·간접적인 행위자들을 심층면접함으로써, 용산4구역 재개발사업의 갈등구조를 주요 행위자, 상호작용, 네트워크 구조 등을 갈등단계별로 분석하게 된다. 심층면접은 갈등발생의 역동적이고 생동감 있는 현장을 분석하고, 문헌자료와 언론자료 등을 보충하면서 객관성을 확보하는 자료로 활용한다. 본 책에서의 연구는 종합적이고 체계적인 분석을 수행함으로써, 재개발사업의 갈등해소를 위한 정책적 함의를 찾는다는 면에서 기존연구와 차별성을 가진다.

둘째, 연구방법의 차별화이다. 본 책에서는 정책네트워크 이론을 기반으로 도시재개발사업에 적절한 정책네트워크 분석틀을 통해 갈등구조를 분석하였다. 정책네트워크 분석을 위한 분석요소로 주요 행위자, 상호작용, 네트워크 구조를 도출하였고, 용산4구역 갈등사례에 적용하였다. 지금까지 진행되어 온 정책네트워크 분석을 통한 연구들은 대체로 하나의 정책과정을 분석하고자 사용되어 왔다. 즉, 아직까지 도시재개발사업의 갈등과정을 분석하기 위한 분석도구로는 활용되지 않고 있다. 따라서 본 서적에서의 연구를 계기로 도시재개발사업과 같은 집단 간의 갈등구조를 분석할 수 있는 정책네트워크 분석요소를 구성하자 한다. 이렇게, 도시재개발사업 갈등구조 분석을 위해 정책네트워크 모델을 적용한다는 점에서 차별성을 가진다.

셋째, 차별적인 사례연구 대상지의 선정이다. 현재까지 용산4구역 사례분석을 통해 갈등을 분석하고 갈등관리 차원의 대비책을 마련하는 연구는 드물다. 최근, 송석휘(2011)의 연구가 용산4구역 재개발사업을 대상으로 진행되었으나, 갈등관리를 위해 교육훈련 요소를 도출하고 갈등교육을 위한 시사점을 도출하는 정도로 그치고 있다. 즉, 용산4구역 재개발사업의 갈등구조를 분석함으로써, 이를 토대로 갈등해소를 위한 심도 있는 연구는 부족하다. 따라서 본 서적의 연구는 용산4구역 재개발사업의 갈등구조를 분석하여 갈등발생 메커니즘을 분석하고 이를 바탕으로 갈등해소를 위한 정책적 함의를 도출한다는 차별성을 가진다고 할 것이다.

넷째, 용산4구역 재개발사업은 관계되는 다양한 직·간접적인 이해당사자가 참여하고 있다는 점이다. 용산4구역 재개발사례는 재개발조합(조합집행부, 조합원), 세입자(주택, 상가), 시공사, 공공기관(서울시청, 용산구청), 시민단체(범대위, 종교단체) 등 다양한 이해당사자들이 관여하고 있다. 따라서 지속적으로 추진될 도시재개발사업의 갈등해소를 위해서는 다양한 이해당사자가 관여하는 용산4구역 재개발사업 사례분석은 커다란 의의를 가진다고 볼 수 있다. 본 서적에서는 다양한 이해당사자가 관여하는 용산4구역 재개발사업을 통해 갈등구조를 분석하고 그 이면에 내재되어 있는 갈등발생 원인과 갈등형성 메커니즘을 분석할 수 있다고 사료된다.

2. 분석틀 구성

1) 분석의 초점

어떠한 현상을 분석하기 위해서는 현상을 바라보고 분석하는 분석초점이 반드시 필요하다(이동호, 2007: 56). 이것은 도시재개발과정에서 직·간접적인 이해당사자 간의 갈등구조를 분석하기 위해 어떠한 시각에서 접근할 것인지는 매우 중요한 사안임을 말해 주는 것이다. 본 책에서는 도시재개발사업의 갈등구조를 분석하기 위해서 정책네트워크 분석틀을 기본적으로 적용하고자 하였다. 왜냐하면, 재개발사업의 추진과정에서 다양한 이해당사자가 참여하기 때문에 추진과정이 복잡한 재개발사업의 갈등구조를 분석할 수 있으며, 더 나아가 갈등해소를 위한 정책적 함의를 도출하기에 효과적이기 때문이다. 즉, 도시재개발사업에서 참여주체들 간의 관계를 구체적으로 기술할 수 있는 정책네트워크(policy network) 관점의 분석틀을 준거로 함으로써, 참여주체 간의 관계 및 상호작용을 파악하고 갈등단계별 갈등발생 메커니즘을 분석하는 것이다.

정책네트워크의 분석틀은 재개발사업과정이 아닌 정책과정에서 그 이론이 형성되었으며, 따라서 정책과정의 분석에서 주로 활용되고 있다. 하지만, 재개발사업과정에서 정책네트워크 분석틀을 적용하기 위해서는 정책과정이 아닌, 재개발사업과정에 적절한 분석요소를 선정하는 것이 중요하다. 본 서적의 연구에서는 정책네트워크 분석틀을 적용하되, 기존의 정책과정을 분석하기 위한 분석요소만이 아니라 재개발사업과정의 분석을 위한 분석요소를 도출하여 구성함으로써 연구의 분석틀로 설정하였다.

본 서적에서 중점적으로 다루게 될 분석의 초점은 크게 두 가지로 구분할 수 있다. 첫 번째는 도시재개발사업의 갈등과정에 참여한 주요 행위자들의 역할 및 특성과 이들 간의 상호작용, 그리고 네트워크 구조에 초점을 맞추어 분석한다는 것이다. 이러한 주요 행위자의 역할 및 특성과 상호작용, 네트워크 구조를 분석함으로써, 도시재개발사업에서의 갈등발생 원인을 분석하고자 하였다. 즉, 어떠한 행위자들이 재개발사업에 직·간접적으로 참여하고 있으며, 그들 간의 입장 차이가 어떻게 다른지, 그리고 주요 행위자 간의 갈등이 발생하게 된 요인을 규명하는 것이다.

두 번째는 갈등단계에 따라서 주요 행위자와 그들 간의 상호작용 및 네트워크 구조가 어떻게 변화하고 달라지는지 살펴보고, 갈등단계별 정책네트워크의 특징을 밝히고자 한다. 갈등단계별 주요 행위자 간의 상호작용 및 관계변화의 역동성을 종합적으로 비교·분석함으로써 재개발사업에서 갈등이 끊이지 않고 오랫동안 반복적으로 나타나는지 그 원인을 밝힐 수 있다. 그리고 갈등단계별 주요 행위자들의 변화와 그들 간의 관계 및 쟁점변화 등의 양상을 분석함으로써, 갈등단계별 갈등해소를 위한 시사점을 도출하는 데 유용할 것이다.

2) 분석요소의 선정

정책네트워크는 정책과정에 참여하는 주요 행위자 간의 연계와 상호작용 등을 통해 형성되므로, 정책네트워크 분석의 핵심은 각 주요 행위자 간의 연계와 상호작용, 교환관계에 의한 상호 의존성의 인과관계를 파악하는 것이다. 그러나 상호작용관계의 전체를 파악하는 것은 분석변수의 조작화 및 분석의 현실가능성 측면에서 한계가 있으므로, 기존의 선행연구를 바탕으로 분석변수를 도출하였다.

분석요소를 도출하기 위한 정책네트워크 분석의 선행연구를 살펴보면 다음과 같다. 우선, Waarden(1992)은 분석변수로서 행위자(actors), 기능(function), 제도화(institutionalization), 행동규칙(rules of conduct), 권력관계(power relations), 행위자 전략(actor strategies) 등의 7가지를 들었고, Jordan & Schubert(1992)는 행위자(actor), 행위자 간의 연계(linkages), 경계(boundary)를, 그리고 Knoke 외(1996) 등은 정책영역, 주요 행위자, 정책이익, 권력관계, 집합적 행동, 정책결과를 설정하였다. 한편, 윤석환(1996)은 행위자, 상호작용, 연계구조, 안정성 등을 들었으며, 황병상(2003)은 주요 행위자, 연계구조, 상호작용을 구성요소로 제시했다. 하지만, Waarden(1992)이나 Knoke 외(1996) 등이 제시한 분석변수들은 지나치게 세분화하여 요소 간의 경계가 불명확하고 혼란을 초래한다는 비판을 받고 있다(양재대, 2003: 99). 따라서 분석변수를 일반화하기에는 다소 한계가 있지만, 선행연구의 검토결과 행위자, 상호작용, 연계구조, 기능, 안전성, 자원배분, 권력관계 등으로 나타남을 알 수 있다.

한편, 정책네트워크의 여러 구성요소 중 어떤 요소를 선택하는지에 따라서 특정 정책네트워크의 분석결과가 상이하게 나타난다. 즉, 정책네트워크 분석에서 정책네트워크 구성요소의 선정은 행위자 간 인과관계를 분석하는 핵심이라 해도 과언이 아니다. 그러나 지금까지 정책네트워크와 관련된 연구에서 공통적으로 제시되는 구성요소는 주요 행위자, 상호작용, 네트워크 구조임을 알 수 있다(양재대, 2003; 황병상·강근복, 2004; 변종립, 2010).

따라서 본 책에서는 연구목적의 적합성을 준거로, 정책네트워크

분석요소			
외적 변수	내적 변수		
대내적 환경	주요 행위자	상호작용	네트워크 구조
제도적 환경 주민참여의 확대 정치적 환경	구성/역할 이해관계 주요 쟁점	협력적 갈등적	개방적 폐쇄적 권력구조

이론의 기본적인 성격과 도시재개발사업에서 갈등의 특성을 반영하는 내적 변수로 주요 행위자, 상호작용, 네트워크 구조를, 외적 변수로 제도적 환경, 주민참여의 확대, 정치적 환경을 주요 분석요소로 구성하였다(<표 2-5> 참조). 그러면 이상의 분석틀 마련을 위한 분석요소의 선정과정을 살펴본다.

(1) 대내적 환경

상기의 제2장 제1절에서 도시재개발사업에서 갈등의 특성을 구조적 계층으로 살펴본 것처럼, 갈등은 내적 요인뿐만 아니라 외적 요인도 함께 고려해야 함을 알 수 있었다. 즉, 갈등구조를 분석하기 위해서는 직접적인 개별갈등뿐만 아니라, 개별갈등에 영향을 미치는 상위구조를 함께 파악해야 한다는 것이다. 왜냐하면, 개별갈등 자체만을 분석하면 갈등의 실체를 파악하는 데 한계를 보이므로, 대내적 환경인 외적 변수는 내적 변수에 직·간접적인 영향을 미치게 된다. 따라서 본 서적의 연구에서도 내적 변수에 영향을 미치는 외적 변수로, 대내적 환경을 분석요소로 구성하도록 하였다. 여기서는 재개발사업의 갈등발생에 영향을 미치는 외적 변화로, 제도적 환경, 주민참여의 확대, 정치적 환경을 상위구조(system)로 보고, 갈등형성 메커니즘을 분석하고자 하였다. 갈등의 외적 변수에 해당하는 분석요소의 선정기준은 다음과 같다.

첫째, 제도적 환경변화이다. 도시재개발과 관련된 제도는 사업추진에 직접적인 영향을 미치며, 용산4구역 재개발사업 갈등형성의 직접적인 원인으로 작용한다고 할 수 있다. 따라서 도시재개발 관련 제도적 변화는 용산4구역 재개발사업 이해당사자 간의 개별갈등에 영향을 미치는 상위구조(system)로 볼 수 있다.

둘째, 주민참여의 확대이다. 도시개발 및 도시재개발 패러다임 변화의 하나로 주민참여를 들 수 있는데, 이것은 다양한 의견과 여론을 형성함으로써 복잡한 현대사회의 갈등구조로 나타나는 특징을 보이게 된다. 따라서 용산4구역 재개발사업 갈등형성의 상위구조(system)를 살펴보기 위해서는 주민참여의 확대라는 도시개발 패러다임을 살펴볼 필요가 있다.

마지막으로, 정치적 환경변화이다. 이것은 정권교체에 따른 정치적 환경변화는 그 이전 정부와는 다른 정책기조를 강조하거나, 이전 정부가 추구하던 문제해결방식을 변화하기도 하기 때문이다. 즉, 정부의 정권교체와 같은 정치적인 환경변화에 따라 도시재개발에서 발생되는 갈등의 접근방법도 달라짐을 말해 준다. 정치적 환경변화는 도시재개발과 관련된 정책변화뿐만 아니라 제도적인 변화 및 갈등을 바라보는 시각도 달라진다. 따라서 용산4구역 갈등의 상위구조(system)로서 정치적 환경변화는 중요하며, 정치적 환경변화를 대내적 환경요소로 포함하였다.

(2) 주요 행위자

정책과정에 참여하는 개인 또는 집단들을 통칭하여 주요 행위자라고 한다(양현모 외, 2008: 25). 주요 행위자 분석은 여러 측면에서 가능하지만, 일반적으로 누가, 어떤 정책목적을 가지고 있으며, 그 역할은 무엇인지를 살피는 것이다. 즉, 정책과정에 참여하는 주체는 누구이며, 이들은 어떠한 목표 또는 의도를 가지고 정책과정에 참여하게 되는지, 그리고 정책과정에서 어떠한 역할을 수행하는지 분석하는 것이다. 이런 측면에서 주요 행위자는 정책네트워크 분석의 핵심이다.

주요 행위자들은 정책과정에 참여하여 획득하려는 실질적인 이해득실이 상이하며, 목표달성의 극대화를 위해 개별전략을 구사하게 된다. 그런데 이 과정에서 특정정책에 관여하는 행위자들이 동일한 목표를 지향할 경우에는 상호 전략적 제휴나 협력적 관계를 형성할 가능성이 커진다. 하지만, 행위자들의 목표 또는 지향점이 상이할 경우는 갈등이나 경쟁적 관계로 형성될 가능성이 높다. 다음은 전략과 목표에 따른 행위자 간 관계를 보여 준다(<표 2-6> 참조).

〈표 2-6〉 전략과 목표에 따른 주요 행위자 간 관계

구 분		정책 선호	
		선호일치(협력관계)	선호상반(갈등관계)
전략에 의한 합의	합의	적극적 협력관계	-
	합의 부재	소극적 협력관계	-
목표상충(갈등 이유나 요구사항)의 해소정도	대부분 해소불가능	-	강한 갈등관계
	일부 해소	-	약한 갈등관계

여기서 목표란 행위자가 정책을 통해 달성하고자 하는 '바람직한 미래의 상태'를 의미하는데, 이것에 대해서 주요 행위자마다 다른 견해를 가지므로, 목표는 극히 주관적이며 규범적인 성격을 가진다. 따라서 목표를 둘러싸고 행위자 간 다양한 견해의 표출가능성에 따라 대립과 충돌을 가져오게 된다(박호숙, 2005: 5). 또한, 정책과정의 결과로 나타나는 정책이익이 다르므로 주요 행위자들은 다양한 주장과 이해관계를 가지며, 그들의 이익을 최대한 반영하기 위해 정책과정에 영향력을 행사한다.

주요 행위자 분석에서 목표를 분석하는 것만큼 중요한 것이 주요 행위자의 역할분석이다. 정책네트워크에 참여하는 행위자들은 동일한 자원과 정보를 보유하지 않으므로, 정책과정 단계별로 그 역할이 다르게 나타난다. 결국, 어느 주요 행위자가 주도적인 역할을 수행하는지에 따라서 정책네트워크의 성격이 변하게 된다. 이상과 같이 주요 행위자의 목표와 역할분석은 정책네트워크 연구의 필수적인 분석요소라 할 것이다.

따라서 정책네트워크의 가장 기본요소 중 하나는 주요 행위자인 것이다. 주요 행위자는 이해관계를 가지고 자신들의 주장이나 이해를 반영하려는 참여자를 말한다(Waarden, 1992: 33). 주요 행위자는 일반적으로 직·간접적인 이해당사자로서, 그들은 원하는 목적달성을 위해 영향력을 행사하고자 한다. 따라서 주요 행위자 상호 간에 추구하는 선호, 목적, 참여 동기 등을 통해 그들의 이해관계를 분석할 수 있는 것이다. 또한, 주요 행위자 간 역할 및 기능을 살펴봄으로써, 주요 행위자 간의 특성과 이해관계를 파악할 수 있다. 이러한 주요 행위자들의 구성과 이해관계 및 역할 등을 살펴본다.

(3) 상호작용

정책네트워크는 특정한 정책영역에 참여하는 공공과 민간부문의 주요 행위자 간 상호 의존성에 기초한 연결고리를 의미하므로, 이러한 상호 의존성, 즉 상호작용을 파악하는 것은 정책네트워크의 성격을 파악하는 중요한 분석변수이다. 상호작용이란, 주요 행위자 간의 목표나 전략 등의 구체적인 실천으로 재생산되며, 동시에 실천으로 이어진다(김선경 외, 2003: 255-256). 상호작용의 세부적인 구성요소는 학자마다 다르며, 이를 정리하면 다음과 같다(<표 2-7> 참조).

〈표 2-7〉 연구자별 상호작용의 구성요소

연구자(연도)	상호작용 구성요소
Van de Ven(1986)	정보의 흐름, 자원의 흐름(유·무형의 자원)
Rhodes & Marsh (1992)	상호작용 빈도, 지속성, 합의, 자원배분, 권력(정책네트워크 유형분류 기준)
윤석환(1996)	행위자 간 갈등, 협력
배응환(2000)	정보흐름, 자원흐름, 경계 침투
강은숙(2001)	촉발적 기제, 문제인지 및 대응, 채널 및 전략
김경주(2002)	정보의 흐름, 자원의 흐름, 인사흐름, 연계 행위

본 책에서는 재개발사업에서 발생되는 갈등의 특성을 고려하여, 상호작용을 협력적 상호작용과 갈등적 상호작용으로 구분한다. 협력적 상호작용이란 행위자들이 공동의 목표나 결과를 위해 서로 우호적·촉진적인 상호작용을 하는 경우이고, 갈등적 상호작용이란 행위자들이 각자의 목표나 결과를 이루기 위해 서로 방해하거나 대립하는 등의 상호작용을 하는 경우이다. 갈등적 상호작용이 많을수록 재개발사업에서의 주요 행위자 간 갈등이 증가할 것이고, 협력적 상호적용이 많을수록 주요 행위자 간 갈등이 감소할 것이라고 가정한다.

주요 행위자들은 재개발과정에 직·간접적인 영향력을 행사함으로써 자신들의 이익달성을 위해 다른 행위자들과 상호작용을 하게 된다. 따라서 주요 행위자들의 상호 의존성과 이에 대응하기 위한 전략 또는 행위자 간의 상이한 전략의 상호작용 결과는 정책네트워크에서 중요시된다. 본 서적의 연구에서는 용산4구역 사례분석을 통해 직접적 행위자와 간접적 행위자로 구분하여, 그들 간의 목표, 선호, 입장 등의 차이를 밝힘으로써, 주요 행위자 간의 이해관계를 구체적으로 분석한다.

마지막으로, 주요 행위자 간 그들의 분명한 입장 차이를 분석하기 위해 주요 쟁점을 구분하고, 주요 쟁점별 주요 행위자 간의 입장을 분석한다. 이러한 주요 쟁점별 입장 차이 분석은 재개발사업에서 갈등형성요인을 찾는 데 유용할 것이다. 그뿐만 아니라 주요 쟁점별 주요 행위자 간의 입장 차이는 주요 행위자 간 상호작용의 성격이나 연계행위에 영향을 미치므로, 상호작용을 분석함에 있어 주요 쟁점별 주요 행위자의 입장분석은 매우 중요하다. 본 책에서는 주요 행위자 간 주요 쟁점의 입장분석을 상호작용의 분석요소로 선정하였다.

(4) 네트워크 구조

네트워크 구조는 주요 행위자 간에 어떤 형태로 네트워크가 형성되는지 네트워크 구조를 살펴보는 것이다. 정책네트워크의 구성형태는 통상적으로 주요 행위자, 상호작용, 네트워크 구조를 말하는데, 여기서 말하는 네트워크 구조는 주요 행위자간 상호작용의 틀이라 할 수 있다[33]. 따라서 네트워크 구조는 주요 행위자와 상호작용의 내용을 포함하며, 주요 행위자와 상호작용에 다시 영향을 미치게 된다(Kenis & Schneider, 1991: 40).

네트워크 구조는 행위자 간 관계의 유형(pattern of relations)으로
(Waarden, 1992: 34), 어떠한 모습 또는 형태로 네트워크가 구성되
고 있는지를 살피는 것이다. 네트워크 구조는 여러 지표를 통해 살
펴볼 수 있지만, 일반적으로 네트워크에 참여하는 진입구조의 개방
성 정도와 정책네트워크 행위자 간의 권력구조의 특성 등을 통해서
분석 가능하다(강동완, 2008: 137). 이러한 정책네트워크 구성요소
상호 간의 메커니즘을 묘사하면 다음과 같다(<그림 2-5> 참조).

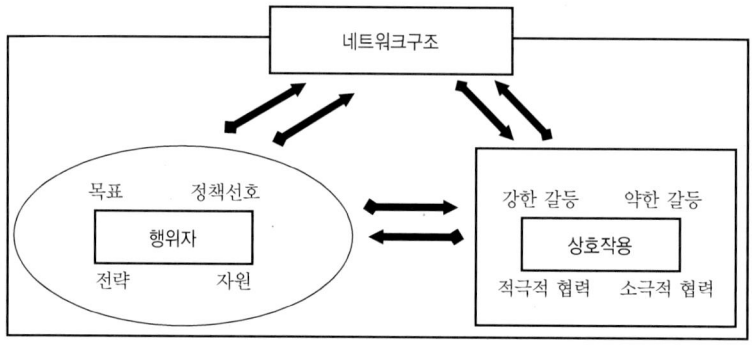

자료: 김선경 외(2003: 255).

〈그림 2-5〉 정책네트워크 구성요소의 메커니즘

우선, 진입구조의 개방성 정도의 분석은 참여자들이 얼마나 손쉽

---

33) 네트워크 구조는 연결양식과 상호작용이 결합된 형태라고 할 수 있다. 즉 네트워크 구조는
네트워크의 관계구조와 관행이 반복적으로 상호작용하는 역동적인 전개과정으로서 다섯
단계로 구분된다. 각 단계의 분석에서 고려해야 할 중요한 점은 첫째, 각 행위자 혹은 조직
들이 활용할 수 있는 전략적인 자원의 문제이다. 둘째, '전략적으로 선택된 맥락' 혹은 '구
조화된 맥락'이다. 셋째, 그 맥락에 대해 행위자들이 공유하고 있는 이해의 정도이다. 넷째,
전략이 형성되는 시간적인 여유이며, 마지막으로 전략실행의 결과이다(방민석, 2002: 45).

게 네트워크에 참여할 수 있는가에 대한 분석으로서, 정책네트워크의 유형을 결정하는 중요한 분석변수 중 하나이다. 네트워크 구조는 개방성 여부 및 그 정도에 따라서 개방적, 폐쇄적 형태로 특징지을 수 있다. 만약, 주요 행위자들이 네트워크에 참여하는데 있어 진입 장벽에 가로막히지 않고 자유로운 진출입이 가능하다면, 다양한 행위자들의 참여가 확대될 것이다. 반대로, 만약 네트워크로의 참여가 일부 특정 조직에게만 한정되어 다른 행위자들의 참여가 폐쇄적이며 경직된 구조라면, 다양한 참여자들의 의견이 반영된 합리적인 합의과정을 수반하지 못하는 결과를 초래한다. 즉, 도시재개발사업에서 주요 행위자 간 협의, 교류, 정보공유 등 자유로운 소통의 정도에 따라 네트워크 구조를 파악할 수 있게 된다.

네트워크 구조는 주요 행위자 간 입장이 어떻게 연계되는지를 통해 그 구조의 형태와 성격, 권력구조 등을 파악하는 것이다. 즉, 행위자 간 네트워크 구조의 성격이 개방적인지 또는 폐쇄적인지, 행위자 간 권력구조가 수직적인지 또는 수평적인지, 그리고 그 구조성격이 협력적인지 또는 갈등적인지 등을 분석하는 것이다. 이상의 내용들을 종합하여 정책네트워크 관점에서의 갈등구조 분석을 위해 도출된 각 분석요소의 하위변수와 조작적 정의 및 세부요소는 다음과 같다(<표 2-8> 참조).

분석요소	하위변수		조작적 정의	세부요소
주요 행위자	구성	직접적 행위자	재개발사업에 직접적으로 참여하는 이해 당사자로 구성됨.	재개발조합, 상가세입자, 협력업체, 지방정부
		간접적 행위자	재개발사업에 간접적으로 참여하는 이해 당사자로 구성됨.	경찰, 시민단체, 중앙정부, 사법부
	역할		주요 행위자 간 수행하는 주요한 역할	담당업무
	이해관계		주요 행위자 간 추구하는 궁극적인 목표 나 선호도	선호, 목표, 입장
	주요 쟁점		주요 행위자 간 입장 차이 양상과 정도	협력적, 갈등적
상호작용	연계성	협력적	주요 행위자들이 사업과정에서 우호적, 촉진적인 상호작용	적극적, 소극적
		갈등적	주요 행위자들이 사업과정에서 대립적이 며, 사익을 추구	강한, 약한
네트워크 구조	개방성	개방적	네트워크 구조가 열려 있어 주요 행위자 간 협의, 교류 정보교류 등이 가능한 구조	개방적, 폐쇄적
		폐쇄적	네트워크 구조가 닫혀 있어 주요 행위자 간 협의, 교류 정보교류 등이 어려운 구조	
	권력구조		용역계약이나 행정업무 등의 명목으로 수직적인 명령을 하거나 받는 구조	수직적, 수평적

3) 분석틀 구성

연구의 분석틀은 조사의 주요한 측면을 기술 및 설명하며, 주요한 분석요소들 간의 가정된 관계를 형상화하여 확인시켜 준다. 즉, 어떠한 분석이라도 연구의 목적은 복잡하고 특별한 어떤 개별사례를 더욱 간단하고 반복적인 관계로 형상화하여 보여 주는 것이다(이동호, 2007: 69). 본 서적은 도시재개발과정에서 나타난 주요 행위자를 인지하고, 이들 간 형성되는 상호작용과 네트워크 구조를 분석하고, 그 분석결과를 바탕으로 도시재개발사업에서 발생하는 갈등구조의 특징과 그 양상을 밝히는 것이다. 상기의 이론연구를 통한 정책네트워크의 주요 분석요소를 통해 본 서적의 분석틀을 구성하였다.

먼저, 도시재개발사업의 갈등과정에 관한 정책네트워크를 분석하는 분석요소를 크게 내적 요인과 외적 요인으로 구분한다. 우선, 내적 요인은 기존의 주요 행위자, 상호작용, 네트워크 구조에 대한 주요 행위자들의 상호관계를 중심으로 구조화할 수 있다. 그리고 외적 요인 분석은 일차적으로 대내적 환경으로써, 제도적 환경요인, 주민 참여로의 증대, 정치적 환경요인 등의 변화 여부를 규명하는 것이다. 즉, 재개발사업과 관련하여 분석의 시간적 범위 내에서 제도적 · 정치적 환경요인의 변화내용을 분석하고, 이들 중 재개발사업의 정책 네트워크에 영향을 미친 요인을 밝혀내는 것이다.

내적 요인으로써 정책네트워크 분석은 주요 행위자, 상호작용, 네트워크 구조로 구분되며, 각각의 구성요소는 다시 세분화할 수 있다. 주요 행위자는 직접적 행위자와 간접적 행위자로 구분되며, 그들 간의 선호, 목표, 참여 동기, 역할, 이해관계 등을 중심으로 재개발사업에서의 갈등과정에서 어떠한 양상을 보이는지 분석한다. 또한, 주요 쟁점별로 구분하여 주요 행위자 간의 입장 차이를 규명한다. 그리고 상호작용은 주요 행위자 간의 연계행위가 협력적인지, 갈등적인지 그 특징을 갈등단계별로 분석한다. 네트워크 구조는 주요 행위자 간의 개방성을 기반으로 그들 간의 네트워크 구조 형태와 권력구조 및 갈등구조 등을 분석한다.

정책네트워크 내의 주요 행위자 간의 상호작용은 이들 간의 이해 관계의 구조화와 더불어 갈등형성 및 갈등해소, 그리고 주요 행위자들의 활동에 다시 영향을 미치게 된다. 결국, 본 서적의 주된 관심은 도시재개발사업에서의 갈등형성 및 해소과정을 중심으로 주요 행위자 간의 상호작용을 분석함으로써, 재개발사업의 갈등해소를 위한 시사점을 모색하는 것이다. 따라서 외적 변수, 주요 행위자 간 입장 차이, 상호작용, 네트워크 구조에서 보았을 때 형성되는 갈등구조라는 4가지의 측면을 중심으로, 그 세부적인 분석변수와 분석틀을 결정하였다.

본 책에서의 정책네트워크 분석은 다음과 같은 분석과정을 거치게 된다. 우선, 외적 변수로서 제도적·정치적 환경변화와 주민참여의 증대의 실체에 대한 규명작업이 선행적으로 이루어진다. 그리고 주요 행위자는 정책네트워크에서 핵심 구성요소로서, 재개발사업에 참여하는 주요 행위자의 수는 정책네트워크의 크기를 결정하고, 정책네트워크의 성격은 관련된 주요 행위자의 유형에 영향을 준다.

여기서는 재개발사업의 갈등형성 및 해소과정에 있어서 정책네트워크를 구성하는 주요 행위자로서 직접적 행위자는 재개발조합, 상가세입자, 협력업체(시공자, 정비업자, 철거업자, 건축설계자, 감정평가업자 등), 지방정부(서울시, 용산구청 등)로 선정하고, 간접적 행위자로는 경찰, 시민단체(전철연, 범대위, 종교 등), 중앙정부(국무총리, 국토해양부, 국회 등), 사법부(법원, 검찰 등)로 구분하였다.

이상의 논의를 통하여 설명한 분석틀의 설계원리에 따라 분석틀을 입체적인 흐름도식으로 표현하면 다음과 같다(<그림 2-6> 참조).

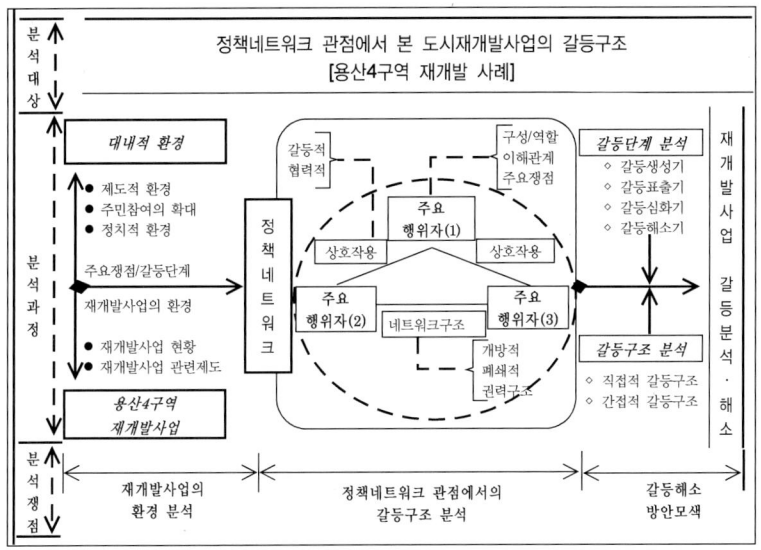

<그림 2-6> 연구의 분석틀

제3장

용산4구역 재개발사업의
환경 분석

제1절 대상지 선정 및 대내적 환경

1. 대상지 선정배경

　지금까지 제2장에서 재개발사업의 갈등과 선행연구의 검토 등을 통해 살펴본 것처럼, 재개발사업은 다양한 이해당사자가 참여하고 지방정부와 같은 공공의 역할강화나 제도적 개선사항이 지속적으로 제기되어 왔다. 또한, 국내에서 추진 중인 재개발사업은 서울시를 비롯한 수도권뿐만 아니라 전국적으로 시행되고 있다. 이러한 재개발사업의 지속적인 증가는 '뉴타운사업'[34)]이라는 광역적 차원의 재개발사업으로 접근하기에 이르렀다. 그러나 도시재개발사업은 이해당사자 간의 첨예한 입장 차이로 갈등이 빈번하게 반복되어 발생되

---

34) 1990년대부터 서울시는 강북의 억제정책과 강남의 집중개발에 따른 강남·강북 간 격차를 심각한 도시문제로 인식하였다. 이에, 서울시는 강남·강북의 균형발전이라는 정책방향을 설정하게 된다. 하지만, 제도, 조직, 예산제한 등의 이유로 가시성 있는 성과를 얻지 못하였다. 이러한 시대적 배경을 기반으로, 지역균형발전을 공약으로 내세웠던 L모씨 전시장은 취임 직후 지역균형발전추진단을 구성하고, 2002년 10월에 '뉴타운사업'을 발표하였다(김형주·한혜근, 2010: 128).

고 있다. 이러한 현실 속에서, 용산4구역 재개발사업은 전 국민에게 이슈가 될 정도로 사회적 갈등을 유발한 대표적인 갈등사례이다. 용산4구역을 본 서적의 사례지로 선정한 이유는 다음과 같다.

첫째, 특정지역에서 진행된 도시재개발사업의 갈등이 사회적인 관심으로 확산된 대표적인 사례 중 하나이다. 용산4구역은 도시환경정비사업의 일환인 도시재개발사업과 관련하여 가장 최근에 발생한 대표적인 갈등사례로서, 무엇보다 이해당사자 간의 갈등이 사회적으로 표출된 대표적인 사례이다.

즉, 용산4구역이 재개발사업지구로 지정되면서, 재개발조합과 세입자주민 간의 보상과 관련하여 극심한 대립과 갈등을 유발한다. 이해당사자 간의 갈등은 계속 악화되다가, 결국 경찰이 개입하여 농성자를 진압하면서 인명사고가 발생되는 결과를 초래한다. 그 후 '용산참사'에 대하여 경찰과 검찰, 국회 및 행정부, 지방정부 등 공공기관을 비롯한 다양한 시민단체들이 개입하면서, 사회전체에 혼란을 초래하였다. 이렇게 용산4구역은 도시재개발사업의 대표적인 갈등사례라 할 만큼 사회적 이슈가 되었던 재개발사업 중 하나이다.

둘째, 용산4구역은 다양한 이해당사자들이 참여한 재개발사례이다. 용산4구역 재개발사업은 갈등발생 초기에는 재개발조합과 세입자 등 이해당사자 간의 집단갈등에서 출발하였다. 갈등발생 초기에는 재개발조합과 세입자 간의 갈등으로 시작되었으나, 세입자대책위가 결성되고 세입자대책위가 전철연에 가입하면서 사회적 집단갈등으로 변화되기에 이른다. 즉, 세입자대책위, 전철연, 민노총, 범대위 등이 관여되면서, 사회적 갈등으로 확대되었다. 더욱이, 이러한 사회적 집단갈등은 철거민 농성자와 경찰을 비롯한 희생자가 발생하면서 경찰, 정부, 종교단체, 시민단체, 국회 등의 다양한 이해당사자들이 복잡하게 얽힌 집단갈등 사례이다.

셋째, 우리나라 도시재개발사업의 갈등구조를 구체적으로 분석가능한 갈등사례지이다. 우리나라는 1960년대 산업화와 함께 급속한 도시화가 진행되는 과정에서 주로 시가지개발의 양적 수요에 대응하는 형태로 도시가 발달된다. 즉 서울을 비롯한 대도시를 중심으로 부족한 주택을 대규모로 공급한다. 따라서 그동안 공급된 주택들은 노후화되었고, 주거환경의 질적 수준 제고의 요구가 증가하면서 곳곳에서 도시재개발사업이 진행되고 있다.

이처럼, 재개발사업구역의 증가[35]는 불가피한 상황이며, 이와 함께 재개발사업을 둘러싼 사회적 갈등은 점차 증대될 것으로 예상된다. 이러한 시점에서 재개발사업의 갈등이 사회적으로 표출된 대표적인 사례를 중심으로 분석함으로써, 갈등을 이해하는 것은 분명히 필요하다. 따라서 용산4구역 재개발사업은 도시재개발사업의 갈등을 구체적으로 분석하는 대표적인 갈등사례지로 적당하다고 사료된다.

넷째, 용산4구역은 '용산참사' 이후 「도시 및 주거환경정비법」상에 공공관리제를 도입하는 등 법제도적 차원에서 커다란 변화를 준 사례이다. 정부는 '용산참사' 발생 이후 '재개발제도개선대책'의 주제로 국무회의를 진행하였다. 이어서 당정회의와 관계부처합동회의

---

35) 서울시를 비롯한 대도시지역에서 시작된 도시재개발사업은 2009년 12월 말 현재 수도권 974개 구역을 포함하여, 전국에 2,129개 구역에서 사업이 진행된다. 과거 10년 동안주택재개발사업 구역지정의 변화를 살펴보면, 2005년을 기점으로 정비구역지정의 빠른 증가세를 보인다. 즉, 2000년부터 2004년까지는 10여 개 정도의 정비구역이 지정되다가, 2005년부터 2008년까지 44구역, 50구역, 137구역, 231구역으로 급격히 증가하였다. 그러다가, 2009년도는 73개 구역으로 줄어들지만, 2000년 이후 도시재개발사업은 급격한 증가추세를 보이고 있다(국토해양부, 2010b: 452-458 재구성).

및 국가정책조정회의를 거쳐 국무회의에서 제도적 개선방안을 발표하였다. 이것으로 결정된 제도적 개선방안은 상가세입자에게 지급되는 휴업 보상비를 영업이익의 3개월분에서 4개월분으로 상향조정, 상가우선분양권 부여와 주거세입자를 위한 순환개발방식 등이 주요 내용이다. 그 이후에도 분쟁조정위원회와 공공관리제를 도입하는 등 제도적인 변화의 계기가 되었다.

이처럼, 용산4구역은 재개발사업에서 갈등발생의 대표성, 이해관계의 복잡성, 그리고 제도적 변화의 계기가 된 지역으로서, 본 책에서의 연구 목적인 재개발사업의 갈등구조를 정책네트워크 관점에서 접근하여 갈등형성 메커니즘을 분석하기 위한 연구사례로 적절하다고 보았다. 즉, 용산4구역 사례지역을 분석함으로써 다양한 참여주체들 간의 갈등발생 소지를 예방할 수 있다. 뿐만 아니라, 갈등해소를 위한 재개발사업의 시사점을 도출하여 순조로운 재개발사업을 유도할 수 있을 것이다.

2. 대내적 환경 분석

갈등에 관한 이론적 고찰에서 살펴본 것처럼 갈등의 구조적 계층은 개별갈등(issues), 관계(relationship), 상위구조(system) 등으로 구성된다. 이렇게 갈등은 이해당사자 간 발생되는 개별갈등과 그들의 관계상 형성되는 갈등과 같은 개별갈등 내·외부의 구조적 갈등뿐만 아니라 상위구조(system)에 영향을 받는다. 즉, 상위구조(system)가 이해당사자 간의 관계(relationship)에서 발생되는 개별갈등(issues)의 원인임을 알 수 있다. 따라서 표면화된 개별갈등(issues)뿐만 아니라,

이해당사자 간의 갈등은 상위구조(system)가 중요한 변수임을 알 수 있다. 이러한 차원에서 재개발사업의 갈등에서는 상위구조를 검토하는 것이 필요하다.

따라서 여기서는 갈등의 구조적 분석을 위해 이해당사자 간의 관계상에서 발생되는 직·간접적인 개별갈등이 아니라, 개별갈등에 영향을 주는 상위구조(system)를 알아보고자 하였다. 왜냐하면, 개별갈등 자체의 구조적인 분석만을 한다면 재개발사업에서 갈등의 종합적인 분석을 하는 것이 어렵기 때문이다. 즉, 여기서는 재개발사업에서의 갈등에 영향을 주는 외적 환경을 제도적 환경변화, 주민참여의 확대, 정치적 환경변화로 보았다.

1) 제도적 환경변화

최근까지 도시재개발과 관련된 국내의 제도적 환경변화를 살펴보면, 우선 1962년 도시의 불량지구를 개선하기 위하여 최초로 「도시계획법」이 제정되었다. 이 법은 불량지구 개조사업의 촉진을 위해 '재개발지구'의 지정을 가능하게 하였으며, 관리·처분계획 및 조합의 청산절차의 구체적인 요건과 절차를 처음으로 제시하고 있다. 이후, 1가구 1주택을 실현하기 위한 양적 공급의 확대와 불량주택 개량의 목표달성을 위해 1973년 「주택개량촉진에 관한 임시조치법」이 제정되었고, 1981년까지 한시적으로 운영되었다[36].

1980년대 들어, 재개발구역 내에서 토지의 합리적이고 효율적인 이용과 도시의 기능회복을 위해 일본의 「도시재개발법」을 근거로 「도

---

36) 서울특별시, 2008, 「주거환경정책 자문위원회 자문안」, PPT자료 참조.

시재개발법」이 1976년에 제정되었다. 이로써,「도시계획법」에 포함된 재개발사업의 관련내용이 분리되었다.

1982년 법 개정을 통해 도시재개발사업을 도심재개발사업과 주택재개발사업으로 구분하고, 사업시행의 세부적인 규제사항을 마련하게 되었다[37]. 이렇게「도시재개발법」을 근거로 한 합동재개발방식이 추진되면서 사업성이 없는 지역은 재개발사업에서 소외되었다. 이러한 문제점을 보완하기 위해 1989년「도시저소득주민의 주거환경개선을 위한 임시조치법」이 제정되었다[38]. 이 법은 1999년 12월까지 한시법으로 운영되다가 2005년 12월 말까지 5년간 연장되었고, 2002년「도시 및 주거환경정비법」이 제정되면서 통합되었다.

2005년에는「도시재정비촉진을 위한 특별법」(이하 도촉법)이 뉴타운사업의 제도화를 위해 제정되었다(이승주, 2006: 19-20). 이것은 기존의 소규모 블록단위의 개별사업이 아닌 광역적이고 포괄적인 도시정비를 통해 체계적인 재개발사업을 추진하자는 취지이다. 이 특별법은 재개발사업의 촉진을 위한 특례로써 주택재개발사업의 구역지정 요건강화, 용도지역상향 등의 조건을 완화하였다.[39]

최근 재정비촉진사업, 주택재개발·재건축 등 재개발사업이 부동산 경기침체, 사업성 저하, 주민 간 갈등 등으로 지연·중단되고 있다. 이에 따라 국토해양부는 현행「도시 및 주거환경정비법」과「도

---

37) 주요 세부 규제사항은 재개발기본계획의 작성 및 재개발구역의 지정요건, 사업시행자요건, 토지등소유자의 사업시행인가 신청요건, 조합설립 및 운영(참여조합원 규정포함), 분양신청, 관리처분계획인가, 관리처분에 관한 기준 등을 규정한다.

38) 서울특별시, 2004,「2010 서울특별시 도시·주거환경정비기본계획」, 44~45쪽.

39) 주택재개발사업의 구역지정 요건완화(20%), 부지정형화시 10% 범위 내 확장, 용도지역상향, 용적률 및 높이제한 완화(2종일반주거지역 층수제한 미적용), 주택규모별 건설비율 완화(주거환경→재개발, 재건축→재건축 수준) 등이 해당된다(상남규, 2010: 35).

시재정비촉진을 위한 특별법」을 통합하여 「도시재정비 및 주거환경
정비법」을 제정한다는 입법예고를 2011년 8월에 공표하고 주민의견
수렴을 하였다. 주요 내용은 재개발사업에 대한 공공의 역할을 확대
하고, 규제완화 등으로 재개발사업이 원활하게 추진될 수 있도록 지
원한다는 것이다. 이상의 도시재개발사업과 관련된 제도적 변천과정
은 다음과 같다(<표 3-1> 참조).

<표 3-1> 도시재개발사업 관련제도 변천과정

연도	관련법	주요 내용
1962	도시계획법 제정	일단의 불량지구 개량에 관한 사항을 도시계획으로 결정하여 사업시행
1971	도시계획법 개정	도시계획사업의 시행조항에 재개발사업 시행조항을 개정·삽입하여 재개발의 근거를 마련함
1973	주택개량촉진에 관한 임시조치법 제정	주택개량사업을 별도의 도시계획사업으로 규정 (국공유지를 해당 지자체에 무상양여)
1976	도시재개발법 제정	주택개량재개발사업과 도심재개발사업을 구분하여 시행할 수 있는 법적 근거를 마련함.
1983	도시재개발법 개정	합동재개발방식의 도입
1987	주택건설촉진법 제정	재건축조합을 통해 재건축사업을 추진할 수 있는 근거마련
1995	도시재개발법 전문개정	공장재개발사업 추가, 공공기관 참여확대, 순환재개발 도입
2002	도시및주거환경정비법 제정	도시재개발법(도심재개발, 공장재개발, 주택재개발), 도시저소득층의 주거환경개선을 위한 임시조치법(주거환경개선사업), 주택건설촉진법(주택재건축)등 3개 법률의 통폐합
2005	도시재정비촉진을 위한 특별법 제정	서울시 뉴타운사업의 법적 근거를 마련함.
2011	도시재정비 및 주거환경정비법 입법예고	도시 및 주거환경정비법과 도시재정비촉진을 위한 특별법을 통합함.

2) 주민참여의 확대

우리나라는 민주화와 본격적인 지방자치시대를 맞이하면서 도시

개발 및 재개발에 대한 시각도 민주적이고 자치적으로 바라보기 시작하게 되었다. 즉, 그동안 도시전문가와 정부주도로 계획되던 도시개발 및 도시재개발에서 벗어나, 이제는 전문가와 정부만이 아니고 주민도 함께 참여한 도시계획이 요구된다. 과거의 압축성장기에는 급격하게 증가하는 도시인구에 대하여 주택이나 도로와 같은 도시인프라(urban infrastructure)의 구축을 통하여 도시생활에 필요한 공간을 신속하게 구현하는 것이 최우선 과제였다(이명규, 2005: 1). 그러나 이제는 급격한 도시성장기가 지나고 도시의 성장이 완만하게 진행되는 시기에 접어들면서, 그와 함께 도시개발 및 재개발의 패러다임(paradigm) 변화가 요구되고 있다. 도시의 주민들은 소수의 정부나 전문가의 주도하에서 도시를 만들던 하향식 접근방식(top-down approach)에 만족하는 것이 아니라, 스스로 필요한 것을 요구하고 도시정책 및 도시행정과정에 참여하여 의견을 개진하는 상향식 접근방식(bottom-up approach)이 요구되는 것이다.

지방자치로의 시대가 도래되면서 민간기업과 같이 도시 간의 경쟁이 치열하게 된다. 따라서 도시경쟁력을 증가하기 위한 많은 노력들을 지방정부에서 하게 되는데, 증가되는 업무를 지방정부가 모두 처리하는 것이 어려운 상황으로 변화하고 있다. 즉, 과거의 정부에 의하여 진행되던 도시행정을 거번먼트(government)라고 하였다면, 이제는 다양한 집단이 협력하여 도시를 만들어 간다는 의미로 거버넌스(governance)[40]라는 용어의 사용으로 도시개발 패러다임이 변하

---

40) 거버넌스라는 용어는 다양한 의미로 해석할 수 있는데, 주로 공치(共治) 또는 협치(協治) 등의 용어로 사용되고 있다. 거버넌스는 다양한 이해당사자(stakeholder)들이 협력을 통하여 도시를 만들어 간다는 의미로 협치(協治)라고 부르기도 하며, 함께 만들어 간다는 의미로 공치(共治)라고 명명하기도 한다. 여기서는 우리나라 말로 사용하지 않고 영어식 발

고 있다. 이처럼 다양한 이해당사자(stakeholder)들이 함께 협력하여 도시를 만들어 간다는 의미로 '주민참여형 도시개발' 또는 '주민참여형 도시재개발' 등의 용어가 등장하였다. 이처럼 이제는 주민이 참여하는 도시개발 및 도시재개발 방식은 거스르기 어려운 이시대의 패러다임(paradigm)으로 변화하게 되었다.

중앙집권적이던 시기의 획일적인 도시개발과 공급 위주의 주택정책은 소수전문가와 정부가 주도적으로 마을과 도시를 계획되었는데, 1995년 지방자치제가 본격화된 이후에도 이러한 상황은 크게 변하지 않았다. 따라서 서울시의 도시계획은 획일적이고 경직된 운영제도로, 주민참여 역시 공람이나 공고 및 공청회 등의 제한적이며 형식적인 수준이었다(조미향 외, 2009: 517). 그러나 급속한 도시성장기를 지나 조금씩 경제가 안정되면서 주민들의 자치의식이 향상되었고, 정부나 전문가가 주도하에 형식적인 주민참여에 대한 변화의 목소리가 점차 커지고 있다. 즉, 주민스스로 마을의 문제점을 인식하고 개선하려는 노력들이 '마을만들기'나 '도시만들기' 형태로 이미 국내에서도 다양하게 나타나고 있다. Arnstein(1969)은 주민참여를 8단계[41]로 분류된 사다리모형으로 설명하고 있다.

음대로 거버넌스라는 용어를 사용하였다.

41) 제1단계인 조작단계(manipulation)는 주민들의 정책지지를 이끌어 내기 위한 의사결정자의 책략이 이루어진다. 제2단계인 치료단계(therapy)는 명목적으로 광범위한 주민참여를 이끌어 내지만 내용적으로는 임상적 치료의 대상자로 설정한다. 제3단계인 정보제공단계(information)는 정보의 공유 또는 공공성이 중요하지만, 이러한 쌍방향적 정보흐름보다는 일방적 정보흐름이 주류를 이루게 된다. 제4단계인 협의단계(consultation)는 주민이 정보를 제공하고 의견을 기술하지만, 그 의견이 행정당국에 청취되고 받아들여진다는 보장이 없으므로 맹목적인 참여단계(degrees of tokenism)로 보았다. 제5단계인 회유단계(placation)는 자문과 정책결정 또는 계획수립과정에서 참여를 용인하지만 집행과 그 가능성의 판단은 여전히 행정관청의 결정에 따르는 단계이다. 제6단계인 협력단계(partnership)는 주민과 정책결정자들이 협상을 통해 권력을 공유하면서 정책결정을 하며, 이때 주민들에게는 조직성, 재정능력, 기술적 전문성 등이 요구된다. 제7단계인 권력위임단계(delegated power)

이처럼, 주민참여의 욕구증가는 2000년대 이후 도시개발의 패러 다임(urban paradigm)에서 확인된다. 우리나라의 도시개발을 지배해 온 효율성, 신속성 그리고 양적인 도시성장의 경제논리는 21세기 들 어 새로운 도시개발 패러다임(paradigm) 전환기를 맞고 있다. 이러한 도시계획 및 도시개발의 패러다임은 환경친화적 도시, 에너지절약형 도시, 주민참여의 도시, 정보화 도시 등을 중시하여 전개되고 있다 (이삼수, 2006: 9-10).

이러한 도시개발 패러다임(paradigm)의 변화는 서울시 주거지정비 를 양적 추구에서 질적 추구로, 전문가 중심에서 주민 중심으로, 지 속하기 어려운 도시에서 지속 가능한 도시로 변모시키며, 특히 전문 가에서 주민중심으로의 도시개발 패러다임 변화의 필요성은 이해관 계가 복잡하고 갈등이 극심한 도시재개발사업에서 더욱 절실하다 할 것이다.

3) 정치적 환경변화

한 국가의 정치적 환경변화는 그 사회의 전반에 걸쳐 많은 변화를 초래하게 된다. 특히, 정권교체로 등장하는 새로운 정부는 그 이전 의 정부와는 또 다른 사회문제를 강조하거나, 이전 정부가 추구하던 방식을 바꾸기도 한다(김태영, 2009). 이처럼 정권교체 등을 통한 정 치적 변화는 도시재개발에서 발생하는 갈등의 시각과 해결방식을 변화시키고 있다. 정치적 환경변화는 한 국가의 도시정책에 영향을

는 주민에게 일정한 정책대안이나 프로그램의 결정권을 이양하는 단계이다. 마지막으로, 제8단계인 주민통제단계(citizen control)는 참여의 최고단계로서 정책입안, 관리 및 책임, 협상권한이 주민에게 주어진다. 이러한 단계구분은 주민참여를 통한 실질적인 결정권의 정도로 분류되는 것이다.

미치게 되며, 이는 제도적 변화로 이어진다. 따라서 도시개발 및 도시재개발과 관련된 국가정책과 그에 따른 제도적 변화는 정치적 환경변화에 따라 운명을 같이한다고 보아도 과언이 아닐 것이다.

실제로, 용산4구역에서 발생한 '용산사태'로 인한 인명피해를 현 정부의 강압적이고 비민주적인 '밀어붙이기식'의 정치적 환경이 인내심 부족한 경찰특공대의 강제진압으로 이어졌다는 견해[42]도 있다. 현재까지 재개발사업이 끊임없이 진행되면서 갈등이 발생되지만, 현 정부에서 '용산사태'와 같은 인명피해가 발생하게 된다. '용산사태'의 배경에는 현 정부의 정치적 기조나 분위기가 작용한 것이다. 이러한 관점에서 현 정부의 정치적 환경은 도시재개발에서 중요하다 할 것이다.

2007년 대선에서 경제대통령을 기치로 내건 이명박 후보가 대통령으로 당선되었다. 현 정부는 국정지표로 선진일류국가를 지향하면서, 참여, 형평 등의 가치가 강조된 이전의 정부와는 달리 실용주의, 경제우선주의를 추구하는 정부로 출범하게 된다. 실용주의 또는 경제우선주의를 중시하는 현 정부의 정치성향은 부동산 정책에서도 작용하고 있는데, 대표적인 것으로 '뉴타운사업'을 들 수 있다. 지역균형발전을 주요 공약으로 내세운 이명박 전 시장은 취임 직후 '지역균형발전추진단'을 구성하였다. '뉴타운사업'은 강남과 강북의 불균형 성장에 대한 논란을 통해 강북의 주거환경을 개선하기 위해 재개발사업을 광역적으로 진행하는 것이다(이창무 외, 2009).

전 시장의 정치공약으로 시작된 '뉴타운사업은' 오세훈 시장으로

---

42) 머니투데이, 2009년 1월 20일자.

이어지면서, 서울시는 2010년 2월 현재, 총 35지구의 '뉴타운사업'이 진행되고 있다. 뉴타운사업은 재개발구역의 광역화로 이해당사자 간의 복잡한 갈등이 발생되고 있다. 뉴타운사업은 이해당사자들의 경제적 이익창출과 사회적 외부효과를 정치적 공략으로 활용한 사례라고 볼 수 있다. 왜냐하면, 지방정부의 입장에서 뉴타운사업의 성공적인 시행은 강남·북 간의 지역격차 해소는 물론, 부동산 가격의 상승에 따른 경제적 이익창출을 기대할 수 있기 때문이다(김형주 외, 2010). 또한, 재개발사업을 통한 주거지의 증가는 해당 지방정부의 재정수입 증가와 함께 인구유입을 초래함으로써 소비활동의 고급화 등 각종 사회, 경제, 문화적인 파급효과로 이어지게 되므로, 지방정부는 재개발사업 등 뉴타운사업에 지대한 관심과 정치적인 핵심공약으로까지 이어지고 있다.

이러한 정치적 배경에서 추진된 뉴타운사업 정책은 단위사업으로 시행되는 재개발사업에 적용된다. 용산4구역 재개발사업도 현 정부의 정치공략으로 시작된 뉴타운사업의 영향을 직접적으로 받게 되었으며, 결과적으로는 이것이 무리한 경찰의 강압진압으로 이어져 상가세입자와의 극심한 갈등으로 이어지게 된 것이다.

3. 주요 쟁점 및 갈등단계 분류

1) 주요 쟁점 구분

(1) 상가세입자 보상 관련쟁점

용산4구역 재개발사업과 관련하여 발생되는 갈등의 주요 쟁점사안은 무엇보다, 상가세입자들의 영업보상비 산정 및 이주비 지급 등

세입자보상과 관련된 사안임에 틀림없다. 상가세입자 보상 문제가 용산4구역 재개발사업의 주요 쟁점사안으로 등장하게 된 배경에는 상가권리금을 놓고 인정하지 않으려는 재개발조합과 적정한 권리금 지급을 요구하는 상가세입자 간의 첨예한 입장 차이에서 비롯되었다. 이렇게 용산4구역 재개발사업에서 상가세입자 보상비와 이주비를 두고 발행되는 이해당사자 간의 갈등심화는 결과적으로 '용산참사'의 주된 요인으로 작용하였다고 볼 수 있는 것이다. 따라서 이러한 측면에서 상가세입자 보상 관련문제를 본 서적에서의 쟁점사안으로 설정한 것이다.

(2) 사망자 보상 및 책임소재 관련쟁점

용산4구역 상가세입자들은 영업보상비와 이주비 등에 동의하지 않고 점거농성하던 과정에서 경찰의 강제진압으로 인명피해가 발생하였다. 이 같은 사건발생으로 용산4구역의 상가세입자 보상에서 시작된 갈등문제가 사망자 보상과 책임소재를 둘러싼 갈등문제로 확대되면서 갈등의 깊이도 심화되었다. 이렇게 사망자 보상 및 책임소재 등의 관련문제는 '용산참사' 이후의 갈등구조를 더욱 해결하기 어렵게 만드는 원인으로 작용함을 알 수 있다. 이처럼 '용산참사' 사망자들의 보상과 책임소재 관련내용이 용산4구역 재개발사업의 쟁점사안으로 설정된 배경은 다음과 같다.

즉, 범대위를 포함한 종교단체 등 시민단체와 그 밖의 다양한 간접적인 이해당사자들이 용산4구역에 개입하면서, 사회적인 집단갈등으로 발전하게 되었기 때문이다. 특히, '용산참사'에서의 사망자 발생은 상가세입자 보상 갈등에서 경찰의 강압적인 진압작전의 적절성 또는 사건발생의 책임성 문제, 그리고 사건발생과 관련된 정부의 사과문제 등으로 그 범위가 확대되고 있다. 이것을 보았을 때, 직접적인 이해당사자 간의 집단갈등으로 시작된 용산4구역의 갈등이 공권력 행사의 적법성 및 적절성 문제로 확대되고 있다.

(3) '용산참사'에 대한 시각과 정부대책 관련쟁점

상가세입자들에 대한 적절한 보상 문제로 출발한 용산4구역의 갈등은 농성자들의 강제진압을 비롯하여 농성자들의 사망에 대한 후속조치까지 급박하게 흘러간다. 그 과정에서 용산4구역의 복잡한 갈등문제를 해결하기 위해 개입했던 정부 관련부서에서 대책마련이나 그들의 역할 등이 적절하였는지가 용산4구역의 갈등해결에 중요한 쟁점사안이 되었다. 즉, 용산4구역에서 상가세입자의 보상 문제로 시작된 갈등 초기부터, 지방정부인 서울시나 용산구청이 용산4구역 갈등을 바라보는 시각은 보상 문제를 직접적인 이해당사자 간의 사적 문제로 간주하면서 제3자의 입장을 보이고 있다.

그리고 점거농성자의 진압과정에서 사망자가 발생하면서 경찰과 유가족 간의 갈등이 최고조에 이른 이후에도 이를 해결하기 위한 정부의 갈등해소 노력은 법제도적 차원에서 소극적인 입장만을 고수하였다. 즉, 사망자 보상 및 처리문제, 정부의 사과문제 등을 두고 갈등을 해소하거나 표출된 갈등을 적절히 관리하기 위한 정부의 역할이 무엇보다 중요하다. 하지만, 정부의 입장은 용산4구역의 갈등문제를 사건의 직접적인 이해당사자 간의 문제로 간주하고 있었다. 게다가, 사망자 발생 원인을 적법한 공권력의 행사였다는 관점으로 접근하고 있어 용산4구역에서의 사회적 갈등문제를 대처하는 정부의 역할이나 갈등대책 등은 중요한 쟁점사안이다.

(4) 농성자의 사망원인 수사 관련쟁점

'용산참사'에서 발생한 농성자의 사망원인과 책임자 처벌문제를 규명하기 위해 진행된 재판과정의 공정성 문제에 대하여 재판부와 검찰, 피의자 간의 이견이 발생하면서 용산4구역 갈등과정의 주요 쟁점사안으로 부각되었다. 용산4구역 재개발사업과 관련된 사망자 발생책임이 농성자들에게 귀결되면서, 사망원인의 사실규명에 대한 수사과정에서 편파수사라는 논란이 야기되었다. 또한, 재판부에 대한 불신이 반영되면서 유가족 측이 해당재판부에 기피신청과 함께 '국민참여재판'을 요구하게 된다. 이렇게 '용산참사'에 대한 사건진상규명과 책임소재를 놓고 사법적인 판단과정을 거치면서 또 다른 갈등을 야기하게 되었다.

2) 갈등단계 분류

갈등은 시간의 흐름에 따라 생성, 발전, 소멸 등의 과정을 거치면서 계속적으로 변화하며, 관련된 행위자 간의 상호 관계에서 발생하게 된다. 따라서 각 단계마다 갈등양상도 다르게 나타난다고 볼 수 있다(Pondy, 1989; 김인영, 2009). 즉, 효과적인 갈등해소를 위해서는 각 갈등단계마다 적절한 갈등전략이 필요한 것이다. 이에, 본 책에서도 도시재개발사업의 갈등원인 및 구조를 갈등단계별로 분석한다. 갈등발생과정 및 갈등단계에 입각한 분류기준으로, 본 서적에서도 Pondy(1967)의 5단계설을 적용한다.[43] Pondy(1967)는 연속적인 갈등과정을 일련의 에피소드(episode)로 보고, 갈등의 정도에 따라 잠재적 갈등(latent conflict), 인지된 갈등(perceived conflict), 감지된 갈등(felt conflict), 명백한 갈등(manifest conflict), 갈등여파(conflict aftermath) 등의 5단계로 구분한다.

본 책에서는 Pondy의 기준을 사례지역인 용산4구역 재개발사업에 적용하여, 갈등생성기(perceived conflict), 갈등표출기(felt conflict), 갈등심화기(manifest conflict), 갈등해소기(conflict aftermath) 등의 4단계로 구분한다. 용산4구역 재개발사업의 추진과정에 따른 갈등단계 구분 기준은 다음과 같다(<표 3-2> 참조).

〈표 3-2〉 용산4구역 갈등단계 구분

갈등단계	일 시	주요 내용
갈등생성기 (2006. 4.~2007. 5.)	2006. 4. 20.	서울시 용산구 한강로3가 63-70번지 도시환경정비사업 지구지정(서울시 고시 제2006-142)
	2006. 10. 12.	용산4구역 조합설립인가(지구지정 6개월 만에 취득)
	2007. 5. 31.	용산4구역 사업시행인가(용산구청)
갈등표출기 (2007. 6.~2008. 5.)	2007. 6.	분양공고, 삼성물산, 대림건설, 포스코건설 등 시공사 선정 (재개발조합)
	2007. 11. 30.	용산4구역 관리처분계획인가 신청(용산구청)
	2008. 5. 30.	용산4구역 관리처분계획인가(용산구청)
갈등심화기 (2008. 6.~2009. 1.)	2009. 1. 19.	세입자 등 40여 명 '남일당' 건물 점거농성
	2009. 1. 20.	건물점거 농성 철거민에 대한 경찰진압(농성자 5명, 진압 경찰관 1명의 사망자 발생, 22명의 부상자 발생)
	2009. 1. 21.	서울시 용산사태 대책본부 구성, 희생자유가족 및 범대위 협상시작
갈등해소기 (2009. 2.~2010. 1.)	2009. 12. 30.	범대위와 재개발조합의 보상에 극적 합의
	2010. 1. 8.	국무총리의 '용산참사' 사망자 빈소방문
	2010. 1. 9.	철거민 사망자에 대한 장례식이 거행됨.

43) Pondy(1967)의 5단계설은 최근에 갈등을 분류기준으로 활용된다. 대표적인 연구사례는 송석휘(2011), 박명현(2004), 박호숙(1994) 등이 있으며, 이상의 연구자들은 Pondy의 이론을 재구성하여 갈등단계를 구분하고 있다.

(1) 갈등생성기: 사업지구지정과 갈등의 생성시기(2006. 4.~2007. 5.)

갈등생성기(latent conflict)는 갈등이 행동으로 나타나기 이전 상태로서, 정서적으로 불안정한 단계이다. 이 단계는 갈등소지가 존재하게 되는데, 희소자원의 획득 경쟁, 목표의 차이, 자율성 추구 등이 그것이다. 이 시기는 서울시가 용산4구역 일대를 '도시환경정비사업지구'(이하 재개발사업지구)로 지정하는 시기인 2006년 4월부터, 재개발조합이 용산구청으로부터 사업시행인가를 허가받는 2007년 5월까지가 해당된다. 갈등생성기를 시작으로, 용산4구역 재개발사업의 갈등이 잠재적으로 형성된다. 왜냐하면, 용산4구역이 재개발지구로 지정되면서 재개발조합과 세입자를 비롯한 지역주민 간에 이주 및 철거, 보상 및 조합구성에 대해 이해당사자 간 기대와 우려가 형성되기 때문이다. 따라서 이 시기를 용산4구역 재개발사업의 갈등형성기로 볼 수 있다.

(2) 갈등표출기: 사업시행인가와 갈등의 증대시기(2007. 6.~2008. 5.)

갈등표출기(felt conflict)는 이해당사자 간의 갈등상황을 지각하는 상태, 또는 이성적으로 갈등을 인지(perceived)하는 상태를 넘어서, 갈등을 정서적으로 느끼는 단계이다. 용산4구역 재개발사업의 이해당사자 간 갈등이 표출되는 이 시기는 재개발조합이 용산구청으로부터 사업시행인가를 허가받는 2007년 6월 이후부터, 세입자들의 실질적인 보상수준이 결정되는 관리처분계획인가를 받는 2008년 5월까지이다. 이 시기는 재개발조합과 상가세입자를 중심으로 이해당사자 간 첨예한 이견과 그로 인한 갈등이 표출되는 시기이다.

한편, 갈등표출기에 이해당사자 간의 갈등이 표출되는 이유는, 무엇보다 관리처분계획인가 시에 상가세입자에 관한 구체적인 보상내용이 정해지기 때문이다. 또한, 재개발조합설립 및 사업시행인가과정에서 토지소유자뿐만 아니라, 해당지역 거주민들에게 사업공고, 보고회, 공청회 등을 거치도록 하는 재개발사업추진과 관련된 이해당사자 간의 기대심리가 이 시기에 드러난다. 따라서 재개발사업시행인가의 시기인 2007년 6월부터, 관리처분계획회인가의 시점인 2008년 5월까지를 용산4구역 이해당사자 간 갈등이 표출되는 시기로 구분하였다.

(3) 갈등심화기: 관리처분계획인가와 갈등의 최고조시기
    (2008. 6.~2009. 1.)

갈등심화기(manifest conflict)는 적대적인 행동이 외부로 분명하게 드러나는 시기이다. 이 시기는 물리적 또는 언어적인 공격, 규칙의 엄격한 적용, 무관심, 방어적인 연합행동 등 상대방의 목표를 방해하는 적극적인 행동을 취하는 단계이다. 갈등심화기는 용산4구역 재개발사업의 추진에 따라 이해당사자 간의 갈등이 최고조에 이르는 시기에 해당한다. 즉, 관리처분계획인가 시기인 2008년 6월부터 농성자들이 건물을 점거농성하면서 갈등이 심화되는 2009년 1월까지로 볼 수 있다.

이렇게 최고조에 이를 만큼 갈등이 심화된 용산4구역 재개발사업의 갈등양상은 경찰의 강제진압으로 이어지면서, 다수의 사망자가 발생하는 사고로 이어진다. 이렇게 '용산참사'가 발생된 2009년 1월 20일에 이해당사자 간의 갈등은 최고조에 이른다. 그리고 용산4구역 재개발사업의 갈등은 그 이후 '사법적 판결' 과정을 거치면서 책임

소재, 건물불법점거, 공무집행방해 여부, 사망원인 등을 두고 경찰과 사망자 유족 간 치열한 사법적 갈등으로 이어진다. 하지만, 사법적 판결과정에서 조차도 경찰과 사망자 유족을 두고 이해당사자 간의 극명한 의견대립은 갈등으로 심화된다. 게다가, 유가족들의 보상액 산정과 사망자에 대한 정부의 공식적인 사과를 놓고 정부와 범대위 간, 재개발조합과 서울시 및 유족들 간에 갈등이 심화되는 등 다자 간의 갈등이 유발되는 시기이다.

(4) 갈등해소기: 주요 행위자 간 합의와 갈등의 완화시기 (2009. 2.~2010. 1.)

갈등해소기(conflict aftermath)는 심화된 갈등기를 지나 직접적인 이해당사자 간 적절한 수준에서 합의를 봄으로써 갈등이 해소되는 시기이다. 갈등해소기는 사회적인 관심이 발생되고 다양한 시민단체들이 관여하는 2009년 2월부터, 범대위와 재개발조합 간에 사망자 보상 문제에 대하여 합의안이 도출되고 용산4구역 재개발사업의 갈등이 극적인 해소단계로 진입하는 2009년 12월까지로 볼 수 있다. 즉 심화된 갈등기에서 최고조에 이르는 용산4구역 재개발사업의 갈등이 해소될 수 있는 계기를 찾고, 갈등이 해결되는 시기이다.

갈등해소기는 우선, 2009년 8월 서울시장은 '용산참사'로 인한 갈등해소를 위해 종교계 지도자들에게 협조요청을 하는 한편, 2009년 10월 1일 '용산철거민 범대위' 철거민을 방문하여 '용산참사' 해결을 위한 서울시의 노력을 천명한다. 그리고 강제진압에 대한 정부의 공식적인 사과를 요구하는 범대위의 노력에 부응하고자 2009년 10월 3일 국무총리는 '용산참사' 분향소를 방문하여 정부의 책임과 사태해결을 위한 의지표명을 하면서 갈등해소를 위한 기반이 마련된다.

또한, 사태해결의 통로를 마련하고자 범대위와 국무총리간의 연락체계가 구성된다. 이처럼, 다양한 직접·간접적인 이해당사자 간의 노력으로 2009년 12월 16일을 전후하여, 범대위는 본격적인 협상의 필요성을 제기하였다. 뒤이어, 2009년 12월 25일 사망자 보상문제에 소극적이던 서울시의 입장이 보다 전향적으로 변하고, 2009년 12월 30일 극적으로 범대위와 재개발조합 간에 보상 등에 관한 합의안이 도출되면서 용산4구역 재개발사업의 갈등은 해소단계에 진입하게 된다.

제2절 용산4구역 재개발사업 현황

1. 용산4구역 추진배경

1) 용산4구역 사업개요

용산4구역 재개발사업은 '한강로2가 국제빌딩의 주변일대'에 위치한 약 53,442㎡에 달하는 지역을 도시재개발사업의 일환인 도시환경정비사업으로 추진되고 있다. 이 같은 용산4구역 재개발사업이 자리하는 사업구역의 위치도를 살펴보면 다음과 같다(<그림 3-1> 참조).

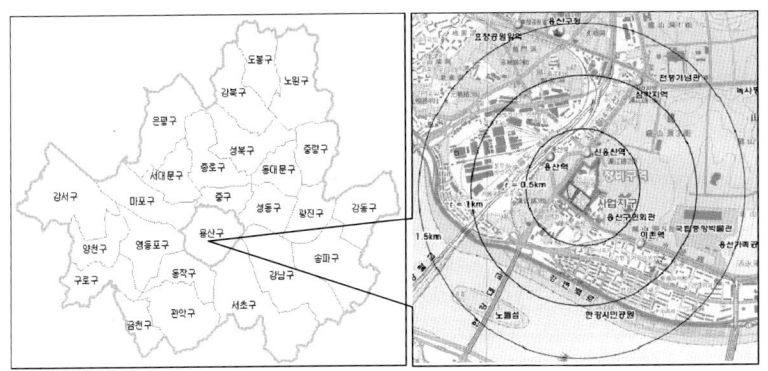

〈그림 3-1〉 용산4구역 위치도

　그러면 여기서는 용산4구역 재개발사업에서 계획된 전체적인 사업개요를 살펴보도록 한다. 우선, 용산4구역 재개발사업은 재개발조합이 사업시행자 역할을 수행하며, 공동주택(아파트 493세대), 업무시설, 판매시설, 종교시설 등의 용도로 계획되어 있다. 또한, 연면적은 385,429.61㎡(116,591평), 층수는 지상 26~40층/지하7층(7개동) 규모, 건폐율 44.74~55.31%, 용적률 745.93~746.13%, 공공용지는 24,807.2㎡(부담률 25.36%)에 달하는 규모로 진행될 예정이다.

2) 용산4구역 추진배경

　용산4구역을 포함한 국제빌딩주변지역의 재개발계획은 2003년 말 용산구청의 용산4구역 재개발사업에 대한 공람·공고를 통해 시작되었다. 그리고 서울시는 2006년 4월 도시·건축공동위원회[44]의

---

44) 도시·건축공동위원회는 서울특별시 등 도시에서 건축물의 성격을 결정하고 개별적으로 허가 여부를 결정하는 위원회로서, 국토의 효율적 토지이용을 위하며 도시뿐만 아니라 농촌지역 개발의 성격을 결정하는 도시계획위원회와는 구별된다.

심의를 거쳐 국제빌딩주변지역인 용산4구역을 도시재개발사업으로 시행하도록 결정하였다. 도시재개발사업은 도시기능의 회복이 필요한 지역에서 도시환경의 개선 또는 토지의 효율적 이용을 목적으로 추진되는 재개발사업이다. 이러한 배경으로 용산4구역 재개발구역은 도시환경정비사업 지구로 지정되었으며, 동년 10월 토지등소유자(조합원)[45] 등이 조합설립인가를 취득하면서 실질적인 사업추진이 이루어졌다.

한편, 용산4구역 재개발사업의 추진배경으로서, 서울시는 2001년도에 계획된 '서울시 도심재개발 기본계획'에 의거하여, 도심재개발사업의 사업구역에 처음으로 용산지역을 포함하여 지정하게 되었다. 그리고 용산4구역 주변지역은 '2020 서울도시기본계획'과 '용산지구단위계획'에 의하여, 고속전철 중앙역사가 위치하는 도심부로 육성하도록 계획되기에 이른다. 즉, '2020 서울도시기본계획'에 따르면, 용산역 주변지역의 적극적인 재개발사업을 통해 부도심을 창출하며, 미래의 첨단업무 공간수요를 공급하는 전략적인 도시개발을 도모하도록 계획되었다.

이를 구체화하기 위해 용산지역 '지구단위계획'에서는 용산역과 민족공원(현 미군기지) 사이에 호남고속전철 지하노선을 구축하고, 녹지축확보를 위해 전략적인 재개발을 추진함으로써 용산역, 국제빌딩주변, 용산공원 남측을 중심축으로 육성하도록 계획되어 있다(서울특별시, 2001: 133). 이에 따라서 용산4구역 재개발사업구역은 도심재개발에 대한 토지이용, 용적률, 건폐율, 건물높이 등에 관한 구

---

45) 여기서 말하는 '토지등소유자'라 함은 정비구역 안에 소재하는 토지나 건축물의 소유자 또는 그 지상권자를 말한다. 「도시 및 주거환경정비법」 제2조.

체적인 규제사항을 '용산지구단위계획'에 따라 계획하고, 구체적인 관련내용도 '용산지구단위계획'을 준용하게 규정되었다.

그리고 용산4구역을 비롯한, 용산지역 재개발사업의 지정범위는 용산역과 미군기지 구간을 우선적인 재개발구역 대상지로 선정하게 되었다. 이는 필지 및 건물상태가 열악한 용산역 주변 일대를 포함하는 총 837천㎡에 달하는 지역을 대상범위로 설정한 것이다. 용산구는 보다 광범위한 재개발구역 지정범위를 요청하지만, 용산지역의 과도한 고밀개발을 방지하고 부도심지역의 전략적 조성이라는 서울시의 정책협의에 따라, 용산역 주변에 한정하여 그 범위를 선정하게 되었다. 그리고 용산4구역이 위치하는 '용산역국제빌딩주변' 지역부터 '용산공원 남측'에 이르는 지역은 국가기간시설인 고속철도설치를 위해 재개발을 허용한 지역이다. 따라서 이 지역에서의 사업방식은 철거재개발방식을 적용하며, 전략적이고 장기적인 도시변화를 도모하기 위하여 추진하게 된 것이다.

3) 용산4구역의 특징

용산4구역 재개발사업은 「도시 및 주거환경정비법」 제2조 제2항의 '라'목에 명시된 '도시환경정비사업'으로 상업·공업지역 등 토지의 효율적인 이용과 도심 또는 부도심과 같은 도시기능의 회복과 상권의 활성화 등이 필요한 지역에서 도시환경을 개선하기 위해 추진하게 되었다. 이에, 용산4구역 재개발구역에서는 「도시 및 주거환경정비법」 제48조의 규정에 의거하여 인가받은 관리처분계획에 따라 건축물을 건설하여 공급하는 방법 또는 동법, 제43조 제3항의 규정에 의거한 환지방식으로 사업이 시행될 수 있다. 따라서 용산4구역 재개발사업은 재개발조합 또는 토지등소유자가 시행하거나, 조합 또는 토지등소유자가 재개발조합원 또는 토지등소유자 과반수 이상의 동의를 얻어, 시장·군수, 토지주택공사 등, 건설업자, 등록업자, 및 대통령령이 정하는 요건을 갖춘 자와 공동으로 시행 가능한 특징을 보인다.

이렇게 용산4구역이 '도시환경정비구역'으로 지정되기 위해서는 사전에 '용산지구단위계획'에서 수립되어야 가능하다. 그리고 '지구단위계획'은 계획수립 시점으로부터 10년 내외의 기간 동안에 나타날 여건변화를 고려하여, '지구단위계획구역'과 주변지역의 미래상을 상정하고, 이를 구체적으로 표현하는 계획이다. 즉, 기존시가지의 정비·관리·보존 또는 신시가지의 개발 등 그 목표를 분명하게 하고, 정해진 목표에 따라 도시기반시설설치, 건축기준 제시 등의 부문별계획이나 상세계획을 정하는 계획이다[46].

2. 용산4구역 추진경과

1) 용산4구역 추진과정

용산4구역 재개발사업은 2006년 4월 서울시의 재개발사업 시행결정에 따라 구역결정고시(서울시 고시 제2006-142)로 시작하게 되었으며, 그 이후 6개월 만인 2006년 10월에 용산구청으로부터 조합설립인가를 받게 되었다. 또한, 2007년 2월에 용산4구역 건축허가 심의의결이 결정되었으며, 그에 따라 2007월 5월에 사업시행인가를

---

46) 용산구청 도시개발 홈페이지 참조(http://dosidev.yongsan.go.kr).

승인받는다.

2007년 6월에는 용산4구역 사업에 관한 분양공고 및 시공자 선정이 이루어지며, 11월에는 관리처분계획인가를 용산구청에 신청하게 되었다. 용산구청에서는 2008년 5월에 관리처분계획인가를 승인하게 되었으며, 2008년 7월부터 용산4구역에 거주하는 주민을 대상으로 이주 및 철거를 시작하였다.

그런데 그 과정에서 재개발조합과 이주민 간의 극심한 갈등으로 2009년 1월 철거민 40여 명이 저항하게 되고, 그 과정에서 결국에는 '용산참사'가 발생된 것이다. 그 결과로 철거작업은 일시중단되었지만, 2009년 5월에 집행관의 동행으로 강제철거가 재개되었다(<표 3-3> 참조).

〈표 3-3〉 용산4구역 재개발사업의 추진과정

갈등단계	일 시	주요 내용
갈등생성기 (2006. 4~2007. 5)	2006. 4. 20.	서울시 용산구 한강로3가 63-70번지 도시환경정비사업 지구 지정(서울시 고시 제2006-142)
	2006. 10. 12.	용산4구역 조합설립인가(지구지정 6개월 만에 취득)
	2006. 11.	(주)파크앤시티 정비업체 선정(추진위원회)
	2007. 2. 2.	용산4구역 건축허가 심의의결(용산구의회)
	2007. 3. 5.	용산4구역 세입자조사
	2007. 5. 31.	용산4구역 사업시행인가(용산구청)
갈등표출기 (2007. 6~2008. 5)	2007. 6.	분양공고, 삼성물산, 대림건설, 포스코건설 시공자 선정 (재개발조합)
	2007. 10. 31.	호람건설, 현암건설 철거업자 선정(재개발조합)
	2007. 11.	보상에 합의하지 않는 86세대 상가세입자, 세입자대책위 구성
	2007. 11. 30.	용산4구역 관리처분계획인가 신청(용산구청)
	2008. 2.	용산4구역 세입자대책위원회 전국철거민연합회 가입
	2008. 4.	26세 이상의 남성을 중심으로 철거민대책위원회를 구성함.
	2008. 5. 30.	용산4구역 관리처분계획인가(용산구청)

자료: 여관현 외(2011: 131) 재구성.

2) 용산4구역 추진경과

용산4구역 재개발사업이 본격적으로 진행되던 2007년 11월, 보상에 동의하지 않던 86세대의 상가세입자가 세입자대책위를 구성하였고, 2008년 2월 세입자대책위는 전철연에 가입하면서 갈등구도가 형성되기에 이르렀다. 같은 해, 4월 26세 이상의 남성 세입자를 중심으로 철거민대책위를 구성하며, 전철연과 세입자, 그리고 일부 외부인이 연합하여 2009년 01월 초부터 정비구역 내 건물을 점거하여 철거농성을 시작했다. 그리고 동년 01월 20일, 용산4구역 재개발사업 철거민 점거농성을 진압하던 도중 농성타워의 화재로 참사가 발생하였다. '용산참사' 이후 희생자 유가족과 재개발조합, 그리고 정부 간의 입장 차이는 서로 간의 갈등해소를 위한 합의점을 찾지 못하였다.

그러다가, 2009년 12월 30일 서울시 등 정부를 비롯한 이해관계자들의 노력으로 마침내 범대위와 재개발조합 간에 보상 등에 관한 합의안이 도출되면서 극적인 합의가 이루어졌다. 그에 따라, 2010년 1월 8일 국무총리의 빈소방문과 1월 9일 철거민 사망자에 대한 장례식이 거행되면서, 용산4구역 재개발사업의 갈등은 대부분 해소될 수 있었다(<표 3-4> 참조).

이에, 정부는 용산참사 발생 이후 한나라당, 국토해양부, 서울시국장, 토지주택공사, 변호사, 시민단체 등이 참여한 가운데 '재개발제도개선대책'이라는 주제로 제1차 회의를 진행하였고, 이어 세 차례의 당정회의와 다섯 번의 관계부처합동회의 및 국가정책조정회의를 거쳐 2009년 2월 10일 국무회의에서 제도적 개선방안에 대한 세부내용[47]을 발표하는 등 '용산참사' 재발방지를 위한 노력을 하였다.

<표 3-4> 용산4구역 재개발사업의 추진경과

갈등단계	일 시	주요 내용
갈등심화기 (2008. 6.~2009. 1.)	2008. 7. 16.	용산4구역 사업지구 이전 및 철거 본격화(총 세입자 890명)
	2009. 1. 19.	세입자 등 40여 명 '남일당' 건물 점거농성
	2009. 1. 20.	건물점거 농성 철거민에 대한 경찰진압(농성자와 진압경찰관의 사망자 발생, 22명의 부상자 발생)
갈등해소기 (2009. 2.~2010. 1.)	2009. 1. 21.	서울시 용산사태 대책본부 구성, 희생자유가족 및 범대위 협상시작
	2009. 12. 30.	범대위와 재개발조합의 보상에 극적 합의
	2010. 1. 8.	국무총리의 '용산참사' 사망자 빈소방문
	2010. 1. 9.	철거민 사망자에 대한 장례식이 거행됨.

자료: 여관현 외(2011: 131) 재구성.

3) '용산참사'의 사건개요

'용산참사' 사건은 2009년 1월 19일 보상과 관련하여 재개발조합과 합의를 거부하는 상가세입자를 중심으로 구성된 세입자대책위원회 등이 건물을 점거하고 농성하면서 시작되었다. 이렇게 시작된 용산4구역 재개발사업의 이해당사자 간 갈등은, 2009년 1월 20일에 이르러 건물점거 농성자에 대한 경찰의 강제진압으로 이어졌고, 경찰의 강제진압과정에서 다수의 사상자가 발생되고 나서야 종료되었다. 이후, '용산사태'에 대한 '사법적 판단'과정을 거치면서 농성자들의 사망원인 및 책임소재, 건물불법점거, 공무집행방해 여부 등을 놓고 경찰과 희생자유족들 간의 치열한 사법적 갈등과정이 전개되었다. 이러한 용산4구역 '용산참사' 발생 이후의 사건전개과정은 다음과 같다(<표 3-5> 참조).

---

47) 상가세입자에게 지급되는 휴업보상비의 산정기준을 현행 영업이익의 3개월분에서 4개월분으로 상향조정, 상가세입자에 대한 상가우선분양권 부여와 주거세입자에게 공공임대주택을 통하여 이주대책을 마련할 수 있도록 하는 순환개발방식 등의 추진이 주요 내용이다.

〈표 3-5〉 '용산참사' 이후의 사건전개과정

일 시	주요 내용
2009. 1. 19.	−세입자 등 40여 명 '남일당' 건물 점거
2009. 1. 20.	−건물점거 농성 철거민에 대한 경찰진입 •철거민과 진압경찰관 등의 사망자 발생 •22명의 부상자 발생
2009. 1. 21.	−서울시 용산사태 대책본부 구성 −유족 및 범대위 보상 문제 협상시작
2009. 1. 22.	−검찰, 농성자 5명 구속(세입자 주민 2명, 전철연 3명) −용산경찰서장 소환조사
2009. 1. 29.	−시민단체: 세입자대책요구 기자회견 −전경련 등 경제5단체 용산사태 조기수습 호소문 발표
2009. 2. 1.	−민주당 및 시민단체 주최 용산참사 추모대회 개최 −한나라당 야당의 장외집회에 대한 비판
2009. 2. 2.	−용산참사 관련 종교계 추모행사 개최 −보훈단체(대한민국상이군경회 등) 공동성명
2009. 2. 4.	−용산참사 살인의혹(2명) 규명 촉구 및 미동의 부검의 해명요구 −범대위 용산참사 책임자 처벌과 진상규명 촉구 −용산참사 진압에서 소방장비 동원 위법행위 주장(민노당)
2009. 2. 5.	−민주당 용산사태 특검추진 −범대위 용산참사 공정수사 촉구 1인 시위 돌입
2009. 2. 8.	−피의자, 용산참사 국민참여재판 신청
2009. 2. 9.	−검찰 용산참사 수사결과 발표 −용산참사 범민위, 국정조사 및 특검요구 −서울시, 용산구청, 재개발조합, 유가족과 대책마련

자료: 송석휘(2011: 99~100) 재구성.

이처럼, '사법적 판단'과정에서 경찰과 희생자 유족들 간에 극명하게 표출되었던 갈등 이외에도, 사망자 보상액산정 및 정부의 공식적인 사과를 두고 정부와 범대위, 그리고 재개발조합과 서울시 및 유족들 간의 갈등이 표출되면서 복잡한 갈등구조를 보였다. 이렇게 상가세입자와 재개발조합 간에 시작된 용산4구역 갈등이 '용산참사'의 발생으로 전개되면서, 직접적인 이해당사자 간의 갈등뿐만이 아니라, 시민단체 등의 다양한 이해당사자가 참여하면서 복잡한 사회적 갈등으로 전개되었다.

즉, 2006년 4월 20일 용산구 한강로 일대가 재개발사업지구로 지정되면서 시작된 용산4구역에서의 갈등은, 2009년 1월 20일을 전후로 하여 사회적인 집단갈등으로 확산된 것이다. 그리고 2010년 1월 9일 '용산참사' 희생자들에 대한 장례식이 거행되면서 그동안의 갈등은 마무리되었지만, 잠재적인 갈등은 아직까지도 여전히 남아 있다.

4) '용산참사'의 발생배경

이상에서 살펴본 것처럼, 용산4구역 재개발사업은 직접적인 이해당사자 간의 갈등이 심화되면서 사회적인 문제로 확대되었고, 결국에는 '용산참사'라는 이름으로 전 국민의 이목을 사로잡기도 하였다. 이러한 '용산참사'의 발생배경에 대하여 도시정책적인 측면에서 접근하면, 크게 수도권도심의 토지이용활성화정책과 도시재개발사업에서 사업성 추구에 대한 인식으로 구분하여 설명할 수 있다.

첫째, 수도권 도심의 토지이용활성화정책 부문이다. 즉, 우리나라는 2000년대로 들어서면서 도시재개발 규제완화를 통한 부동산경기의 부양이라는 목표 아래 다음의 부동산정책을 발표하게 되었다.

① 정부는 2008년 9.19 부동산 경기 활성화대책의 일환으로 '국민의 주거안정을 위한 도심공급의 활성화 및 보금자리주택 건설방안'을 내걸고, 이를 실현하기 위해 뉴타운사업의 추가지정과 주택재건축 등 수도권 도심의 재건축촉진정책을 추진하게 되었다. 즉, 수도권에 매년 30만 호 수준의 주택을 공급하되, 도심 내의 주택재개발·재건축, 역세권개발 등을 통해 18만 호를 공급하는 것이 주요 내용이다. 게다가, 이러한 계획은 민간공급확대에 중점을 두고, 기존

도시 내에 전체주택의 60%수준을 공급하는 것이다. 이를 위해 광역적재개발방식인 뉴타운사업의 사업절차를 단축하고 지구지정면적을 완화하여, 2018년까지 60만 호를 건설한다는 계획이다. 또한, 주택재개발·재건축사업에 대해서는 사업절차를 단축하고 후분양제나 조합원의 지위양도금지 등의 규제를 완화하여, 2018년까지 38만 호를 공급한다고 밝히고 있다.

② 2008년 11.3 조치라 불리는 '경제난국 종합대책'에서는 실물경제 활성화를 위한 부동산 및 건설경기 활성화 방안으로 부동산 투기 관련규제 완화와 함께 재건축 규제 완화 방안 등을 발표하였다. 이러한 정책기조에 따라 소형평형 의무비율을 탄력적으로 적용토록 하고, 용적률은 「국토계획법」 상한까지 허용할 뿐만 아니라 '임대주택의무비율제'도 사실상 폐지하기에 이른다.

이상의 두 정책이 발표됨에 따라 뉴타운사업을 비롯한 도시재개발사업은 단기간에 진행될 수 있게 되었으며, 임대주택비율은 낮아지고 중·대형 위주의 아파트를 더 공급할 수 있게 된다. 이러한 정책결과는 도시재개발 건설업체들은 사업성을 이전보다 더 보장받을 수 있도록 하였다.

둘째, 공공성에서 사업성추구로의 인식변화이다. 과거에 우리나라의 도시재개발에 대한 인식은 중앙정부 또는 지방정부에 의해서 시행되는 '공공성'이 강조되는 정책기조를 보였다. 그러나 1983년 합동재개발방식의 도입으로 재개발조합 중심의 민간개발 사업으로 전환되었다. 게다가, 2002년 뉴타운사업의 본격화는 개발단위의 광역화로 이어지면서, 도시재개발을 개발이익을 위한 하나의 수단으로 보는 인식이 증가된다. 이러한 과정에서 도시재개발사업은 공익적

사업이 분명함에도 불구하고 사실상 민간개발사업자에게 주도권을 줌으로써, 민간건설업체가 재개발사업의 중심이 되고 있다. 실제로 과거 1973년부터 2008년 말까지 서울시의 주택재개발·재건축, 도시환경정비사업 등 총 997건의 사업 가운데, 공공주도 사업은 8건에 그치고 있다.

이에 따라, 사업성이 담보되지 않으면 재개발사업을 시도조차 하지 않는 등 건설업체의 개발이익의 재분배문제가 재개발사업의 해결되지 않는 중요과제로 자리하고 있다. 결국, '용산참사'는 이러한 우리나라 도시정책적인 배경하에서, 재개발조합과 상가세입자의 보상비에 관한 첨예한 이견과 철거업자의 강압적이고 신속한 철거작업으로 발생한 사건으로 볼 수 있다.

제3절 용산4구역 재개발사업 관련제도

재개발사업지구에 해당되는 용산4구역은 「도시 및 주거환경정비법」뿐만 아니라, 그 밖의 상위계획과 관련법규를 준용한다. 이러한 재개발사업 관련제도 중에서 특히, 사업성에 영향을 미치는 용적률, 토지이용계획, 건폐율, 그리고 건물높이 등과 관련된 근거법규의 검토는 중요한 사안일 것이다. 따라서 여기서는 도시환경정비사업 추진 시 적용받는 관련법규를 중심으로 살펴보고자 한다.

<표 3-6> 용산4구역 용적률 관련법규

구 분	관련내용
서울시 도시계획조례	• 제55조 제1항 제8호(개정 2008.7.30.) －일반상업지역: 800%(단, 4대문 안: 600%) • 제55조 제10항 －영 제85조 제7항 각 호의 지역・지구 또는 구역 안에서 건축물을 건축하고자 하는 자가 그 대지의 일부를 공공시설부지로 제공하는 경우 해당 건축물에 대한 용적률은 제1항부터 제4항까지의 규정에 따른 해당 용적률의 200퍼센트 이하의 범위 안에서 다음의 기준에 따라 산출되는 비율 이하로 한다. (1+1.3α)×제1항부터 제4항까지의 규정에 따른 용적률, 여기서 α란 공공시설부지로 제공한 후의 대지면적대 공공시설부지로 제공하는 면적의 비율을 말한다. (개정 2010.1.7.)
서울시 도시주거환경정비 기본계획(2020)	• 일반상업지역에서 용적률 －2008년 7월 30일 개정된 서울시 도시계획조례(제55조 제1항 제8호)에 의거, 일반상업지역에서 도시환경정비사업의 용적률은 기준적용률은 800%로 규정한다. －공공시설부지의 제공(도시계획조례 제55조 제10항) 및 공개공지 의무면적 초과제공(건축조례 제22조 제3항)에 따른 용적률 인센티브를 추가하되, 최대 1,000%를 넘지 않도록 한다.

우선, 도시환경정비사업의 용적률은 「국토계획법」에서 지자체 조례로 위임하고 있어, 서울특별시 '도시계획조례'에 의한 규제를 받게 된다. 서울시 '도시주거환경정비기본계획'에서 규정하는 용적률 계획은 서울시 '도시계획조례'에서 정하는 용도지역별 용적률을 적용하되, 세부지역별 용적률은 지구단위계획을 따르도록 한다. 따라서 서울시 '도시계획조례'에서 정하는 일반상업지역의 기준용적률은 800%로 하고, 그 세부 용적률은 지구단위계획에 따르도록 규정하고 있다(<표 3-6> 참조).

도심부의 토지이용을 계획적으로 하기 위해 지역별로 구분하여 토지이용을 위한 유도방향을 설정하고, 지역별 주 용도를 지정하고 있다. 서울시 '도시주거환경정비기본계획'에서 규정하고 있는 용산4

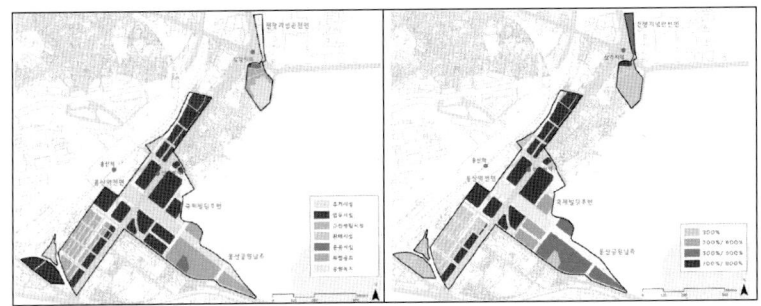

자료: 서울시(2010b: 115).

〈그림 3-2〉 용산지역 토지이용계획과 용적률계획

구역 재개발사업의 토지이용계획은 지구단위계획에서 정하는 토지
용도를 적용하여 준용한다. 즉, 용산 지구단위계획에서 규정하고 있
는 용산재개발 사업구역의 용도는 업무, 근린생활, 공동주택, 복합용
도, 판매시설 등으로 되어 있다(<그림 3-2> 참조).

　한편, 건폐율과 건물높이와 관련해서도 서울시 '도시주거환경정비
기본계획'에서 규정하고 있다. 용산4구역 재개발사업의 건폐율계획
은 서울시 '도시계획조례'에서 정하는 바에 따라 60% 이하로 하고,
그 범위 내에서 지구단위계획을 따르도록 한다. 마지막으로 건물높
이 규정은 용산 부도심의 전략적 개발에 필요한 높이의 고층화를 허
용하되, 사업지구별 건물높이는 '지구단위계획'에서 규정하고 있다.

1. 도시 및 주거환경정비법

1) 「도시 및 주거환경정비법」의 주요 내용

여기서는 도시재개발사업과 직접적으로 관련되는 「도시 및 주거

사업유형	기반시설	용도지역	노후불량건축물	비고
주거환경개선사업	극히 열악함.	주거지역	과도하게 밀집됨.	주거환경개선
재개발사업	열악함.	주거지역	밀집됨.	주거환경개선
재건축사업	양호함.	주거지역	밀집됨.	주거환경개선
도시환경정비사업	–	상업·공업지역	–	도시환경개선

자료: 국토해양부(2011a) 재구성.

환경정비법」을 중심으로 살펴보고자 한다. 우선,「도시 및 주거환경
정비법」제1조는 도시기능의 회복이 필요하거나 주거환경이 불량한
지역을 계획적으로 정비하고 노후불량건축물을 효율적으로 개선하
기 위해 필요한 사항을 규정하고 있다. 이것은 도시환경을 개선하고
주거생활의 질적 증대에 이바지함을 목적으로 한다. 즉, 재개발사업
은 도시기능의 회복을 필요로 하거나 도시 내 주거환경이 불량한 지
역에서의 물리적 환경개선을 위한 계획적 개발과정, 또는 사업방식
을 의미하고 있다.

노후불량주택 건축물이 밀집된 지역을 대상으로 도로, 공원, 공용
주차장 등 기반시설을 효율적으로 설치하고 도시환경개선 및 주거
생활의 질을 향상시키기 위해「도시 및 주거환경정비법」에서 해당
사업을 구분한다.「도시 및 주거환경정비법」에서는 도시환경개선을
도시환경정비사업으로 수행되며, 주거생활의 질적 향상을 위해서는
재개발·재건축사업, 주거환경개선사업 등이 추진된다(<표 3-7>
참조). 이 중에서 본 책의 연구대상인 용산4구역 재개발사업은「도
시 및 주거환경정비법」상 도시환경정비사업으로 진행된다.

도시재개발사업[48]의 유형별 특징을 살펴보면 우선, 주거환경개선

사업의 경우는 기반시설이 매우 열악하며 노후불량건축물이 과도하게 밀집된 지역으로, 대부분 사업성이 현저히 낮아 주로 공공부문에서 수행한다. 이 사업에서는 도로 등 정비기반시설 설치비용을 중앙 또는 지방정부가 지원하게 된다. 반면, 현지개량방식의 경우는 지역 내 국공유지 무상양여 등의 방법으로 공공지원이 가능하다. 하지만 기반시설이 열악한 지역은 재개발사업으로 주거지정비를 수행하고, 상대적으로 기반시설이 양호한 경우는 재건축사업을 추진한다(<표 3-8> 참조).

〈표 3-8〉 도시재개발사업의 유형별 특징

구분	주거환경개선사업	주택재개발사업	주택재건축사업	도시환경정비사업
대상지역	저소득자 집단거주	단독주택 밀집	공동주택	상업·공업지역 등
시행자	-현지개량: 시장·군수, LH 등 *공공: 기반시설정비 *주민: 주택개량 -수용방식: 지자체장·LH 등	-조합(단독) -LH 등(단독): 토지면적 1/2 이상의 토지소유자와 2/3 이상의 토지등소유자 요구 시 등 -조합+지자체, LH 등, 건설업자 또는 등록사업자(공동)	-조합+지자체 또는 LH 등 (공동)	-조합 또는 토지 등 소유자(단독) -조합+지자체, LH 등 또는 건설업자 (공동)
공급대상	-토지등소유자 -세입자: 임대주택 -잔여분: 일반주택		-조합원(건물 및 부속 토지) -잔여분: 일반분양	-토지등소유자
미동의자 토지	-수용(시행인가 이후)		-매도청구 (조합설립 이후)	-수용(시행인가 이후)

자료: 국토해양부(2011a) 재구성.

---

48) 도시재개발사업은 2002년에 제정된 「도시 및 주거환경정비법」에 규정된 주거환경개선사업, 주택재개발·재건축사업, 도시환경정비사업 등을 통칭한다. 「도시 및 주거환경정비법」은 도심재개발과 공장재개발을 대상으로 상업 및 공업지역을 정비하는 도시환경정비사업과 주거지역을 대상으로 하는 주거환경개선사업, 주택재개발·재건축사업으로 구분된다.

도심 내 상업·공업지역의 재개발사업을 통해 도시환경개선을 도모하는 도시환경정비사업을 제외하면, 주거환경개선사업, 재개발사업 및 재건축사업의 구분기준은 기반시설의 열악함과 노후불량건축물 밀집정도이다. 기반시설이 극히 열악한 경우와 열악한 경우의 비교, 그리고 노후불량건축물이 과도하게 밀집된 경우와 밀집한 경우의 비교가 쉽지 않다. 이처럼 객관적인 비교가 어려움에도 불구하고 주거환경개선사업과 재개발·재건축사업의 공공부문의 지원에서 차이가 상당하다. 따라서 개념적으로 모호한 사업기준으로 공공부문에서 지원하기보다 공익적 성격에 따라 지원하는 것이 필요하다고 보인다. 즉, 저소득층 주거안정을 위한 소규모 주택공급이나 분양가 및 임대료 결정, 그리고 소외계층에 대한 고려 및 원주민 재정착을 위한 주택공급 등의 경우 집행되는 공공부문에서의 지원이 필요할 것이라 사료된다.

이상에서 살펴본, 「도시 및 주거환경정비법」에 의한 도시재개발사업에서의 유형별 사업시행주체는 다음과 같다(<표 3-9> 참조). 일반적으로 토지등소유자는 토지 또는 부속토지의 소유자를 의미하나, 도시환경정비사업의 토지등소유자는 토지소유자, 건축물소유자, 지상권자를 포함하는 것이 특징이다.

〈표 3-9〉 도시재개발사업의 시행주체

구분	주택재건축사업	주택재개발사업	주거환경개선사업	도시환경정비사업
시행 주체	-조합 -조합+지자체+주공 (조합원 1/2 이상 동의)	-조합 -조합+지자체+주공 -조합+건설업자 (조합원 1/2 이상 동의)	-지자체, 주택공사 -토지등소유자 (현지개량사업)	-조합 -토지등소유자 -조합+건설업자 (조합원 1/2 이상 동의)
조합원	-토지등소유자 (조합설립에 동의한 토지등소유자)	-토지등소유자(조합설립에 동의하지 않은 토지등소유자도 강제적으로 조합원에 편입) -토지 또는 건축물의 소유권과 지상권이 공유하는 경우에는 그 수인을 대표하는 1인만을 조합원으로 봄.		

2) '용산참사' 이후의 제도변화

'용산참사' 이후 도시재개발사업 관련제도의 변화는 현행법상 가장 직접적인 「도시 및 주거환경정비법」과 주거·상가세입자의 보상과 관련된 「공익사업을 위한 토지 등의 취득 및 보상에 관한 법률(이하 공익사업보상법)」을 통해 살펴볼 수 있다. 특히, 「도시 및 주거환경정비법」은 2009년 2월에 발생된 '용산사태'를 기점으로 다각적인 변화가 이루어졌다. 여기서는 '용산참사' 이후 개정된 「도시 및 주거환경정비법」과 「공익사업보상법」을 중심으로 '용산참사' 이후의 제도적인 변화를 중심으로 살펴보았다.

'용산참사'는 우리나라 재개발사업의 갈등과 문제점을 구체적으로 보여 준 사건이라 할 수 있다. 왜냐하면, '용산참사'는 재개발사업의 개발이익 발생, 도시 서민들의 주거권과 생존권에 대한 대비책 부족, 그리고 이로 인한 주거·상가세입자들의 극심한 갈등을 비롯해, 지난 30여 년간 재개발사업에서 보여져 온 문제점들이 종합적으로 드러나는 사건이었기 때문이다. 이러한 '용산참사'는 재개발지역의 이해관계자들[49]은 물론, 여·야의 정치권에서도 그 심각성을 인지하고 긴급대책을 마련할 만큼 사회적으로 부각되었던 커다란 사건이었다.

'용산참사'가 발생 이후에 그 사건의 발생요인이 정부의 성급한 경찰투입이라는 국민들의 여론이 커지면서, 정부는 2009년 2월 10일 긴급 국무회의를 통해 '용산철거민 참사 후속대책'이라는 이름으로 '용산5법'을 제시한다. 그리고 이러한 '용산5법'을 기반으로 2009년 4월 22일과 5월 27일 「도시 및 주거환경정비법」이 일부 개정되었으며, 주요 내용은 다음과 같다(<표 3-10> 참조).

〈표 3-10〉 '용산참사' 이후의 제도개선 내용

용산5법	제도개선 내용
세입자에게 상가 우선분양권 부여: 서울시 조례 제21조	●조합원에게 분양하고 남은 상가에 대해 상가세입자에게 우선분양(법 개정)
휴업손실보상비 조정: 「도시 및 주거환경정비법」 제9조의2	●휴업보상비 3개월에서 4개월
분쟁조정위원회 설치: 「도시 및 주거환경정비법」 제77조의2	●조정신청 시 60일(30일 연장 가능) 내 조정안 마련, 당사자는 15일 내 수락 여부 통보(법 개정)
순환개발방식도입: 「도시 및 주거환경정비법」 제35조	●사업시행자가 소유자 또는 세입자의 이주대책 수립 의무화(법 개정) ●주택공사 등은 보유한 공공임대주택을 순환용주택으로 우선 공급해야 함(법 개정).
조합운영의 투명성: 「도시 및 주거환경정비법」 제77조의4	●관리처분계획수립 및 변경 총회 시 조합원 총수의 과반수 이상 찬성으로 의결(법 개정) ●조합원 직접 출석 비율의 법제화: 총회 시 조합원의 100분의 10 이상 직접 출석(법 개정) ●토지등소유자 또는 세입자에게 자료 공개(법 개정)
세입자보상에 대한 건물주의 책임강화: 「도시 및 주거환경정비법」 제48조	●조합원의 토지 또는 건축물의 가격산정 시 세입자로 인하여 손실보상이 필요한 경우 조합원이 둔 세입자 손실보상액을 제외한 종전의 토지 또는 건축물 가격으로 산정함.

---

49) 재개발조합, 토지등소유자(조합원), 주거 및 상가세입자, 정비업체, 건설업자, 중앙 및 중앙정부, 경찰 등이 해당된다.

첫째, 조합원에게 분양 뒤 남은 상가에 대해서 세입자들에게 우선 분양권의 부여와 휴업 보상비를 3개월에서 4개월로 조정하였다. 「도시 및 주거환경정비법」 제9조의2(손실보상 등) 제1항에 따르면, 영 제44조의2 제2항에 의거하여, 재개발사업으로 인한 영업의 휴업 손실 등을 평가하는 경우「공익사업보상법 시행규칙」 제47조 제1항에 따른다. 즉, 휴업기간은 같은 규칙 제47조 제2항 본문에도 불구하고 4개월 이내로 한다.

둘째, 재개발과정에서의 분쟁조정을 위해서 '분쟁조정위원회'를 설치하도록 한다. 「도시 및 주거환경정비법」 제77조의2(도시분쟁조정위원회의 구성) 제1항에 따르면, 재개발사업의 시행으로 인하여 발생된 분쟁의 조정을 위하여 정비구역이 지정된 시·군·구(자치구)에 '분쟁조정위원회'를 둔다.

셋째, 순환개발방식을 추진하도록 한다. 「도시 및 주거환경정비법」 제35조(순환정비방식의 정비사업) 제3항에 따르면, 순환용주택에 거주하는 자가 재개발사업이 완료된 후에도 순환용주택에 계속 거주하기를 희망하면, 대통령령으로 정하는 바에 따라 이를 분양하거나 계속 임대할 수 있다.

넷째, 재개발조합운영의 투명성 강화를 위해 '공공관리제'를 시행한다. 「도시 및 주거환경정비법」 제77조의4(정비사업의 공공관리) 제1항에 따르면, 시장·군수는 재개발사업의 투명성 강화 및 효율성 제고를 위하여 시·도조례로 정하는 재개발사업의 시행과정을 지원하거나, 대통령령으로 정하는 기관에서 공공관리를 위탁할 수 있다.

다섯째, 세입자보상에 대한 건물주의 책임을 강화한다. 「도시 및 주거환경정비법」 제48조(관리처분계획의 인가 등) 제5항 제2호에 따른다. 즉, 제1항 제4호에 따라 조합원의 종전의 토지 또는 건축물의 가격산정 시 조합원이 둔 세입자로 인하여 손실보상이 필요한 경우 조합의 정관으로 정하는 바에 따라 해당 조합원이 둔 세입자에 대한 손실보상액을 뺀 나머지 가격을 종전의 토지 또는 건축물가격으로 산정한다.

이상과 같이, 정부는 '용산참사'의 경험을 통해 이해당사자 간의 갈등해소를 위한 대비책으로 '용산5법'을 제시하게 되었다.

2. 2020 서울도시기본계획

상위기본계획인 '2020 서울도시기본계획'은 본격적인 세계화시대를 맞이하여, 국제도시라는 서울의 위상을 제고하기 위해 전략거점 기반구축이라는 미래상을 선정하고 있다. 이에, 서울시는 '2020 서울도시기본계획'에서 중심지체계를 1도심, 5부도심, 11지역중심, 그리고 53지구 중심으로 구성하였다. 그중에서 용산지역은 공간구조상 청량리·왕십리, 상암·수색, 영등포, 영동지역과 함께 5부도심의 위계를 차지하고 있다. 5부도심은 서울시 도심과 4개의 대생활권으로 구분할 경우 중심인 핵에 해당하며, 서울대도시권의 도심의존도를 완화하고 다핵분산형 공간구조개편을 위해 서울대도시권의 중심지 역할을 수행하는 지역이다.

또한, 부도심은 국제화 및 정보화에 부응하여 국제업무기능, 고차 서비스기능 등 도심기능의 일부를 분담하고, 고용 중심지로의 역할 강화 및 수도권 유입의 교통량에 대한 흡수역할을 하도록 하였다. 부도심대상지는 대생활권 중심역할과 대중교통의 결절지점을 고려하여 도심권은 용산, 동북생활권은 청량리·왕십리, 동남생활권은 영동, 서북생활권은 상암·수색, 서남생활권은 영등포로 지정하였다. 이러한 '2020 서울도시기본계획'의 주요 내용은 다음과 같다 (<표 3-11> 참조).

〈표 3-11〉 2020 서울도시기본계획의 주요 내용

공간구조 재편	주요 내용
도심의 3핵을 연결하는 중심축상의 전략요충지	•도심, 영동, 여의도의 3핵을 연결하는 중심축 상 전략요충지 •고속전철의 중앙역사가 입지하여 서울역, 인천국제공항과 직결되는 지역임.
국제첨단정보업무기능을 확충한 도심기능 보완	•용산역사는 서울역과 인접하여 도심기능과 연계된 서울의 국제경쟁력강화를 위한 거점역할을 수행함. •국제첨단정보업무기능을 확충해 도심의 기능을 상호 보완함.
국제업무기능 중심의 쾌적한 부도심	•용산부도심은 용산공원 및 한강의 자연요소와 연계된 국제업무기능 중심의 쾌적한 부도심으로 조성 •회의·호텔·상업·문화 및 주거기능 등 복합개발을 유도함.
생태녹지축을 고려한 도심의 공원녹지 기능	•북한산, 남산, 용산, 한강, 관악산 등의 생태녹지축 형성 •도심의 공원녹지 기능을 설정하도록 장기종합계획을 수립하여 관리함.

자료: 서울시(2006: 105-106) 재구성.

3. 2020 도시·주거환경정비기본계획

서울시 도시 및 주거환경정비사업의 가이드라인이라 할 수 있는 '2020 도시·주거환경정비기본계획'은 정비구역 또는 정비예정구역이라는 체계와 구역지정이 가능한 공간계획적인 개념을 유지하도록 하고 있다. 용산재개발사업이 해당되는 도시환경정비사업은 도시기본계획에서 의미하는 중심지체계의 도시공간구조 실현을 위해 업무·상업 공간 등을 확보하기 위한 재개발수단이다. 따라서 1970년대 이후 도시환경정비사업은 도심·마포·부도심(청량리, 영등포, 용산)과 중심지체계에 해당되는 뉴타운과 균형발전촉진지구 등에 적용되고 있다. 그리고 용산지역에서는 2003년 용산공원 남측 구역이 처음으로 지정되며, 그 이후 2006년 용산역 전면구역과 국제빌딩주변구역이 추가적인 도시환경정비사업구역으로 지정되었다.

그리고 용산지역은 2009년 말 현재, 총 9개 사업구역 중 용산공원 남측구역 1개소의 사업이 완료되었고, 4개 지구에서 사업이 진행 중이며, 나머지 4개 지구는 미시행 상태이다. '2020 서울도시기본계획'에서는 신규로 지정된 정비예정구역의 부문별계획을 제시하고 있으며, 세부계획내용은 해당지역의 '지구단위계획'(용산 지구단위계획)에 따라 운용토록 하고 있다. 그리고 '2020 도시·주거환경정비기본계획'에서는 용산구에서 도시환경정비사업이 필요하다고 요청한 지역들을 검토하여, 다음의 4개소(12ha)를 신규정비예정구역으로 지정하였다(<표 3-12> 참조).

또한, 용산4구역에 적용되는 재개발정비수법은 2005년 기본계획에서 정한 정비수법에 의거하며, 기존의 철거/수복재개발 가능지역

〈표 3-12〉 용산지역 신규정비예정구역

확대지역	면적(ha)	지정사유
신용산역 북측 지역, 용산 소방서 남측 지역	5.5	노후건물 및 과소필지 밀집지역을 정비하여 부도심의 기능 활성화
빗물펌프장 주변지역	2.6	용산국제업무지구 주변지역으로, 진입로의 확보 및 연계개발 필요
삼각지역 남측 일부지역	3.3	기존 정비예정구역인 정쟁기념관 전면 구역의 공원화 조성에 따른 연계개발의 필요성
태평양부지 주변지역	0.5	태평양부지 및 주변지역의 미개설도로 확보차원

자료: 서울시(2010b: 114).

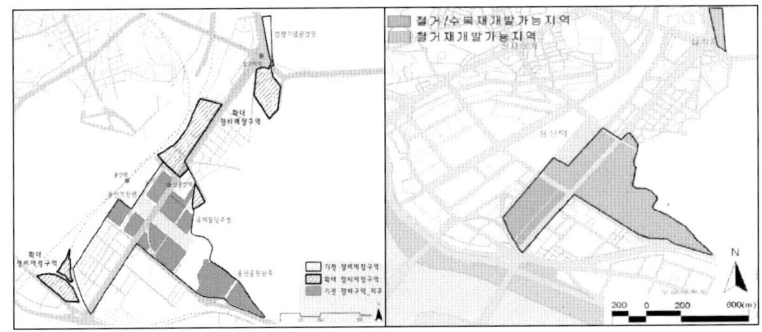

〈그림 3-3〉 용산지역 정비예정구역 및 정비수법

을 철거형 정비가능지역으로 변경하였다. 또한, '2020 서울도시기본
계획'에서는 신규로 지정한 정비예정구역을 '용산지구단위계획'의
규정에 따라, 블록별 정비사업이 가능하도록 철거형 정비사업을 적
용하였다(<그림 3-3> 참조).

제4절 소결

본 장에서는 용산4구역 재개발사업의 환경을 분석하였다. 우선,
정책네트워크 관점에서의 갈등구조를 분석하기에 앞서 갈등구조에
영향을 미치는 외적 변수인 대내적 환경을 살펴보고자 하였다. 여기
서는 재개발사업의 갈등구조에 영향을 미치는 외적 변화로, 제도적
환경, 주민참여의 확대, 정치적 환경을 상위구조(system)로 보았으며,
그 내용을 요약하면 다음과 같다.

첫째, 제도적 환경변화이다. 도시재개발과 관련된 제도는 사업추

진에 직접적인 영향을 미치며, 용산4구역 재개발사업 갈등형성의 직접적인 원인으로 작용한다고 할 수 있다. 따라서 도시재개발 관련제도적 변화는 용산4구역 재개발사업 이해당사자 간의 개별갈등에 영향을 미치는 환경요인으로써 살펴보았다.

둘째, 주민참여의 확대이다. 즉, 도시개발 및 도시재개발 패러다임 변화의 하나로 주민참여를 들 수 있다. 이것은 다양한 의견과 여론을 형성함으로써 복잡한 현대사회의 갈등구조로 나타난다. 따라서 용산4구역 재개발사업 갈등구조를 알아보기 위해서는 주민참여의 확대라는 환경요인을 살펴보았다.

마지막으로, 정치적 환경변화이다. 즉, 정권교체에 따른 정치적 환경변화는 그 이전 정부와는 다른 정책기조를 강조하거나, 이전 정부가 추구하던 문제해결방식을 변화하기도 한다. 따라서 정치적 환경변화는 도시재개발과 관련된 정책변화뿐만 아니라 제도적인 변화와 갈등의 시각도 변화시킨다. 이렇게 용산4구역 갈등구조에서 정치적 환경 분석의 결과는 매우 중요하다 할 것이다.

용산4구역 재개발사업은 2003년 말 용산구청의 공람·공고를 통해서 시작되었다. 서울시는 2006년 4월 국제빌딩주변지역인 용산4구역을 재개발사업으로 시행하도록 공동위원회의 심의를 거쳐 결정하였다. 이러한 배경에서, 용산4구역 재개발사업은 도시환경정비사업 지구로 지정되어 도시환경의 개선 및 토지의 효율적인 이용을 목적으로 추진되었다. 또한, 2007년 2월에 용산4구역 건축허가 심의의결이 되었으며, 그에 따라 2007년 5월 용산구청으로부터 사업시행인가를 허가받으면서, 본격적인 재개발사업을 추진하게 되었다.

2007년 6월에는 용산4구역 사업에 관한 분양공고 및 시공자가 선정되었으며, 2008년 5월 관리처분계획인가를 용산구청으로부터 승인받는다. 그리고 2008년 7월부터 용산4구역에 거주하는 주민을 대상으로 이주 및 철거를 시작하였다. 그런데 그 과정에서 재개발조합과 이주민 간의 극심한 갈등으로 2009년 1월 철거민 40여 명이 저항하게 되고, 그 과정에서 결국에는 '용산참사'가 발생된다. 그 배경에는 보상에 동의하지 않던 상가세입자와 사업시행자인 재개발조합간 보상과 관련된 이견차이로 갈등이 형성되었다.

용산4구역 재개발사업 관련제도를 살펴본 결과, 용산4구역은 「도시 및 주거환경정비법」뿐만 아니라 그 밖의 상위계획과 관련법규를 준용한다. 특히, 이러한 재개발사업 관련제도 중에서도 사업성에 영향을 미치는 용적률, 토지이용계획, 건폐율, 건물높이 등의 관련법규에 대한 검토는 중요한 사안에 해당된다. 따라서 도시환경정비사업 추진 시 적용받는 관련법규를 중심으로 살펴보면 다음과 같다.

우선, 도시환경정비사업의 용적률은 국토계획법에서 지자체 조례로 위임하고 있어, 서울특별시 '도시계획조례'에 의한 규제받는다. 서울시 '도시주거환경정비기본계획'에서 규정하는 용적률 계획은 서울시 '도시계획조례'에서 정하는 용도지역별 용적률을 적용하되, 세부지역별 용적률은 지구단위계획을 따르도록 한다. 따라서 서울시 '도시계획조례'에서 정하는 일반상업지역의 기준용적률은 800%로 하고, 그 세부 용적률은 지구단위계획에 따르도록 한다.

용산4구역의 건폐율과 건물높이와 관련해서도 서울시 '도시주거환경정비기본계획'에서 규정하고 있다. 용산4구역 재개발사업의 건폐율계획은 서울시 '도시계획조례'에서 정하는 바에 따라 60% 이하로 하고, 그 범위 내에서 지구단위계획을 따르도록 한다. 그리고 마지막으로 건물높이 규정은 용산 부도심의 전략적 개발에 필요한 높이의 고층화를 허용하되, 사업지구별 건물높이는 '지구단위계획'에서 규정하고 있다.

도심부의 토지이용을 계획적으로 하기 위해 지역별로 구분하여 토지이용을 위한 유도방향을 설정하고, 지역별 주 용도를 지정하고 있다. 서울시 '도시주거환경정비기본계획'에서 규정하고 있는 용산4구역 재개발사업의 토지이용계획은 지구단위계획에서 정하는 토지용도를 적용하여 준용한다. 즉, 용산 지구단위계획에서 규정하고 있는 용산재개발 사업구역의 용도는 업무, 근린생활, 공동주택, 복합용도, 판매시설 등으로 되어 있다.

제4장

정책네트워크 관점에서의
갈등구조 분석

제1절 주요 행위자

1. 주요 행위자 구성 및 역할

용산4구역 재개발사업의 주요 행위자는 크게 재개발조합, 상가세입자, 지방정부, 협력업체, 경찰, 시민단체, 중앙정부, 사법부 등으로 구분된다. 재개발조합[50]은 조합집행부와 재개발조합원으로 구성되며, 재개발조합이 구성되기 이전에는 조합설립추진위원회(이하 추진위원회)의 형태로 존재한다. 그리고 상가세입자는 재개발조합의 보상에 합의하지 않는 세입자를 중심으로 구성된 세입자대책위원회(이하 세입자대책위)와 철거민대책위원회(이하 철거민대책위) 등을 포함한 상가세입자가 해당된다.

한편, 지방정부는 서울시와 용산구청이 해당되며, 협력업체는 시

---

50) '재개발조합'은 재개발지역의 주민들이 대표를 선임하여 구성되며, 시행사의 역할을 대신하고 조합설립 이전의 준비단계에서 '조합설립추진위원회'라 명명하고 있다. 조합설립추진위원회는 전체조합원(토지 및 건물 소유자와 그 지상권자)의 과반수의 동의로 구성되며, 재개발조합의 설립은 전체 조합원의 4분의 3의 동의로 인허가를 받게 된다.

공자를 비롯하여 정비업자[51], 철거업자, 건축설계자, 감정평가업자, 변호사, 법무사 등이 포함된다. 경찰은 용산경찰과 서울지방경찰청 등이, 그리고 시민단체는 전철연[52], 범대위, 종교단체 등이 해당된다. 중앙정부는 국토해양부, 국무총리, 국회 등이 있으며, 마지막으로 사법부는 법원과 검찰 등으로 구성된다.

이상과 같이 다양한 이해당사자가 직·간접적으로 관여하는 용산4구역 재개발사업의 주요 행위자들은 각기 개별적이고 독립적인 것이 아니라, 상호 연관성을 가진다. 왜냐하면, 재개발조합, 상가세입자, 지방정부, 협력업체 등의 공식적 행위자간에는 밀접하든 아니든 협력 또는 갈등적 관계를 형성하기 때문이다. 용산4구역 재개발사업은 다양한 참여주체 간의 이해관계가 복잡하게 얽혀 있다. 따라서 서로 간의 입장 또는 그들의 추구목표가 첨예하게 달라서 재개발과정에서 발생하는 갈등해결이 쉽지 않다. 더욱이, 사업진행이 일정에 맞추어 협상이 순조롭지 않을 경우, 행위자 간의 갈등은 더욱 고조된다.

본 책에서는 도시재개발사업 갈등과정의 정책네트워크 분석을 위한 주요 행위자를 직·간접적 행위자로 구분하였는데, 그 구성은 다음과 같다(<표 4-1> 참조).

---

51) '정비업자'는 재개발사업 진행과정에서 필수적인 각종 사업인허가 신청과 사업진행을 담당하는 컨설팅 회사를 말하며, 재개발사업의 핵심주체로서 전반적인 사업진행을 대행하는 업체이다. 정비업자의 규정은 「도시 및 주거환경정비법」 제69조 제1항에서 정의하며, 대통령령에 따른 자본, 기술인력 등의 기준으로 시·도지사에게 등록한다.

52) '전철연'은 1994년 6월 19일자로 전국철거민연합회 창립선언문을 발표하면서 전국 철거민과 도시빈민을 대변하는 활동을 하는 단체이다. 이 단체는 전국 각지에서 지부를 두고 재개발 철거지역마다 적극적으로 개입하여 철거농성을 하고 있다. 그리고 2009년 현재, 서울과 경기·인천, 대전 등 전국의 70여 개 지역에 지부를 두어 운영하고 있다. 이들 단체는 재개발 철거민들의 권익을 높이기 위해 재개발지역 회원들이 서로 투쟁을 지원한다는 것이 그들의 주장이다. 이들은 2008년 9월 용산4구역 재개발사업의 인접구역인 용산5구역 재개발사업에도 참여하여 점거농성을 하기도 한다.

<표 4-1> 용산4구역 주요 행위자의 구성

구 분	주요 행위자	세부행위자
직접적 행위자	재개발조합	조합집행부, 재개발조합원 등
	상가세입자	세입자대책위, 철거민대책위 등
	협력업체	시공자, 정비업자, 철거업자, 건축설계자, 감정평가업자 등
	지방정부	서울시, 용산구청 등
간접적 행위자	경찰	서울지방경찰청, 용산경찰 등
	시민단체	전철연, 범대위, 종교단체 등
	중앙정부	국무총리, 국토해양부, 국회 등
	사법부	법원, 검찰 등

1) 직접적인 행위자

(1) 재개발조합

재개발조합은 용산4구역 재개발사업을 추진하기 위해 대상지 내 토지 및 주택 등을 소유하는 지주들로 결성되며, 재개발조합에서 해당지역의 거주자나 세입자 등의 관리처분계획을 수립, 집행한다. 그리고 용산4구역 재개발사업의 정비업자나 시공자를 선정하는 주체이며, 재개발사업을 직접적으로 추진하는 주도적인 역할을 수행하는 주요 행위자이다. 그리고 상가세입자에 대한 이주비와 영업보상비를 두고 첨예한 갈등관계를 형성하면서 '용산참사'의 직접적인 이해당사자로서, 재개발조합은 용산4구역의 시행자에 해당한다.

재개발조합은 무엇보다 재개발사업을 주도하는 핵심적인 주요 행위자이며, 「도시 및 주거환경정비법」 제8조[53])에 근거하여, 재개발조합이 시행자인 조합방식으로 추진된다. 용산4구역 재개발사업 역시

---

53) '도시환경정비사업'은 조합 또는 토지등소유자가 시행하거나, 조합 또는 토지등소유자가 재개발조합원 또는 토지등소유자의 과반수의 동의를 얻어 시장·군수, 주택공사 등이 「한국토지공사법」에 의한 한국토지주택공사, 건설업자, 등록사업자 또는 대통령령이 정하는 요건을 갖춘 자와 공동으로 이를 시행하게 된다(2005. 3. 18. 개정).

조합방식으로 추진되며, 서울시의 '사업구역 결정고시' 이후 토지등소유자는 사업진행을 위해 과반수 이상의 동의를 얻어 추진위원회를 결성하게 된다. 그리고 토지등소유자의 4분의 3의 동의를 얻어 구청장에게 조합설립인가를 신청함으로써 재개발조합이 결성된다. 이렇게 구성된 재개발조합을 중심으로 재개발사업이 진행되며, 인허가 절차를 비롯한 각종 중요한 의사결정을 한다. 게다가, 재개발조합은 정비업자와 시공자의 선정권한을 가지며, 상가세입자에게는 실질적인 보상을 결정하는 주체가 된다.

재개발조합은 용산4구역 재개발사업에서 주도적인 역할을 수행하고 있으며, 추진위원회는 재개발구역 내 토지등소유자들로 구성된다. 추진위원회는 재개발조합을 구성하기 이전단계에서, 도시재개발사업의 본격적인 사업추진을 위해 정비업자 선정, 조합설립 준비작업 등의 업무를 수행한다.

조합집행부는 재개발조합을 대표하는 핵심주체로서, 재개발조합의 의사결정, 업무집행 및 관리감독 업무를 수행한다. 조합집행부 중에서 조합장은 재개발조합을 대표하고 행정업무를 총괄하며, 조합원총회[54]와 대의원회의 의장이 된다. 조합이사는 조합의 정관에 따라 조합장을 보좌하고 이사회에 부결된 사항을 심의·의결하며, 재개발조합의 사무를 분장하게 된다. 이처럼, 재개발조합의 의사결정권은 조합장을 비롯한 조합임원에게 집중되어 있다. 따라서 사업추진 시 조합임원과 재개발조합원 간에 의견 불일치나 차이로 갈등이 발생될 소지가 있다.

---

54) 조합원총회는 조합원으로 구성되는 조합의 최고의사결정 기관이며, 총회는 일반적으로 창립총회, 정기총회, 임시총회로 구분하여 시행된다(국토해양부, 2010a: 126).

한편, 재개발조합원은 토지등소유자로 구성되는데, 주택재개발사업의 경우 사업에 동의하지 않더라도 재개발조합원에 강제가입된다. 사업추진과정에서 재개발조합원들의 역할은 추진위원회 및 조합설립, 사업시행인가신청, 관리처분계획인가 동의권 등을 행사하며, 각종 총회에서 발언권 및 의결권을 통해 의사결정과정에 참여하게 된다. 그리고 무엇보다 토지 또는 건축물의 재산권을 재개발조합에서 출자형식으로 사업비를 조달하는 역할을 수행한다.

(2) 상가세입자

상가세입자는 용산4구역 재개발사업이 추진되면서 직접적으로 보상을 받는 당사자로서 주요 행위자에 해당된다. 즉, 도시재개발사업에서 재개발조합원의 주거안정뿐만 아니라, 상가세입자들에 대한 이주대책이 현안과제로 등장하게 되었다. 따라서 보상을 받는 상가세입자와 보상을 해 주는 재개발조합은 적격세입자[55] 선정기준과 보상수준에 관심을 가지게 된다. 특히, 일정기간 이상 상가에서 영업행위를 지속해 온 상인들에게 영업보상비와 이주비 등을 놓고 요구조건들이 관철되지 않음에 따라 상가세입자를 중심으로 점거농성하기에 이른다. 이렇게 상가세입자는 용산4구역 재개발사업의 추진과정에서 갈등발생과 그로 인한 '용산참사'의 직접적인 행위자라 할 수 있다. 즉, 상가세입자는 재개발조합과 경찰 사이에서 극명한 갈

---

55) 「서울특별시 도시 및 주거환경정비조례」 제35조 제1항 제1호: 해당 정비구역 안에서 거주하는 세입자로서 세대별 주민등록표에 등재된 날을 기준으로 정비구역의 지정을 위한 공람공고일(사업시행방식 전환의 경우에는 전환을 위한 공람, 공고일을 말한다), 3개월 이전부터 사업시행인가로 인하여 이주하는 날까지 계속하여 거주하고 있는 무주택 세대주가 해당된다. 다만 무허가건축물에 거주하는 세입자는 제외한다(개정, 2009.7.30).

등관계를 형성하는 갈등의 직접적인 당사자이다.

상가세입자는 보상수준과 관련하여 재개발조합을 상대로 영업보상비와 이주비지급 등에 대해 갈등의 초반에는 개별적인 이해당사자의 입장을 취하였다. 하지만, 2007년 11월 상가세입자를 중심으로 '세입자대책위'가 결성되고 2008년 2월 전철연에 가입하면서, 집단적으로 갈등으로 확대된다. 게다가, 2008년 4월 남성세입자를 중심으로 '철거민대책위'가 구성되면서 재개발조합에 대하여 조직적이고 물리적인 대응을 하기에 이른다. '철거민대책위'는 이렇게 상가세입자에 대한 입장을 대변하는 역할을 수행하였다.

(3) 협력업체

용산4구역에서 재개발조합과 함께 재개발사업을 실질적으로 추진하는 협력업체는 시공자, 정비업자, 철거업자, 건축설계자, 감정평가업자, 변호사, 법무사 등 다양하다. 이들은 해당분야의 전문지식과 자금력을 동원하여 재개발조합 또는 토지주택공사 등과 함께 업무계약을 체결하기 때문에 용산4구역 재개발사업의 직접적인 행위자이다.

우선, 정비업자는 재개발조합의 비전문성을 보완하고 효율적인 업무추진을 위해 재개발조합업무의 일부를 위탁받거나 자문할 수 있도록 시·도지사에게 등록받는 사업자이다. 따라서 정비업자는 용산4구역 조합설립 이전부터 재개발사업에 관여하며, 조합설립인가를 위한 행정업무 등을 사업초반부터 수행한다. 정비업자의 도입배경은 「도시 및 주거환경정비법」의 제정으로 시공자의 역할이 공사수급자 역할로 축소되면서, 재개발조합의 업무지원을 위한 것이다[56]. 이들은 재개발조합의 설립 및 재개발사업의 동의 업무대행, 사업성 검토 및 사업시행계획서 작성, 시공자 선정, 관리처분계획수립업무 등을 대행하게 된다. 이렇게 정비업자는 재개발조합의 전문성을 강화하고 효율적인 사업시행을 도모하고자 도입되었으나 재개발조합 역할의 대체능력 부족, 정비업자와 재개발조합의 유착비리 가능성, 정비업자 선정을 둘러싼 지역주민 간의 불신과 갈등이 나타나고 있다.

시공자는 재개발사업에 대한 경험과 자금력을 기반으로 정비업자와 함께 재개발조합의 자문, 초기운영자금, 세입자 이주비 등 중요한 역할을 맡게 된다. 시공자는 또한 단순히 공사도급계약에 따른 공사착공뿐만 아니라, 개발업자(developer), 금융대부업자(lender) 등의 역할까지도 맡는다. 이것은 도시재개발사업이 재개발조합과 시공자간의 공동사업이라는 성격 때문이다(이주원, 2010: 104). 이러한 시공자는 전문지식과 경험을 가지는 데 반해, 재개발조합은 도시재개발사업의 경험이 없는 주민들로 구성되므로 재개발사업의 실질적인 사업진행은 대부분 시공자가 중심이 된다.

건축설계자는 사업시행계획서의 실질적인 기안자로서 시공자만큼이나 중요한 역할을 가진다. 따라서 건축설계자 선정 및 변경은 조합원총회의 의결을 통해 이루어지고 있으며, 이 과정에서 재개발조합원간의 의견충돌이 발생하기도 한다. 이 밖에도 정비계획, 사업시행계획 등 각종 계획수립 및 인허가 업무를 지원하는 도시계획업자,

---

56) '정비업자'는 실질적으로 「도시 및 주거환경정비법」 제정 이전부터 자문위원, 컨설팅업자 등의 명칭으로 존재하였으나, 「도시 및 주거환경정비법」 제정 이후 정비업자라는 명칭으로 제도화된다.

관리처분계획수립을 위해 재개발조합원의 재산평가를 담당하는 감정평가업자가 있다. 게다가, 공사착공을 위해 기존 지장물의 철거를 담당하는 철거업자, 사업추진 시 각종 소송업무를 담당하는 변호사 등 다양한 협력업체들이 재개발사업에 참여한다.

(4) 지방정부

지방정부는 용산4구역 재개발사업과 관련하여 도심재개발사업의 구역설정과 재개발사업 지구지정 및 관리처분계획인가 등 재개발사업과 관계된 인·허가권을 가진 정부기관으로서, 용산4구역 재개발사업의 직접적인 행위자이다. 즉, 도시재개발사업과 관련된 인·허가권을 가진 실무부서인 서울시와 용산구청은 용산4구역 재개발사업에서 중요한 이해당사자에 해당된다. 지방정부 중 서울시는 전체적인 도심재개발구역의 설정과 지구지정에 대한 직접적인 권한을 가지며, 용산구청은 해당 재개발사업의 사업시행인가 및 관리처분계획인가의 직접적인 권한을 가진다는 점에서 서로 다른 입장을 보인다.

지방정부는 용산4구역 재개발사업의 갈등과 관련된 공식적인 이해당사자이며, 서울시는 재개발사업의 인·허가 및 사업추진에 대한 관리감독을 수행한다. 이와 함께 농성자의 사망사고가 발생한 이후에 사망자 관련 보상 문제 등과 관련하여 이해당사자 간의 소통의 장을 마련하기도 하였다. 게다가, 종교단체와 함께 '용산참사' 이후에 중재역할을 일부 수행하는 등 갈등해소를 위한 역할을 수행하였다. 지금까지 언급한 용산4구역 재개발사업의 직접적인 행위자들의 역할은 다음과 같다(<표 4-2> 참조).

<표 4-2> 용산4구역 재개발사업에서 직접적인 행위자의 역할

주요 행위자	세부행위자	역할
재개발조합	조합집행부	재개발조합의 의사결정, 업무집행 및 관리감독 업무수행
	재개발조합원	추진위원회 및 조합설립, 사업시행인가신청, 관리처분계획인가 동의권, 각종 총회에서 의사결정과정에 참여
상가세입자	세입자대책위	상가세입자 중심으로 결성되어 입장대변의 역할
	철거민대책위	재개발조합에 조직적, 직접적으로 대응하고자 결성됨.
협력업체	시공자, 정비업자, 철거업자	재개발조합의 자문, 초기운영자금, 세입자 이주비, 각종 인허가 및 서류작성 , 철거작업 등 역할수행
	건축설계자, 감정평가업자	사업시행계획서 작성, 재개발조합원의 재산평가, 소송업무 등을 담당하게 됨.
지방정부	서울시	도심재개발구역 설정과 지구지정 등의 권한을 가짐.
	용산구청	재개발사업시행인가, 관리처분계획인가 등을 허가함.

2) 간접적인 행위자

(1) 경찰

상가세입자를 중심으로 용산4구역 재개발구역 내에서 점거농성 중이던 농성자에 대한 진압작전이 수행되기 이전까지, 경찰은 용산4구역 재개발사업과 관련된 이해당사자로 볼 수 없다. 하지만, 농성자에 대한 경찰의 강제진압 과정에서 사망자가 발생하였고, 그로 인해 상가세입자를 중심으로 한 범대위가 구성되면서, 경찰은 간접적인 주요 행위자로 개입하게 되었다. 무엇보다 건물점거 농성자의 사망사고가 발생하면서, 용산4구역의 갈등은 재개발조합과 상가세입자 간의 갈등구도를 벗어나서 경찰과 범대위의 또 다른 갈등으로 전환되었다.

특히, 경찰은 사망사건의 진상규명과 책임소재를 두고 진행된 '사법적 판단'과정에서 유가족을 중심으로 한 범대위와 첨예한 입장의 차이를 보였다. 이러한 부분에서 용산4구역 재개발사업에서 '용산참사'가 발발한 이후에 경찰은 용산4구역 재개발사업갈등의 간접적인 행위자로 등장한 것이다. 즉, 경찰은 철거업자의 강제철거가 진행되면서 세입자들의 물리적인 저항을 진압하고자 개입하였으며, 용산4구역과 같이 세입자와의 분쟁결과에 대한 책임소재 등의 문제와 관련된 용산4구역 재개발사업의 간접적인 갈등주체이다.

(2) 시민단체

용산4구역 재개발사업에는 상가세입자, 재개발조합, 협력업체, 지방정부 등의 직접적인 이해당사자뿐만이 아니라, 다양한 시민단체들의 간접적인 참여가 이루어졌다. 이러한 간접적인 참여주체인 시민단체로는 전철연, 범대위, 종교단체 등이 있으며, 이들 시민단체들은 철거민대책위가 점거농성을 하는 데 직·간접적인 영향을 미치거나, '용산참사' 발생 이후에 개입하여 직접적인 행위자 간의 협상을 하는 데 직·간접적인 영향을 미치기도 하였다. 이러한 시민단체의 개입은 '용산참사' 이후에 또 다른 갈등을 유발하기도 하였으며, 때로는 사망자 원인규명과 책임소재를 분명히 함으로써 갈등해소를 위한 영향력을 행사하기도 하였다. 이러한 차원에서 시민단체는 용산4구역 재개발사업의 간접적인 행위자인 것이다.

시민단체 중 용산4구역의 전철연 개입은 상가세입자 점거농성에 중대한 영향을 미치는데, 2008년 2월 용산4구역 세입자대책위가 전철연에 가입하면서 전철연이 개입되기 시작하였다. 전철연의 한 관계자 인터뷰에 따르면 "전철연 회원들은 지역을 막론하고 재개발철거가 발생하면 뭉쳐서 함께 싸운다. 그리고 용산4구역 철거민들이 먼저 전철연에 함께 투쟁해 달라고 요청했다"[57]고 말하였다. 이처럼, 용산4구역 재개발사업은 전철연의 개입으로 상가세입자들로 구성된 철거민대책위의 극단적인 점거농성에 돌입하게 되었으며, 그 결과 경찰의 강제진압에 따른 '용산참사'로 이어졌다.

'용산참사' 이후 각 지역사회에서 100여개의 시민단체들이 모여서 범대위를 결성하게 된다. 즉, 점거농성자에 대한 경찰의 강제진압과 사망자발생 이후 농성자의 유가족을 추모하기 위한 시민단체들이 참여하면서, 범대위라는 조직을 결성하게된 것이다. 범대위는 경찰의 강제진압 과정에서 발생한 사망자 원인규명과 책임소재 및 책임자에 대한 처벌 등의 문제들을 놓고 중앙정부, 사법부, 경찰, 지방정부, 재개발조합 등과의 갈등관계에서 주도적인 역할을 수행하였다. 또한, 용산4구역 재개발사업의 사망자 유가족 및 상가세입자들의 입장을 대변하는 등의 역할도 수행하였다.

한편, 사망자 및 상가세입자 보상 문제를 타결하기 위한 종교단체의 개입이 있었으며, 따라서 종교단체인 천주교정의구현사제단, 한국교회봉사단, 한국기독교협의회 등을 간접적인 주요 행위자로 보았다. 종교단체는 범대위를 비롯한 각종 사회단체들과 더불어 보상 문제의 타결에 긍정적인 영향을 미치게 되었다. 즉, 종교단체를 중심으로 사망자 추모행사 진행, 사망자 및 부상자에 대한 장례비 및 치료비를 대납하겠다고 한국교회봉사단이 제안하였다. 이러한 종교단체들의 노력은 결국 사망자 및 상가세입자 보상 등의 갈등해결에 긍정적인 요인으로 작용하게 된 것이다.

---

57) 머니투데이, 2009.1.22., 2면.

(3) 중앙정부

'용산참사' 이후 용산4구역 재개발사업에 관여하게 된 중앙정부는 국무총리, 국토해양부, 국회 등이 해당된다. 우선, 국무총리는 범대위가 경찰의 강제진압에 대한 정부의 공식적인 사과요구, 재개발사업 추진방식의 개선 등과 관련하여 범정부차원의 종합대책을 제기하면서, 중앙정부를 대변하는 간접적인 이해관계자로 등장하게 되었다. 이에, 국무총리는 재개발사업에 대한 해결방안의 모색과 재개발 관련제도의 개선안을 마련하기 위해 노력하게 된다. 즉, 국무총리는 국토해양부, 서울시 등 중앙 및 지방정부의 부처 간 업무를 조정하는 등 중앙정부를 대표하는 역할을 수행하였다. 특히, '용산참사'의 갈등해소를 위한 전제조건으로 범대위가 요청하는 정부의 공식적인 사과와 관련하여, 2009년 10월 3일에 있었던 국무총리의 '용산참사' 유가족 분양소 방문과 2009년 12월 30일 국무총리의 유감표명 등의 내용이 '용산참사'의 갈등완화에 긍정적인 영향을 미치게 되었다.

국토해양부는 도심재개발사업과 연계하여, 용산4구역 재개발사업 지구지정, 사업추진방식, 재개발정책 등의 결정과 관련된 간접적인 행위자에 해당한다. 즉, 중앙정부의 주요 정책을 결정하는 중앙부처로서, 용산4구역 재개발사업 갈등의 간접적인 행위자인 것이다. 그리고 국회 역시, 갈등을 유발하게 된 재개발정책 및 사업추진방식과 관련하여 중앙정부에 개선안을 요구하며, 점거농성자 진입과정에서 발생한 사망자의 원인규명 및 관련자 처벌문제에 대하여 '특별검사제 도입'과 '국정조정권 발동' 등을 요구하게 되었다. 이것은 여·야의 정치권 갈등을 야기하는 등 재개발사업 추진방식이나 '용산참사'

문제를 정치적으로 쟁점화되도록 영향을 준 간접적인 행위자에 해당한다.

국토해양부의 재개발정책은 용산4구역 재개발사업 추진과 관련하여, 재개발사업 추진절차, 사업방식, 보상기준 및 지침 등의 역할을 한다는 점에서, 용산4구역 갈등의 간접적인 원인을 제공하고 있다. 또한 '용산참사' 이후 서울시, 용산구청 등과 함께 세입자에 관한 권리보호 등의 대책을 수립하는 역할을 수행하기도 하였다.

(4) 사법부

사법부에 해당하는 법원은 용산4구역 갈등의 직접적인 이해당사자라기보다는 점거농성 진압과정에서 사망사고가 발생한 이후 '용산참사'의 진상규명과 책임소재를 두고 검찰과 범대위의 첨예한 대립과정에서 '사법적 판단'을 통해 양자 간의 갈등을 조정하고 해소하는 간접적인 행위자이다. 이렇게 법원은 '사법적 판단' 과정을 통해 농성자의 사건경위에 대한 규명과 책임소재를 놓고 전개된 범대위와 경찰 간의 갈등을 해소하고 관리하는 역할을 수행하였다.

검찰 역시, 법원과 마찬가지로 '용산참사'의 진상규명과 책임소재를 두고 검찰과 범대위의 첨예한 대립과정에서 '사법적 판단'으로서 양자 간의 갈등을 조정·해소하는 등을 수행하는 간접적인 행위자이다. 이처럼 검찰은 점거농성에서의 사망사고를 두고 범대위와 경찰 간의 진상규명과 책임소재의 규명과정에서 발생된 갈등을 법적으로 중재, 해소하는 역할을 수행하였다. 이상의 용산4구역 재개발사업의 간접적인 행위자들의 역할은 다음과 같다(<표 4-3> 참조).

<표 4-3> 용산4구역 재개발사업에서 간접적인 행위자의 역할

주요 행위자	세부행위자	역 할
경찰	서울지방경찰청, 용산경찰	철거민농성자의 물리적인 저항을 진압함.
시민 단체	전철연	철거민대책위가 점거농성을 실행토록 직·간접적 지원
	범대위	'용산참사' 이후 사망자 원인규명과 책임소재 밝힘.
	종교단체	종교적 차원에서 유가족 위로 및 진실규명 요구
중앙 정부	국무총리, 국토해양부, 국회	재개발사업에 대한 문제점 및 해결방안 모색 등 제도적 개선방안을 위해 이해당사자로 등장
사법부	법원, 검찰 등	'용산참사' 이후 '사법적 판단'으로써 갈등조정, 해소

2. 주요 행위자 간 이해관계

여기서는 용산4구역 재개발사업의 주요 행위자의 구성을 기본으로 하여, 주요 행위자의 이해관계에 해당하는 그들 상호 간의 입장을 살펴보고자 한다. 주요 행위자 간 이해관계에 의한 입장 차이는 주요 행위자 간의 목적, 선호, 입장 등을 중심으로 분석 가능하다. 따라서 주요 행위자를 직접적인 행위자와 간접적인 행위자로 구분하여 주요 행위자 간 이해관계를 분석하고자 한다. 이를 통해 주요 행위자 간 어떠한 목적과 선호 및 입장 차이를 보이며, 서로 다른 주요 행위자 간에 어떠한 이해관계를 가지는지를 살펴보는 것이다. 용산4구역 재개발사업의 갈등과정을 둘러싼 주요 행위자는 직접적인 행위자와 간접적인 행위자로 구분할 수 있으며, 직접적 행위자는 재개발조합, 상가세입자, 협력업체, 지방정부 등이 해당된다. 그리고 간접적인 행위자로는 경찰, 시민단체, 중앙정부, 사법부 등이 포함된다.

1) 직접적인 행위자

(1) 재개발조합

용산4구역 재개발조합은 정비업자와 시공자 선정권한을 가지며, 세입자에게는 실질적인 보상정도를 결정하는 주체가 된다. 그리고 재개발조합의 궁극적인 목표는 신속한 재개발사업을 통한 개발이익의 극대화이다. 이것은 시공자, 정비업자, 철거업자들이 추구하는 목표와도 일맥상통한다. 이러한 목표달성을 위해 용산4구역 재개발조합은 세입자의 보상금액을 최소화하려고 노력하며, 적법한 법적 절차에 의거하여 신속한 사업추진을 선호하게 된다. 재개발조합은 사업추진과정에서 추진위원회, 비상대책위원회(이하 비대위)[58], 조합집행부, 재개발조합원 등으로 구분되며, 추진위원회나 조합집행부 의견에 동의하지 않는 비대위 및 재개발조합원간의 갈등을 유발하기도 한다. 그러나 무엇보다 재개발조합이 당면하는 재개발사업에서 갈등발생의 핵심은 재개발조합과 상가세입자 간의 보상 문제라 할 것이다.

(2) 상가세입자

용산4구역 상가세입자는 휴업보상비, 이사비용을 비롯해 상가권리금[59]의 보상이 그들의 주된 목적이다. 이러한 목적달성을 위해서

---

58) 재개발사업의 진행과정에서 조합의 결정에 동의하지 않는 재개발조합원들이 조합에 대항하기 위하여 비상대책위원회를 결성하고 있으며, 이들은 때로는 재개발조합과 극한 대립관계를 유지하면서 사업기간의 연장을 초래하기도 한다.

59) 상가권리금은 통상적으로 바닥권리금, 영업권리금, 시설권리금으로 구분된다. 바닥권리금은 입주예정인 아파트, 상가 등 신축건물이 들어서기 전 미래의 가치를 보고 책정되는 프리미엄으로서, 다른 권리금과는 다르게 건물 소유자가 요구하는 경우이다. 영업권리금은 점포를 운영함으로써 기대되는 수익금에 대한 가치로서, 보통 매장의 1년간 평균 순이익으로 산정한다. 시설권리금은 종전의 임차인이 투자한 시설비용으로, 매년 30%씩 감가상

상가세입자들은 집단행동을 선택하기도 하고, 때로는 재개발조합 또는 지방정부인 서울시, 용산구청과 대립하기도 한다. 이처럼 재개발사업 초기부터 상가세입자의 보상과 관련하여 상가세입자와 재개발조합 간에 갈등이 발생하게 된다.

특히, 영업행위를 지속해온 상인들에게 영업보상비와 이주비 등을 놓고 상가세입자의 요구조건이 관철되지 않음에 따라서 급기야는 상가세입자를 중심으로 점거농성하기에 이른다. 이렇게 상가세입자는 재개발조합과 경찰 사이에서 직접적이고 극명한 갈등관계구조를 형성하게 된다. 그들은 재개발조합의 보상수준과 관련하여 갈등형성의 초반에는 개별적인 이해당사자의 입장을 취하였다. 그러나 상가세입자 중심으로 결성된 '세입자대책위'와 전철연의 가입, 그리고 남성세입자를 중심으로 '철거민대책위'가 구성되면서, 상가세입자는 조직적이고 집단적인 점거농성의 주요 행위자로 그 입장이 변화된다.

(3) 협력업체

용산4구역 재개발사업에서 협력업체는 시공자, 정비업자, 철거업자, 건축설계자, 감정평가업자 등이 해당된다. 이러한 협력업체의 주요 행위자 간 이해관계를 살펴보면 우선, 시공자는 재개발조합과 함께 신속한 재개발사업을 통해 개발이익을 극대화하는 것을 그들의 목표로 한다. 이것은 시공자뿐만 아니라, 정비업자, 철거업자 등의 협력업체에게 모두 공통적인 사항이다. 이러한 공통적인 목표를 가진 대부분의 협력업체들은 그들의 목표달성을 위해 법적 규제 내에

각을 적용하고, 3년이 지난 시설집기류에 대해서는 시설권리금을 적용하지 않고 있다.

서 신속한 재개발사업의 추진을 선호하게 된다. 따라서 협력업체는 용산4구역 재개발사업의 신속한 사업추진에 대해서 커다란 제약으로 작용하는 상가세입자에 대해서 어느 주요 행위자보다도 갈등적이며 신속하게 해결해야만 하는 주체로 등장하게 되었다.

(4) 지방정부

용산4구역 재개발사업에서 서울시는 「도시·주거환경정비기본계획」에서 용산4구역을 정비예정구역으로 지정하며, 용산구청은 사업진행과 관련된 각종 인허가절차를 통해서 용산4구역 재개발사업에 직·간접적인 영향력을 행사한다. 즉, 용산구청은 재개발조합 또는 상가세입자와 직접적인 갈등은 발생되지 않지만 재개발조합에게 사업시행인가를 허가해 주고, 사업계획에 따라서 순조롭게 재개발사업을 진행하는 것을 추구하게 된다. 따라서 상가세입자와 재개발조합의 보상 문제로 사업추진 일정에 차질이 생기게 되면, 용산구청은 재개발조합과 간접적인 갈등이 형성된다. 그리고 상가세입자 또한 재개발조합과의 보상에 합의가 미진한 상태로 재개발사업이 진행되면 사업진행을 허가해 준 용산구청과 갈등이 발생된다.

지방정부는 용산4구역 재개발사업의 각종 인허가를 통해서 사업 시작부터 실질적으로 관여하게 된다. 따라서 지방정부는 사업계획 일정에 맞는 순조로운 사업진행을 그들의 목표로 두게 된다. 그리고 지방정부는 세입자보다 재개발조합과 더욱 긴밀한 관계를 유지하면서 신속한 사업진행을 선호하게 된다. 이것은 지방정부와 시공회사, 철거업체, 정비업자 등의 협력업체와 긴밀한 관계를 형성하는 원인으로 작용하였다. 지금까지 언급한 용산4구역 재개발사업에서의 직접적인 행위자들의 이해관계는 다음과 같다(<표 4-4> 참조).

〈표 4-4〉 용산4구역 재개발사업에서 직접적인 행위자의 이해관계

주요 행위자	이해관계(목표/선호/입장)
재개발조합	재개발조합은 신속한 재개발사업을 통해 개발이익을 극대화하는 것이 목표임. 따라서 상가세입자 보상금액을 최소화하고, 법적 절차에 따라 신속한 사업추진을 선호함.
상가세입자	휴업보상비, 이사비용을 비롯한 상가권리금과 대체영업장 등에 관한 충분한 보상을 목표로 함.
협력업체	재개발조합과 함께 협력업체는 상가세입자의 보상액을 최소화하고, 법적 절차에 따라 신속한 사업추진을 도모하는 것을 목표로 함.
지방정부	사업계획의 일정에 맞도록 순조로운 사업진행을 할 수 있도록 사업절차에 관한 인허가 등을 승인하는 것이 목표임.

2) 간접적인 행위자

(1) 경찰

용산4구역 재개발사업에서 경찰은 점거농성 중이던 철거민 농성자들이 주변지역의 지역주민에게 피해를 주지 못하도록 강제진압 또는 해산시키는 역할을 수행하게 된다. 즉, 그들의 목표는 철거민 농성자들의 물리적인 저항을 최소화하면서 신속하게 강제진압을 하는 것이다. 따라서 경찰은 강압적으로 철거민 농성자들을 진압하게 되고, 그 과정에서 철거민 농성자들의 강력한 저항과 부딪히게 된다. 그러나 경찰은 신속한 철거민 농성자 진압이라는 그들의 목표를 달성하기 위해서 물리적인 수단과 방법을 동원해서라도 농성진압을 강행한다는 입장이다.

(2) 시민단체

용산4구역 재개발사업에서 시민단체는 전철연, 범대위, 종교단체

등이 포함된다. 이러한 시민단체의 목표, 선호, 입장에 따른 행위자 간 이해관계는 다음과 같다. 우선, 전철연은 재개발구역 철거민들의 권익보호 차원에서 전철연 지역회원 서로 간의 투쟁을 지원하는 것을 목적으로 구성된 단체이다. 용산4구역 재개발사업에도 전철연이 개입되는데, 2008년 2월 용산4구역 세입자대책위가 전철연에 가입하면서 출발한다. 이렇게 시작된 전철연의 용산4구역 개입은 '용산참사'의 결과를 통해서 확인할 있는데, '용산참사'로 사망한 6명의 사망자 중 3명과 부상자 28명 중 21명이 용산4구역과 무관한 서울과 수도권 지역의 전철연 회원인 것으로 나타났다.[60] 전철연은 이렇게 재개발구역에서 집단적으로 철거시위에 동참하는 '연대투쟁'의 방식을 따르며, 그들의 목적달성을 위해 진압경찰과 물리적인 충돌도 불사한다는 입장을 표명한다.

'용산참사'로 인한 사망자가 발생 이후 철거민 농성자 유가족을 추모하기 위해 구성된 시민단체들이 범대위를 결성하게 된다. 범대위는 경찰의 강제진압 과정에서 발생한 사망자들의 원인규명과 책임소재 및 책임자에 대한 처벌 등을 그들의 목표로 두고 있다. 이러한 목적달성을 위해서 범대위는 농성자 유가족과 재개발조합, 중앙정부, 지방정부간의 합의를 위해 노력하는 입장을 가지며, 종교단체도 범대위 시민단체의 목표 또는 선호와 다르지 않은 입장을 취하고 있다.

(3) 중앙정부

용산4구역 재개발사업에서 중앙정부는 국무총리, 국토해양부, 국회 등이 해당된다. 이러한 중앙정부의 목표, 선호, 입장에 따른 행위

---

60) 세계일보, 2009.1.22., 10면.

자 간 이해관계를 살펴보면 다음과 같다. 우선, 국무총리는 경찰의 강제진압과정에서 발생된 농성자의 사망사고와 관련하여 공권력 행사의 책임소재를 해결하기 위해 중앙정부로 대변되는 국무총리가 개입된다. 따라서 국무총리의 궁극적인 목표는 '용산참사'에서 발생된 사건의 원인규명과 국민의 안정을 도모하는 것이다. 국토해양부는 정부의 주요 정책을 결정하는 중앙부처로서 재개발사업 추진과정의 개선과 관련하여 범정부차원의 종합적인 대책마련을 위한 재개발제도의 개선을 목표로 한다. 국회 역시, '용산참사' 이후 재개발정책, 사업추진방식과 관련하여 중앙정부에 개선안을 요구하며, 점거농성자들의 진압과정에서 발생한 사망자 원인규명 및 관련자 처벌문제에 대하여 '특별검사제 도입'과 '국정조정권 발동' 등을 요구하였다.

(4) 사법부

용산4구역 재개발사업에서 사법부는 법원, 검찰 등이 해당되며, 사법부의 목표, 선호, 입장에 따른 행위자 간 이해관계는 다음과 같다. 우선, 법원은 '사법적 판단' 과정을 통해 농성자의 사건경위를 규명하고 책임소재를 두고 전개된 범대위와 경찰 간의 갈등을 해소하고 관리하는 것을 목표로 한다. 검찰 역시, '용산참사'의 진상규명과 책임소재에 대하여 검찰과 범대위의 첨예한 대립과정에서 '사법적 판단'을 통해 양자 간의 갈등을 조정하고 해소하는 것을 목적으로 한다. 이처럼, 점거농성 진압과정에서 발생한 사망사고를 놓고 범대위와 경찰 간의 진상규명과 책임소재의 규명과정에서의 갈등을 해소하려는 입장을 취한다. 지금까지 언급한 용산4구역 재개발사업의 간접적인 행위자 간의 이해관계는 다음과 같다(<표 4-5> 참조).

〈표 4-5〉 용산4구역 재개발사업에서 간접적인 행위자의 이해관계

주요 행위자	이해관계(목표/선호/입장)
경찰	철거민 농성자들에 대한 신속한 강제진압이 목표임.
시민단체	경찰의 강제진압 과정에서 발생한 사망자들에 관한 원인규명, 책임소재, 책임자의 처벌, 그리고 유가족에 대한 보상과 재개발조합과의 합의 등을 이루고자 함.
중앙정부	재개발사업 추진과정의 개선과 관련하여 범정부차원의 종합적인 대책마련을 위한 재개발제도의 개선을 목표로 함.
사법부	'사법적 판단'을 통해 갈등당사자 간의 갈등을 조정하고 해소하는 것을 목표로 함.

3. 주요 행위자 간 주요 쟁점

1) 상가세입자 보상 관련쟁점

상가세입자의 영업보상비 산정의 적절성과 관련하여 상가세입자, 용산구청 및 정부 등이 상이한 입장을 보이고 있다. 상가세입자에 대한 영업보상비의 산정과 관련된 주요 행위자 간 주요 쟁점을 소개하기에 앞서, 재개발사업과 관련하여 세입자대책을 살펴보면 다음과 같다. 재개발사업 시 상가세입자에 대한 휴업손실을 보상하되 4개월분의 소득보전으로 규정하고 있고, 음식점에 대해서는 132㎡를 기준으로 보상금액을 1억 원으로 규정하고 있다. 이 밖에도 영업폐지에 따른 보상은 인정하지만, 상가에 대한 권리금은 인정하지 않고 있다. 용산4구역 재개발사업에서 상가세입자의 보상과 관련된 법률과 실제 보상내용을 살펴보면, 상가세입자의 보상대상과 휴업보상비 (이사비용 포함)의 규정은 「공익사업을 위한 토지 등의 취득 및 보상에 관한 법률」과 동법 시행규칙, 그리고 「도시 및 주거환경정비법 시행규칙」[61]에서 보장하고 있다.

---

61) 「도시 및 주거환경정비법」 시행규칙 제9조의2(손실보상 등) 제2항: 「공익사업을 위한 토

용산4구역에서 확인된 세입자는 주거세입자 465명과 상가세입자 439명을 포함하여 총 904명에 달하고 있어 상당수의 세입자가 존재하고 있었다. 그중 85%가 넘는 763명이 보상금에 동의하였으나, 나머지 141명의 세입자는 동의하지 않았다. 그중에서 상가세입자는 다음의 <표 4-6>과 같은 내용으로 영업보상이 집행되었으나, 보상에 동의치 않은 상가세입자는 재개발조합과 강력하게 대응하게 된다. 게다가, 세입자 중 282명은 보상에 대한 적격세입자로 분류되었으나, 183명은 부적격자로 판정되었다. 이들 부적격세입자들은 보상에 동의하지 않는 상가세입자와 함께 재개발조합과의 직접적인 갈등주체가 되었다.

〈표 4-6〉 용산4구역 상가세입자 보상 관련법률

구 분		세부 내용
관련법률	「공익사업을 위한 토지 등의 취득 및 보상에 관한 법률」 제77조(영업의 손실 등에 대한 보상) 제1항	○영업을 폐지하거나 휴업함에 따른 영업 손실에 대하여는 영업이익과 시설의 이전비용 등을 참작하여 보상해야 한다.
	「공익사업을 위한 토지 등의 취득 및 보상에 관한 법률 시행규칙」 제47조(영업의 휴업 등에 대한 손실의 평가) 제2항	○휴업기간은 3월 이내로 한다. 다만, 다음 각 호에 해당하는 경우에는 실제 휴업기간으로 하되, 그 휴업기간은 2년을 초과할 수 없다. 1) 당해 공익사업을 위한 영업의 금지 또는 제한으로 인하여 3월 이상의 기간 동안 영업을 할 수 없는 경우 2) 영업시설의 규모가 크거나 이전에 고도의 정밀성을 요구하는 등 당해 영업의 고유한 특수성으로 인하여 3월 이내에 다른 장소로 이전하는 것이 어렵다고 객관적으로 인정되는 경우
실제 집행내용		○2007년 6월 7일 이전 세입자에 한하여 3개월간 수입을 보상받음, 상가권리금은 보상받지 못함.

자료: 국토해양부(2011c).

지 등의 취득 및 보상에 관한 법률 시행규칙」 제54조 제2항에 따른 주거이전비의 보상은 영 제11조에 따른 공람공고일 현재 해당 정비구역에 거주하고 있는 세입자를 대상으로 한다(전문개정, 2009.12.1).

이처럼 상가세입자에 대한 보상과 관련된 법조항에 대하여 용산4구역 재개발 관련 주요 행위자 간에 커다란 입장 차이를 보이고 있다. 우선, 상가세입자는 상가세입자 보상비 산정과 관련하여 평가액 산정을 위한 구체적인 기준이 없고, 보상비 산정 통보방식 역시, 재개발조합의 일방적인 산정과 통보위주로 진행되기 때문에 산정된 보상비 자체가 턱없이 부족하다는 입장을 견지하고 있다. 즉, 현행의 휴업보상비 및 주거이전비로는 실질적인 생계유지가 곤란할 뿐만 아니라, 권리금에 대한 현실적인 대책이 필요하다는 입장이다.

이러한 주장에는 「토지보상법 시행규칙」이 규정하는 영업권 보상비 산정 및 책정의 항목별 단가와 산출근거를 상가세입자에게 제시하지 않았을 뿐만 아니라, 「토지보상법」 제80조에 규정된 "사업시행자와 손실을 입은 자가 협의해야 한다"라는 법조항을 무시한 채 재개발사업에서 강제철거 작업이 이루어진다는 부분에서 상가세입자의 보상비 산정이 일방적이고 부적절하게 이루어졌다고 사료된다.

이 밖에도 재개발조합이 영업보상비를 확정하지 않고 관리처분계획을 인가받은 것은 재개발사업시행의 절차적, 내용적으로 부당하다는 인식이 상가세입자 간에 퍼져 있음을 알 수 있다. 상가영업보상비와 관련하여 용산4구역에서 5년 가까이 식당을 운영한 A씨는 권리금과 인테리어를 포함한 시설투자 비용으로 1억 원 이상을 투자했지만, 영업보상비와 이주비로 4천만 원이 책정되었다고 주장하고 있다. 그리고 용산4구역에서 30평 정도의 식당을 30년 가까이 운영했던 B씨는 영업보상비로 5천만 원이 책정되었지만, 영업 손실액 산정과 관련하여 감정평가가 잘못되었다고 주장하고 있다. 이처럼 상가세입자의 보상비 산정과 관련하여 보상비산정의 적절성과 적법성

〈표 4-7〉 용산4구역 상가보상비에 대한 상가세입자의 입장사례

구 분	상가보상비에 대한 반응
A씨(43세)	○5년 가까이 용산4구역에서 식당을 운영함 ○권리금과 인테리어를 포함한 시설투자 비용 등 1억 원 이상을 투자했음에도 불구하고, 상가보상비와 이주비 등의 명목으로 4천만 원이 책정됨.
B씨(65세)	○30평 정도의 식당을 10년 동안 운영하였음. ○보상비로 5천만 원을 책정받았으나, 영업 손실분의 산정에 대한 감정평가가 잘못되었다는 입장을 보임.

자료: 한국일보(2009.1.22.) 재구성.

에 대한 상가세입자들의 반응은 영업보상비 산정에 대한 상가세입자들의 입장을 여실히 보여 주고 있다(<표 4-7> 참조).

용산4구역 상가영업보상비의 적절성이나 적법성을 놓고 상가세입자의 반응과는 다르게, 용산4구역 재개발조합과 시행자는 오히려 철거민을 상대로 재개발사업의 차질에서 발생되는 손해배상을 청구하는 반응을 보였다. 그리고 영업보상비의 산정은 영업보상법에 규정된 보상기준에 부합하며, 합법적이고 합리적인 방식에 의거한 상가보상비의 산정이라는 입장이다.

이 밖에도 용산4구역 재개발사업에서 갈등의 핵심사안 중 하나가 바로 상가권리금이다. 상가권리금은 철거민 이주보상비의 지급 규정에 대한 구체적인 법적 근거를 제시하지 못하는 현행의 상가권리금 책정기준에 대한 실현불가능성을 보이면서 난색을 표하였다. 이렇게, 영업보상비의 산정방식이나 상가권리금의 인정 여부에 대해 재개발조합과 상가세입자 간 갈등이 첨예하게 나타났다. 하지만, 공공기관인 용산구청이나 서울시는 영업보상비 산정의 문제는 재개발조합과 상가세입자 간의 사적인 문제로 보았다. 따라서 용산4구역의 인허가를 담당하는 서울시나 용산구청이 개입할 명분이 없다는 입

구 분	유가족 및 철거민	재개발조합	지방정부
철거민 이주보상비	상가권리금 인정	법적 근거의 부재	법적 근거의 부재
재개발사업 시행	적정한 보상금이 아니면 이주 불가	사업진행의 지연에 대해 철거민을 상대로 손해배상 소송제기(8억 7천여 만 원)	현행법상 상가보상비 문제는 이해당사자 간의 합의사안으로 간주함.

자료: 송석휘(2011: 117) 재구성.

장을 취하였다(<표 4-8> 참조).

2) 사망자 보상 및 책임소재 관련쟁점

'용산참사'로 인한 사망자 보상과 관련하여 용산구청, 경찰 및 재개발조합이 업무협의[62]를 거쳐, '용산참사'로 인한 상가세입자 사망자 2인에 대해 위로금의 지급을 제안하고 있다[63]. '용산참사'로 인한 사망자 보상 문제와 관련된 정부 관련부처별 업무회의에서 용산구는 농성사태의 배후로서 지목되는 전철연의장의 체포와 관련하여 "전철연 의장을 채포한 뒤 장례식을 치르자"라는 주장과 "보상 논의 없이 전철연 의장을 검거하면 사태가 악화될 수 있다"는 주장이었다. 이에 각 부처별 논의 결과, "사망자 유가족에게 위로금을 지급하여 화해의 분위기를 만들자"는 결론에 도달하였다.

이 협의에서는 경찰 역시 유가족을 자극하는 행동을 자제하고 위로금 지급에 찬성하되, 이를 용산구청이 지급해야 한다는 의견을 제시하였다. 재개발조합 역시, 재개발사업의 진행을 위해서는 사망자

---

62) 중앙일보, 2009년 2월 26일자.
63) 중앙일보, 2009년 3월 16일자.

<표 4-9> 용산4구역 사망자 보상에 대한 주요 행위자의 입장

주요 행위자	입장 차이
용산구청	유가족의 화해의 분위기를 조성하자는 입장이었다가, 보상금 지급의 법적 근거가 부족하다는 이유로 지급불가의 입장임.
서울시	유가족 보상금 지급의 법적 근거가 부족하다는 입장임(지급 불가).
경찰	유가족의 위로금 지급에 찬성, 용산구청이 위로금 지급을 주도하는 것이 바람직하다고 봄.
재개발조합	재개발사업의 진행을 위해 사망자 보상을 지급한다는 입장임.
한국교회봉사단	사망자 유가족에게 장례비 명목으로 4억 원의 지원을 제안함.

보상 문제를 미룰 수 없다는 입장에 인식을 같이하고 있다. 이러한 점들을 종합하여 보았을 때, 사망자와 관련된 보상 문제에 대해서는 주요 행위자 간 긍정적인 입장을 취하였다(<표 4-9> 참조).

사망자 보상 문제와 관련된 주요 행위자들의 긍정적인 입장에도 불구하고 서울시와 용산구청은 2009년 7월 20일 '용산참사' 사망자들의 유가족에 대한 보상금 지급을 위한 법적 근거가 부재하다는 주장을 통해 사망자에 대한 보상금지급이 불가함을 주장하는 등 사망자 보상금 지급을 선회하는 입장을 보였다.[64] 이 같은 서울시와 용산구청의 사망자 보상금 지급에 대해 불가하다는 입장에도 불구하고, 용산4구역 사업주체인 재개발조합은 사망자 유가족에게 위로금의 지급을 제안하고 있다. 한국교회봉사단은 병원비 부담을 가지는 사망자 유가족에게 장례비용 명목으로 4억 원을 납부해 주겠다는 제의를 함으로써, 사망자 보상 문제에 대한 해결방안을 모색하고 있다.

철거민 농성자에 대한 사망자와 관련하여 유가족 및 범대위는 경찰이 농성자를 강제적으로 진압하면서 화재가 발생하였고, 그로 인

---

64) 중앙일보, 2009년 7월 21일자.

<표 4-10> 용산4구역 사망자 책임소재에 대한 주요 행위자의 입장

주요 행위자	입장 차이
유가족 및 범대위	경찰이 농성자를 강제진압하면서 화재가 발생한 것이라는 입장견지
경찰	철거민 점거농성자들이 사용한 화염병 등이 진압과정에서 화재를 발생시킨 원인이라는 입장견지
사법부	검찰과 법원은 사법적 판단과정을 통해 사망원인을 철거민 농성자에게 귀착시키는 입장을 보임.

해 사망자가 발생하였다고 주장하였다. 반면에, 경찰은 철거민 점거 농성자들이 사용한 화염병 등이 진압과정에서 화재를 발생시킨 원인이라고 주장하면서 유가족 및 범대위와 경찰의 상반된 입장을 드러냈다.

이렇게 사망자의 발생원인과 책임규명 등과 관련하여 경찰과 사망자 유가족의 상방된 주장에 따라 검찰과 법원의 수사과정과 사법적 판단과정을 통해서 사망원인을 규명하기에 이른다. 그러나 사망자 원인규명과 사법적 판단을 담당하고 있는 검찰과 법원은 사망원인을 철거민 농성자에게 귀결시키게 된다. 이러한 검찰과 법원의 사법적 판단결과에 대해서 사망자 유가족 및 범대위는 수용하기 어렵다는 입장을 고수하였다. 이에 따라 사법적 판단이 사망원인에 대한 주요 행위자간의 갈등이 모두 해소되었다고 보기는 어려우며, 잠재적인 갈등유발에 대한 가능성을 충분히 내포하고 있다(<표 4-10> 참조).

3) '용산참사'의 시각과 정부대책 관련쟁점

'용산참사'로 인한 다수의 사상자 발생과 관련하여 지방정부와 사망자 유가족을 중심으로 한 범대위 등의 주요 행위자 간에 시각차이가 큼을 알 수 있다.[65] 즉, 지방정부는 '용산참사'로 인한 사망사고는 서울시민의 안전측면으로 수행된, 적법한 공권력행사의 과정에서 철거민 농성자의 방화로 사상자가 발생하였다는 입장이다. 이렇게 지방정부 입장에서는 철거민 농성자와 재개발조합 간의 사적인 측면으로 '용산참사'를 바라보고 있다. 반면, 사망자 유가족을 비롯한 범대위 및 종교단체 등은 지방정부가 재개발정책의 추진과정에서 성급하고 강압적인 공권력을 행사하였으며, 그로 인해 사상자가 발생하였다는 상반된 시각을 보인다. 즉, 이들은 '용산참사'를 단순히 사적인 차원을 넘어서 공적인 측면으로 강조하고 있다.

이처럼 '용산참사'로 인한 갈등문제에 대해 지방정부는 직접적인 이해당사자 간의 문제로서, 법적인 규정에 근거한 상가세입자 보상 이외의 추가보상을 위한 제도적인 기반이 부재하다는 입장을 가진다. 반면, 상가세입자들은 지난 수십 년 동안 용산4구역에서 영업해 온 상가세입자들의 의견반영이 배제되었고, 한겨울에 강제철거가 진행되었다는 상황들을 반영해야 한다는 입장[66]을 견지하고 있다(<표 4-11> 참조).

〈표 4-11〉 용산4구역 '용산참사'의 시각에 대한 주요 행위자 입장

주요 행위자	입장 차이
지방정부	○적법한 공권력의 행사과정 중 농성자의 방화로 사망자 발생 ○'용산참사'를 농성자와 재개발조합 간 사적인 관점으로 보았음.
사망자 유가족, 범대위, 종교단체	○성급하고 강압적인 공권력의 행사로 사망자 발생함. ○'용산참사'를 사적인 차원을 넘어선 공적인 관점으로 보았음.

---

65) 중앙일보, 2009년 12월 30일자.
66) 한국일보, 2009년 1월 21일자.

지방정부인 서울시와 용산구청은 용산4구역 재개발사업의 추진과
정 및 보상체계와 관련하여 중앙정부인 국토해양부와 함께 방안을
모색하였고, 사망자의 보상과 관련해 재개발조합, 유가족 및 범대위,
종교단체 등과 함께 해결책을 모색하게 되었다. 그러나 적극적인 역
할보다는 소극적이고 사후적인 역할수행에 머무르고 있다는 아쉬움
이 남는다. 그리고 국토해양부 역시, 농성자 사망사건이 발생한 이
후에서야 비로소 재개발 관련법·규정을 검토하는 등 소극적이고
사후적인 입장을 취하였다.

정부의 역할도 철거민 농성자의 사망사건이 발생되기 이전까지는
용산4구역에서의 갈등문제에 대해서 구체적인 대책을 수립하거나 관
심을 가지지 않다가, 철거민 농성자 사망사고가 발발한 이후에 사망
자 유가족 및 범대위에 대한 사과표명을 하기에 이른다. 또한, 국무총
리실에 '용산참사' 관련 담당자를 선정하여 유가족과 함께 대화하는
자리를 만드는 등 정부차원으로 유가족의 요구사항을 들어주려는 노
력을 하게 되었다. 아울러, 재개발사업에서 '용산참사'와 같은 문제점
들이 재발하지 않도록 종합적인 재개발대책을 수립할 수 있도록 서울
시와 국토해양부 등 정부관련 부서를 독려함으로써, 정부차원에서 재
개발사업과 관련된 사후적인 대비책을 마련하는 등의 노력을 하였다.

4) 농성자의 사망원인 수사관련 쟁점

용산4구역 재개발구역에서 점거농성한 철거민 농성자에 대한 경
찰의 강제진압과정에서 사망자가 발생한 이후, 경찰, 검찰, 철거민대
책위, 사건진상조사단, 전철연, 범대위 등 다양한 직·간접적인 행위
자들이 사망자 발생 원인으로 다양한 의견을 제시하게 된다. 우선,

철저한 강제진압계획과 직접적인 관계자인 경찰은 철거민 농성자의 강제진압과 관련하여 현장지휘에 잘못은 없었으며 단지, 철거민 농성자가 휘발성 물질을 사용할 것을 예상치 못하였다고 주장한다. 반면, 철거민대책위는 농성자 진압과정에서 농성자의 안전대책 없이 경찰의 성급한 강압진압이 이루어졌으며, 진압과정에 철거업체 직원이 불법으로 참여했다고 주장한다. 이렇게 철거민 농성자의 사망원인을 두고 경찰과 철거민대책위의 상이한 입장을 보이고 있다.

휘발물질의 사용 여부와 관련하여 서울지방경찰청 차장은 철거민 농성자가 휘발물질을 우발적으로 사용했다고 주장하는 반면, 사건진상조사단 시민단체는 철거민 농성자가 휘발물질을 먼저 사용했다는 증거는 없으며, 철거민 농성자에 대한 경찰의 무리한 진압으로 화재가 발생한 것으로 주장하였다. 그 밖에도 철거민 농성자들이 점거농성하게 된 배경에는 전철연 조직의 개입이 있었다는 경찰의 주장과 용산4구역 상가세입자로 구성된 철거민대책위만의 농성이었다는 주장이 첨예하게 맞서고 있다(<표 4-12> 참조).

〈표 4-12〉 용산4구역 농성자의 사망원인에 대한 주요 행위자의 입장

쟁점사항	주요 행위자	입장 차이
철저한 진압계획에 대한 여부	서울지방경찰청 차장	현장지휘에서 문제는 없음, 휘발물질 예상 못 함.
	철거민대책위	철거민 농성자의 안전대책 미비, 철거업체 직원 개입에 대한 합법성 여부
농성자들의 휘발물질 사용 여부	서울지방경찰청 차장	철거민 농성자의 우발적 행동 가능성
	사건진상조사단(시민단체)	증거 없음, 경찰의 강압적인 진압으로 화재발생 가능성
전철연의 개입 여부	경찰	농성과정에서 전철연이 개입하여 주도적인 역할 을 수행한 것으로 예상
	전철연	상가세입자로 구성된 철거민대책위만의 점거농성

자료: 송석휘(2011: 118) 재구성.

제2절 상호작용

1. 협력적 관계

용산4구역 재개발사업의 직·간접적인 사업주체인 재개발조합, 협력업체, 지방정부 간 연계행위는 대체적으로 협력적인 상호 관계가 형성됨을 알 수 있었다. 즉, 재개발조합과 협력업체, 그리고 지방정부와 재개발조합 및 협력업체 등은 협력관계 구조를 보이게 된다. 왜냐하면, 재개발조합 및 협력업체는 용산4구역 재개발사업을 추진하기 위한 동반자로서, 사업시작 초기부터 긴밀한 관계를 형성 및 유지하기 때문이다. 이러한 재개발사업의 직·간접적인 사업주체 간의 협력적인 상호 관계의 형성과정은 다음과 같다.

용산4구역 협력업체 중 정비업자는 조합설립인가 이전단계인 2006년 11월에 재개발조합과 용역계약을 체결하였으며, 정비업자는 재개발조합을 대신하여 사업추진과 관련된 각종 인허가 신청을 비롯한 행정업무를 담당하게 된다. 따라서 정비업자는 재개발조합과 매우 긴밀한 관계를 유지하면서도 상호 적극적인 협력관계를 형성하게 된다.

시공자는 2007년 6월 재개발조합 총회를 통해 삼성물산 등을 시공사로 선정하여 업무계약을 체결하였다. 시공자 역시, 재개발조합과 적극적인 협력적인 관계가 형성되며, 시공자는 사업 초반부터 사업 완료까지 사업진행에 소요되는 모든 경비를 재개발조합을 대신하여 지급하게 된다. 이것은 향후 재개발사업이 완공되어 분양수입이 발생하게 되면, 분양수입금으로 사업 초반부터 지불되는 비용을 모두 충당하게 된다. 이렇게 재개발조합은 재개발사업이 완공될 때까지 시공자와의 관계를 중시하게 되며, 시공자와 긴밀하고 적극적인 협력관계를 형성 및 유지한다. 그리고 철거업자는 2007년 10월 재개발조합의 총회를 거쳐 호람건설 등을 철거용역업체로 계약을 체결함으로써, 용산4구역의 철거작업을 수행하게 되었다. 철거업자 역시, 정비업자, 시공자와 더불어 사업추진이라는 공동의 목표 아래 재개발조합과 적극적인 협력관계를 형성하게 된다.

재개발조합과 협력업체의 밀접하고 협력적인 관계유지는 그들 간의 유착관계 형성의 가능성을 증가시킬 수 있으며, 아직까지도 재개발사업의 고질적인 문제점 중 하나로 지적되고 있다. 용산4구역에서도 마찬가지로, 재개발사업과 협력업체 간의 협력적인 밀착관계에서 문제점이 발생함을 알 수 있다. 즉, 용산4구역 재개발조합과 철거업자 간의 용역계약서를 보면, 시공자들은 '공사관리감독'이라는 이름으로 철거업자의 업무전반을 관리하는 역할을 맡도록 기록되어 있다[67]. 그리고 철거업체들은 2008년 6월까지 용산4구역의 철거를 끝내지 못하면 하루에 510만 원의 지체보상금을 지불해야 한다고 명시되어 있다[68]. 협력업체와 재개발조합 간의 이러한 계약관계는 철거업자가 지나치게 서둘러서 세입자들을 퇴거시키고 강제철거를 강행하는 주요인으로 작용하는 것이다. 게다가, 재개발사업의 모든 초기비용을 시공자가 선 지급하는 구조로 재개발사업이 추진되고 있다. 재개발사업의 이러한 구조적인 문제점으로 인해 재개발조합과 시공자 간의 유착관계가 형성되고 있음을 언론보도[69]에서 확인할

---

67) 시사인, 2009년 2월 14일자.
68) 한겨레21, 2009년 2월 16일자.

수 있었다.

용산구청과 재개발조합을 비롯한 협력업체도 사업추진을 수행하는 직·간접적인 행위자로서 상호 협력적인 관계구조를 형성하게 된다. 특히, 정비업자는 사업추진 과정상 필요한 행정업무 수행을 위해 용산구청에 잦은 왕래와 때로는 원활한 행정업무 수행을 위해 긴밀한 협력을 요구하면서 적극적 협력관계를 유지하게 된다. 그러나 정비업자와 용산구청의 각종 인허가 등으로 형성되는 긴밀한 관계형성의 필요성은 때로는 그들 간의 유착관계로 이어지고 있음을 언론보도[70]로 확인할 수 있었다. 그리고 재개발조합 역시, 사업추진과 관련된 각종 인허가와 직접적으로 관련되는 용산구청과 협력적인 관계를 위해 노력하는 것으로 나타났다. 이상의 사업추진주체 간 협력적 상호작용관계를 도식화하면 다음과 같다(<그림 4-1> 참조).

---

69) 삼성물산 등 용산4구역 시공사들은 현재의 재개발조합이 정식 설립되기 4년 전인 2003년에 이미 재개발 추진위원회로부터 5,992억 원(평당 512만 원)짜리 재개발 공사를 따냈다. 당시, 삼성물산 등은 추진위원장이던 김모씨의 계좌로 '입찰 보증금' 10억 원을 송금하기도 했다. 조합이 정식 설립되기 전에 이미 사업계약을 맺어 놓은 것이다. 한 대형 건설업체 관계자는 "지난 2003년 7월 「도시 및 주거환경정비법」이 만들어지기 전에는 건설사들이 '미래의 재개발조합 집행부'를 상대로 로비를 벌이느라 해당 지구마다 수십억 원씩 쓰는 게 관행이었다"고 말했다. 그러나 삼성물산 등이 계약을 맺은 당시 추진위는 주민들 간 분쟁으로 해체됐고, 계약도 자연스레 무효가 됐다. 그러나 예정대로 삼성물산 등이 시공사로 선정되었는데, 용산4구역의 한 재개발 조합원은 "2007년 초 새로 설립된 4구역 조합은 애초 「도시 및 주거환경정비법」을 피해 경쟁 입찰 없이 시공사를 뽑은 추진위의 결정을 인정하는 것으로 조합정관을 정했다"고 말했다. 이에 따라 조합은 이듬해 10월 삼성물산 등 3개사를 시공사로 재선정했다(한겨레21, 2009년 2월 16일자).

70) 정비업체와 용산4구역 재개발사업 인·허가권을 가진 용산구청의 유착 관계를 의심할 만한 정황과 증언들도 나왔다. '한겨레21'은 용산구청의 전직 간부가 정비업체의 임원으로 재직하고 있다는 사실을 확인했고, 용산구청장은 정비업체의 회장이 운영하는 식당에 단골로 드나들 정도로 '각별한 관계'를 유지해 왔다는 다수의 증언이 나왔다(한겨레21, 2009년 2월 16일자).

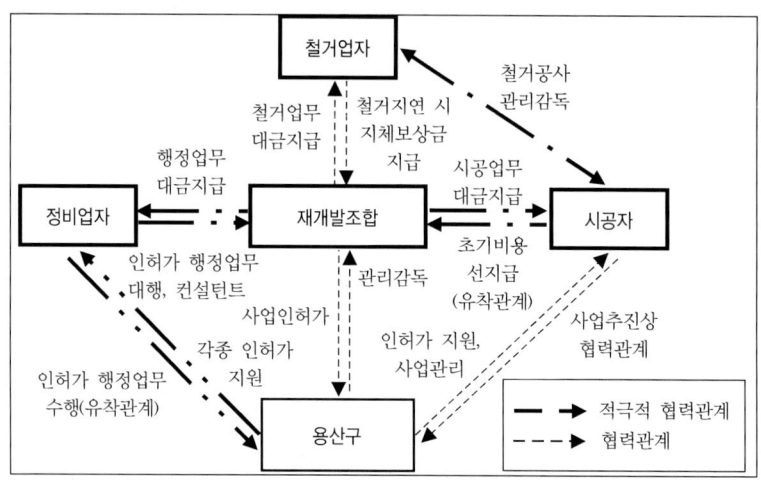

〈그림 4-1〉 사업추진주체의 협력적 상호작용관계

용산4구역의 직·간접적 주요 행위자인 상가세입자, 경찰, 시민단체, 중앙정부, 사법부 등이 형성하는 협력적 상호작용관계는 다음과 같다. 우선, 상가세입자와 범대위를 포함한 종교단체 등 시민단체는 '용산참사' 이후 철거민 농성자 보상과 사건의 진상규명 및 책임자 처벌 등과 관련하여 이해관계를 함께하기 때문에 강한 협력관계를 가지게 된다. 한편, 상가세입자와 중앙정부는 사망자 유가족에 대한 국무총리의 '용산참사' 빈소방문, 재발방지를 위한 긴급토론회 개최 등을 실시함으로써, 일시적인 협력관계를 형성하였다.

상가세입자는 철거민대책위 등을 결성하면서 철거업자의 강제철거에 대항하고자 전철연의 도움을 요청하면서 전철연이 개입하게 되었다. 즉, 전철연은 철거민 세입자가 철거농성을 할 수 있도록 직·간접적인 지원을 하면서 적극적인 협력관계를 형성하게 된다. 또한, 범대위나 종교단체 역시 '용산사태' 이후에 등장하여 철거민 세입자와 이해관계를 함께 형성한다. 따라서 이들은 재개발조합과 중앙정부에 사망자 진상규명 등을 요구하며, 상가세입자와 적극적인 협력관계를 지속한다. 한편, '용산사태' 이후 검찰의 '법적 판단' 과정에서 경찰과 사법부는 사건진상규명과 책임자처벌이라는 공통의 목적달성을 위해 협력적인 관계를 보였다. 이상의 직·간접적 주요 행위자 간 협력적 상호작용관계를 도식화하면 다음과 같다(<그림 4-2> 참조).

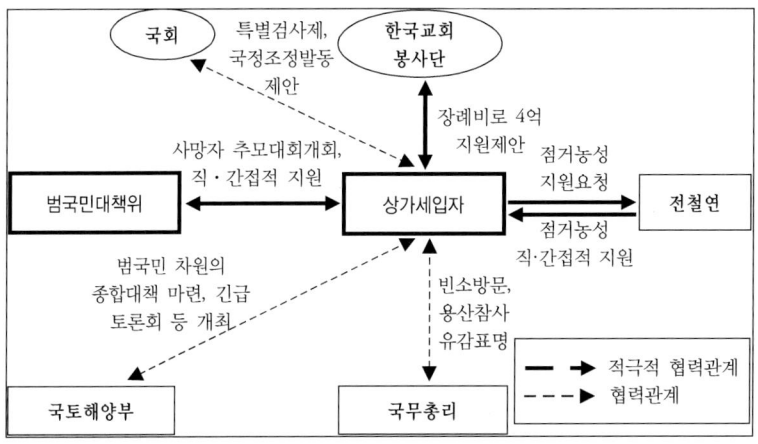

〈그림 4-2〉 직·간접적 주요 행위자 간 협력적 상호작용관계

2. 갈등적 관계

용산4구역 재개발사업의 직·간접적인 사업추진주체들은 대체적으로 적극적인 협력관계구조를 보임을 상기의 협력관계 분석에서 알 수 있으나, 재개발조합원 간의 내부적인 갈등이 발생되고 있었다. 즉, 협력업체인 재개발조합 내부에서 조합집행부와 조합원 사이에서

의견이 불일치함으로 인해서 '비상대책위원회'를 결성하는 등 갈등 관계의 양상을 보이고 있다. 또한, 시공자와 재개발조합 간에는 공사금액산정, 분양가격산정(미분양), 사업기간의 연장, 자재비산정 등에 대하여 의견이 상이함에 따라서 갈등관계로 그들의 관계형성이 이루어지고 있었다. 실제로 용산4구역 재개발사업의 경우에도 '용산 참사' 이후에 사업기간의 연장에 따른 공사금액의 합의가 이루어지지 않아서 최근에 시공사를 교체하기로 재개발조합에서 결정하는 등 강한 갈등관계가 형성됨을 담당시공자의 심층면접으로 알 수 있었다.[71]

정비업자는 각종 인허가 절차를 용산구청에서 취득하는 과정에서 갈등관계를 형성하였으며, 재개발조합도 사업추진과정에서 정비업자와 공사금액 산정, 분양가 산정, 미분양 등에 대해서 서로 의견이 충돌하는 등 갈등관계 구조를 보이고 있었다. 철거업자는 용산4구역 사업구역의 신속한 철거작업을 수행되지 못하여 철거작업이 지연될 경우, 재개발조합에게 하루에 510만 원의 지체보상금을 지불해야 한다고 계약관계에 있기 때문에 철거작업에 대한 지연이 길어질수록 재개발조합과 철거업자 및 시공자 간의 관계구조가 강한 갈등관계로 나타남을 알 수 있었다. 즉, 용산4구역 철거업자는 2008년 6월까지 철거작업을 마무리하지 못할 경우 지체보상금을 재개발조합에

---

71) 용산4구역에서 오피스와 상가분양이 가장 큰데 분양 리스크 때문에, 1,500억 정도 표현이 되어 있을 텐데, 저희들은 공사비로 충원되는 돈은 630억 정도 됩니다. 나머지 900억 원은 나중에 오피스가 미분양 났을 때 오피스를 할인해서 분양할 수 있도록 조합원 측에 예비비로 잡아 달라고 요청했던 거구요. 용산4구역의 경우는 거의 다 분양을 통해서 공사비를 조합원 측에서 주는 형태인데, 오피스가 분양이 안 되면 저희들은 공사비의 회수가 어려운 상황이다 보니까 리스크 차원에서 예비비로 잡아 달라고 한 것입니다. 조합 측은 1,500만 원에 분양할 수 있다고 주장하고 있습니다(삼성물산 시공사 담당자 B씨, 심층면접).

지불해야 한다는 압박감이 '용산참사'라는 사건으로 나타난 것이라 해도 과언이 아니다. 왜냐하면, 2008년 7월부터 지불해야 하는 철거업자의 지체보상금에 대한 압력은 2009년 1월 20일 '용산참사'가 발생할 때까지 지속되었기 때문이다. 이상의 사업추진주체 간 갈등적 상호작용관계를 도식화하면 다음과 같다(<그림 4-3> 참조).

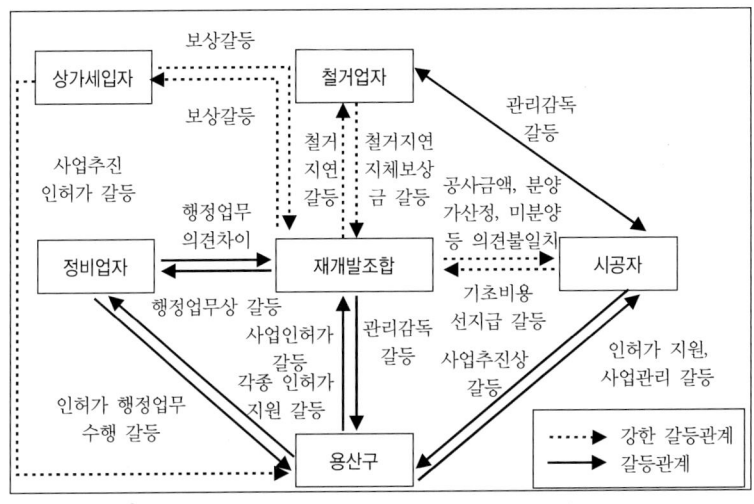

〈그림 4-3〉 사업추진주체의 갈등적 상호작용관계

용산4구역 재개발사업의 직·간접적인 주요 행위자인 상가세입자, 경찰, 시민단체, 중앙정부, 사법부간의 갈등관계는 무엇보다, 경찰의 철거민 농성자에 대한 강제진압에 따른 철거민 농성자와 경찰의 강한 갈등관계가 형성되고 있다는 점이 특징적이다. 더군다나, 재개발조합의 영업보상비에 동의하지 않는 상가세입자를 중심으로 철거민대책위가 구성되고 전철연이 추가적으로 개입되면서, 철거민 농성자들은 물리적인 저항을 표명하면서 극심한 투쟁으로 진화하였다. 따라서 재개발조합과 상가세입자를 중심으로 구성된 철거민 농성자 간 강한 갈등관계를 보이고 있었다. 철거민 농성자를 강제진압하기 위해 경찰이 개입되면서 경찰과 철거민 농성자 간에도 강한 갈등관계를 형성하였으며, 이 시기를 기점으로 용산4구역 상가세입자와의 갈등구조는 최고조에 달하게 되었다.

철거민 농성자와 경찰의 물리적인 충돌과정에서 '용산참사'가 발생하면서, 범대위를 비롯한 종교단체 등 시민단체가 간접적인 행위자로 등장하였다, 그들은 사망자 유가족에 대한 진상규명 및 보상과 관련하여 재개발조합과 강한 갈등관계를 형성하게 된다. 또한, 범대위는 철거민 농성자의 사망원인 및 책임소재 규명, 책임자 처벌, 상가세입자 보상을 주장하면서, 경찰, 중앙정부, 사법부 등과 갈등관계구조를 보였다. 이상의 직·간접적 주요 행위자 간 갈등적 상호작용관계를 도식화하면 다음과 같다(<그림 4-4> 참조).

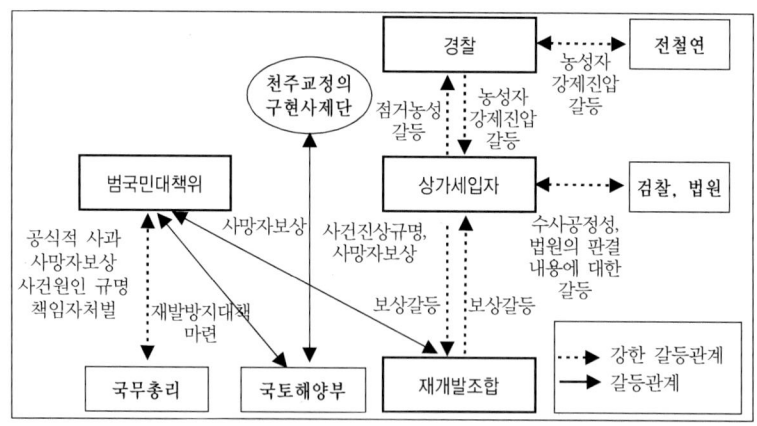

〈그림 4-4〉 직·간접적 주요 행위자 간 갈등적 상호작용관계

3. 단계적 관계

1) 갈등생성기: 사업지구 지정과 갈등의 생성시기

도시재개발사업은 10년 단위로 계획되는 정비기본계획을 기본으로 정비구역을 체계적으로 결정하고 있다. 용산4구역 재개발사업은 도시·주거환경정비기본계획에 의거하여 2007년 5월 관리처분인가를 받고 건설업체와 계약을 체결하게 되며, 재개발조합은 상가세입자에게 보상계획을 수립하도록 한다. 이러한 보상내용에 대해 350개 상가세입자, 주택 430세대 중 약 85%에 해당하는 763세대 및 상가세입자가 보상에 합의하게 된다. 그러나 보상대책에 합의하지 않은 84개 상가세입자와 26세대의 거주자들은 용산4구역 '철거민대책위'를 출범하면서 또 다른 이해당사자로 등장하게 된다. 이러한 재개발조합의 보상내용에 합의하지 않은 상가세입자를 중심으로 잠재되어 있던 용산4구역의 갈등구조는 갈등단계가 진행되면서 표면화되어 나타난다. 갈등생성기의 용산4구역 상가세입자의 입장은 상가세입자의 인터뷰 내용[72]을 통해서 확인할 수 있다.[73]

갈등생성기는 사업지구지정부터 사업시행인가까지의 시기로 구분

---

[72] 이번 용산 사고 때 돌아가신 아저씨의 경우는 4년 전에 가게를 이리로 옮기면서 상가권리금 1억 2천에 인테리어비용 및 수리비용 7천만 원 정도 해서 2억 가까이 들었어요, 보상금으로 5천만 원 주면서 나가라고 하는데, 누가 1억 5천만 원의 손해를 보면서 나가려고 해요? 이것이 유일한 생계수단이고 우리가 살아갈 수 있는 유일한 방법인데 말이에요(민중언론, 2009. 10. 21., H씨 인터뷰 내용).

[73] 저는 일반주택을 식당으로 개조해서 이곳에서 한 7~8년 동안 어머니와 함께 장사를 했어요. 이 식당이 유일한 생계수단인데, 조합이 결성되어 상가세입자들에 대한 대책은 전혀 없어요. 물론 "인간적으로는 상가세입자들의 처지를 나 일지민, 법적으로는 보상해 줄 하등의 이유가 없다"라고 하더군요. 이 말인즉은 법에서 정해 놓은 보상 말고는 더 이상 기대하지 말라는 것이죠. 상가세입자에 대한 고려가 전혀 없는 상태에서 정해진 기준만큼 보상만으로 이곳을 나가면 어떻게 살아야 할지 막막해요(민중언론, 2009. 10. 21., J씨 인터뷰 내용).

되는데, 이 시기는 서울시에서 용산4구역을 사업지구로 지정하는 시기이다. 또한, 본격적인 재개발사업의 시행을 위해 사업시행인가를 받는 시기로서, 주요 행위자 간의 상호작용관계는 다음과 같다(<그림 4-5> 참조).

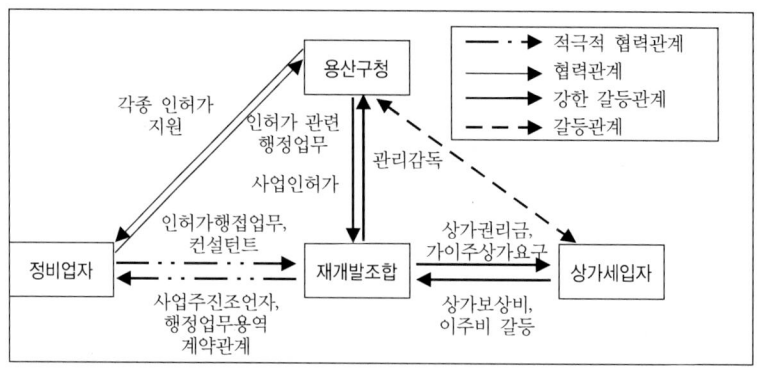

〈그림 4-5〉 주요 행위자 간 상호작용관계(갈등생성기)

주요 행위자 간의 상호작용을 구체적으로 분석하면 우선, 지방정부인 서울시, 용산구청과 재개발조합은 서로 협력관계를 형성하고 유지하게 된다. 왜냐하면 이들 주요 행위자들은 공통적으로 재개발사업을 신속하게 추진하려는 동일한 목표 아래 추진되기 때문이다. 이러한 주요 행위자들은 공통된 이해관계를 가지고, 그에 따라 공식적, 비공식적 정보전달이 비교적 자유롭게 이루어진다. 또한, 그들은 서로의 이해관계를 공유하는 연계행위 구조의 특징을 보이고 있다. 이것은 조합집행부의 용산구청 출입회수 등의 기록을 통해서도 간접적으로 확인이 가능하다. 즉, 적어도 월 2회 이상 그리고 많게는 5~6회 정도의 출입을 한 것으로 재개발조합의 추진일지에 기록되어 있다.

반면, 재개발사업의 진행에 합의하지 않는 상가세입자들은 재개발조합 및 정비업자와 갈등관계를 가지게 된다. 즉, 재개발조합과 상가세입자 간의 극심한 의견 차이는 서로의 정보를 공유하기보다, 그들 각자의 주장을 상대방에게 관철시키려는 연계행위 구조를 형성하게 된다. 따라서 이들 간에는 서로의 정보를 공유하지 않으려는 것이 특징으로 나타나며, 그들 간의 협의를 통한 갈등조정은 어려운 갈등관계 구조를 형성한다. 그리고 갈등생성기의 갈등발생 요인으로는 개발이익의 공유와 상가세입자 보상대책의 미흡 등 재개발과 관련된 참여의 문제보다는 상가세입자 보상 등의 경제적인 내용이 더 크게 작용한 결과로 볼 수 있다.

2) 갈등표출기: 사업시행인가와 갈등의 증대시기

갈등표출기는 사업시행인가부터 실질적인 상가세입자의 보상수준이 결정되는 관리처분계획인가의 기간으로 구분한다. 이 시기는 용산4구역 주민들에게 직접적인 보상수준이 결정되므로 갈등생성기와는 확연히 다르게 갈등이 증대되는 시기이다. 갈등형성의 두 번째 단계인 갈등표출기는 재개발과정에서 상가세입자에게 지급해야 할 구체적인 보상수준이 결정되는 시기이기 때문에 재개발사업의 진행과정 중에서 가장 중요한 시기이다.

용산구청에서 재개발사업의 본격적인 추진을 허가받는 단계인 관리처분인가에서 상가세입자가 감정평가의 과정에 참여하기는 거의 불가능하다. 따라서 이 시기에는 재개발조합이 선정한 감정평가사가 상가세입자의 상가영업보상 수준을 결정하는 것이 일반적이다. 이것은 재개발조합이 보상총액과 관련된 감정평가에 영향력을 행사할 수 있음을 의미한다.

이 시기의 주요 행위자 간 상호작용을 분석하면 다음과 같다. 먼저, 갈등생성기와 유사하게 지방정부인 서울시 또는 용산구청과 재개발조합은 소극적인 협력관계를, 그리고 재개발조합과 재개발조합이 선정한 시공회사는 서로 적극적인 협력관계를 가지게 된다. 왜냐하면, 이들은 신속한 재개발사업의 사업진행과 이를 통한 수익성의 보장이라는 공통된 목표를 추구하고 있기 때문이다. 따라서 이들은 상호 협력적인 구조를 형성하며, 이해관계의 공유를 위해 지식과 정보교환의 관계를 성립하는 특징을 보인다.

반면, 재개발조합과 철거민대책위는 추구하는 목표에서 분명한 입장 차이를 보이며, 갈등생성기보다 더욱 극심하고 복잡한 갈등관계 구도를 보이게 된다. 따라서 이들은 서로의 정보공유나 의사전달(communication)은 더욱 어렵게 된다. 이 단계에서의 갈등형성은 상가세입자들의 재개발사업 의사결정에 대한 참여의 어려움과 정보의 미공유가 갈등으로 표출됨을 알 수 있다.

이 시기의 특징 중 하나는 철거업자와 전철연이 새로운 주요 행위자로 참여하는 것이다. 즉, 철거업자와 전철연이 주요 행위자로 참여하면서 갈등생성기의 주요 행위자 간 상호작용의 변화를 가져오게 된다. 철거업자의 새로운 참여는 강압적인 강제철거로 이어졌으며, 상가세입자와 재개발조합 간에 갈등관계를 형성하게 된다. 뿐만 아니라 전철연의 새로운 참여는 상가세입자의 철거농성을 직·간접적으로 지원함으로써, 철거민 농성자들의 저항은 물리적이고 강력한 저항으로 발전하게 된다. 결과적으로, 철거업자와 전철연의 새로운 참여와 개입은 상가세입자와 재개발조합 간의 관계를 강한 갈등관계로 영향을 미치게 된다. 이러한 갈등표출기의 주요 행위자 간 갈등의 상호작용관계는 다음과 같다(<그림 4-6> 참조).

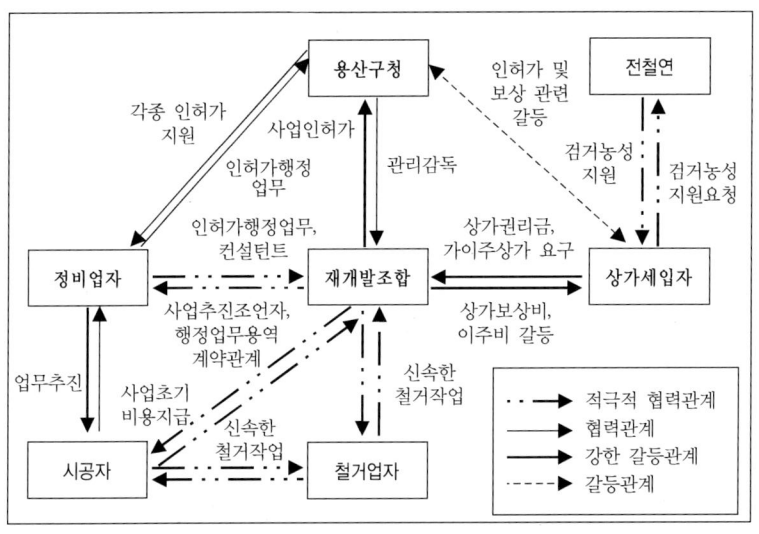

〈그림 4-6〉 주요 행위자 간 상호작용관계(갈등표출기)

3) 갈등심화기: 관리처분계획인가와 갈등의 최고조시기

갈등심화기는 관리처분계획인가부터 '용산참사'가 발생한 시점까지의 기간이다. 이 시기는 갈등이 최고조에 달하는 시기이다. 즉, 관리처분계획인가 이후에 동의하지 않은 상가세입자와의 갈등과 다양한 이해당사자들이 참여하면서 갈등이 증폭되어 종국에는 '용산참사'가 발생하는 시기이다. 2008년 6월 이후 용산4구역은 본격적인 이주 및 철거가 시작되면서 재개발조합의 보상대책에 합의하지 않은 상가세입자를 중심으로 구성된 세입자대책위와의 갈등은 더욱

깊어지게 된다.

세입자대책위 및 철거민대책위와 용산4구역 시공자로 선정된 삼성물산, 대림건설, 포스코건설 컨소시엄(이하 시공자), 그리고 철거를 담당하는 철거업자와 도시환경정비사업의 인가를 승인하고 관리처분계획을 인가한 용산구청과의 갈등은 고조되게 된다. 특히, 철거민대책위가 이주 및 철거를 시행하기 전에 보상대책에 대한 의견차이로 그들 간의 갈등은 더욱 심화되며, 2008년 11월에는 본격적인 철거가 시작되면서 철거업자의 강압적인 철거작업은 상가세입자와의 갈등을 더욱 고조시키게 된다. 이러한 상가세입자와 재개발조합 간의 갈등형성은 용산4구역의 강제철거 상황을 보여 주는 용산 4구역 상가세입자의 인터뷰 내용[74]을 통해서도 확인할 수 있었다.

이 시기는 전철연이 또 다른 이해당사자로 개입하게 되면서 행위자 간의 갈등이 더욱 심화되었으며, 철거민 농성자의 강압적인 철거 과정에서 인명사고가 발생하면서 용산4구역의 갈등구도는 최고조에 달한다. 이 시기의 주요 행위자 간 상호작용을 분석하면 다음과 같다. 공공기관인 서울시, 용산구청, 경찰과 재개발조합을 주축으로 시공자, 정비업자, 철거업자 등의 행위자들은 서로 협력적인 관계를 유지하게 된다. 왜냐하면, 이들은 추진계획 일정대로 재개발사업을

---

74) 현재 이주한 점포보다 영업을 하고 있는 점포가 더 많은데도 재개발조합은 영업방해를 목적으로 공사 전의 작업인 펜스를 높게 설치해서 영업에 막대한 영향을 주고 있습니다. 또한 주거상가를 겸하고 있는 영업집 주거공간을 계약서상에 이주날짜도 안 지났는데, 철거용역을 동원해서 무단으로 가택 침입을 하고 닥치는 대로 부수고, 철거하고 또한 부당함을 말하며 지지하는 상가세입자들을 폭행하고 그 상가세입자는 피해자인데 가해자로 바뀌는 상황이에요. 그리고 영업하고 있는 점포에 손님으로 가장해서 옆 손님에게 시비를 걸어 싸우고 점포를 난장판으로 만드는 수법 등으로 영업방해를 하고 있습니다. 또한 이주한 빈 점포를 부수고 각종 쓰레기와 오물을 버려서 극심한 악취가 나게 해서 영업을 하지 못하도록 방해하고 있습니다(신동우, 2009: 35쪽, 용산4구역 상가세입자 A씨의 증언).

신속히 추진하는 공통된 목적을 가지기 때문이다.

이들 간의 상호작용구조는 이해관계, 정보 등이 쉽게 교류되는 형태를 보임을 알 수 있었으며, 재개발조합은 재개발사업의 인허가를 용산구청과 협력적으로 처리하고자 노력하게 된다. 특히, 갈등심화기에서 주목할 점은 경찰과 범대위의 새로운 개입으로 인한 갈등구조의 상호작용관계가 갈등표출기와는 다르게 형성되는 부분이다. 즉, 경찰의 개입은 전철연을 비롯한 철거민대책위 중심의 상가세입자와 물리적인 충돌을 유발하는 직접적인 원인으로 작용한다.

경찰과 상가세입자의 물리적인 충돌이 발생하게 된 배경에는 무엇보다 경찰의 신속한 강제진압이 주요인이 되었음을 심층면접[75]을 통해서 확인할 수 있었다[76]. 그리고 범대위의 개입은 재개발조합과 강한 갈등관계의 상호작용관계를 형성하게 되는데, 그들은 사망자들을 비롯한 상가세입자의 보상과 사건진상규명 등을 재개발조합에 요구하였다. 상가세입자는 재개발조합과 여전히 상가권리금, 가이주상가, 이주비 등을 요구하면서 강한 갈등관계를 유지함을 알 수 있었다.

그러나 실질적인 재개발사업의 추진주체인 재개발조합을 비롯하

---

75) 경찰이 시민의 안정을 위해서 망루에서 화염병 투척을 막았으면 되는데, 그렇게 빠르게 진압할 필요가 있었는지 의문입니다. 이런 것들이 복합적으로 작동해서 '용산참사'가 발생되었다고 생각합니다(뉴타운바로세우기 연대회의 관계자 L씨, 심층면접).

76) 용산4구역은 전 서울지방경찰청장이 경찰차원에서 밀어붙인 결과로 보기는 어렵습니다. 왜냐하면, 그간 철거민 농성자들의 진압과정에서 사망사고가 여러 번 있었기 때문에, 경찰 시위진압 매뉴얼에 보면 농성자들을 진압할 때는 위험물질을 모두 소진할 때까지 인내한다고 되어 있어요. 그러면서 경찰은 철거민들이 안전하게 망루에서 내려올 수 있도록 유도한다고 되어 있습니다. 따라서 경찰 내부에서는 시위진압 매뉴얼에도 있듯이 경찰의 판단만으로는 하루 만에 강압진압하지는 않았다고 보입니다. 그래서 경찰의 윗선이 있다고 볼 수 있고, 윗선의 정치적인 결정이 있었다고 보여집니다. 아마도 그 윗선은 당시 국법질서, 법질서회복 등을 강조했던 청와대 쪽이 아닐까라고 생각됩니다(범대위 관계자 P씨, 심층면접).

여 정비업자, 철거업자, 시공자 등은 신속한 사업진행이라는 공통된 목표달성을 위해 신속한 철거작업을 추진하고자 담합행위에 가까울 정도로 적극적인 협력적 상호작용관계를 형성 및 유지하게 된다. 갈등심화기의 이러한 주요 행위자 간의 상호작용관계는 상당히 복잡한 갈등 및 협력관계의 상호작용구도를 형성하게 된다(<그림 4-7> 참조).

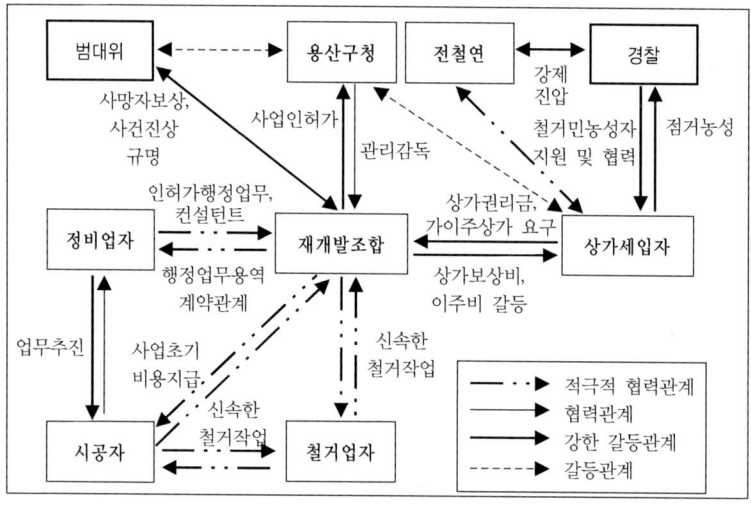

〈그림 4-7〉 주요 행위자 간 상호작용관계(갈등심화기)

4) 갈등해소기: 주요 행위자 간 합의와 갈등의 완화시기

이 시기에는 용산4구역 재개발사업의 상가세입자 영업보상비와 이주비 등의 문제가 표면화된 갈등문제가 철거민 농성자의 사망사건으로 이어지면서 갈등이 절정에 이르는 갈등심화기를 거치고, 2009년 9월경부터 갈등을 해소하기 위한 다양한 주요 행위자들이 보여

준 부단한 노력으로 용산4구역 갈등이 마무리되는 갈등해소기에 이르게 된다. 이러한 갈등해소기는 용산4구역 재개발사업의 갈등문제를 해결하기 위해 범대위, 종교단체(천주교정의구현사제단) 등의 시민단체, 서울시 및 용산구청, 국무총리 등이 재개발조합과 철거민 세입자 및 유가족의 갈등해소를 위해 노력이 진행된다.

이러한 노력들은 갈등해결 중재자로서 종교단체에 대한 역할요청, 정부의 공식사과 유도 및 문제해결을 위한 담당자지정, 장례비용의 지원에 대한 제안과 사망자 및 상가세입자에 대한 보상합의 등이 갈등해결을 위한 갈등전략으로 활용되고 있다. 즉, 이 시기는 기존의 주요 행위자 외에 범대위, 종교단체 등의 시민단체를 비롯하여 국무총리, 국회, 국토해양부 등의 중앙정부, 그리고 법원과 검찰 등의 사법부가 개입하면서 주요 행위자 간 매우 복잡한 상호작용관계가 이루어짐을 알 수 있다. 즉, 새로운 주요 행위자들이 개입하면서 그들 간의 또 다른 갈등구조가 형성되는 양상을 보이면서도 이들의 노력이 작용함으로써 결국에는 범대위와 재개발조합의 합의를 통해 갈등이 해소되는 계기를 마련하게 되었다.

갈등해소기에 새롭게 등장하는 주요 행위자 간의 상호작용을 살펴보면, 우선 시민단체와 재개발조합 및 중앙정부인 국무총리, 국회, 국토해양부와의 갈등형성 구조가 특징적이다. 게다가 재개발조합과 범대위를 중심으로 하는 시민단체 간의 철거민 세입자와 유가족 보상 등을 놓고 첨예한 대립을 보이면서 갈등이 증대되는 갈등구조를 보이게 된다. 따라서 이들 주요 행위자 간에는 서로의 정보를 공유하거나 합의를 위한 연계행위가 어려운 상호작용구조를 형성한다.

더욱이, '용산참사'로 가족을 잃은 유가족들은 재개발조합과의 보

상 관련합의를 위한 연계행위에 대하여 더욱 거부반응을 보이게 된
다. 따라서 그들 간의 갈등해결을 위한 실마리가 풀리지 못한 채 장
기간 시간이 소요된다. 그러나 범대위를 중심으로 한 시민단체가 유
가족 및 철거민 세입자 입장을 대변하는 등의 활동들을 하면서 협상
이 극적으로 타결되었는데, 서울시와 국회의 유가족에 대한 적극적
인 관심과 국무총리의 빈소방문으로 상가세입자 간 갈등해소의 계
기가 되었다. 갈등해소기의 행위자 간 상호작용관계를 분석하여 도
식화하면 다음과 같다(<그림 4-8> 참조).

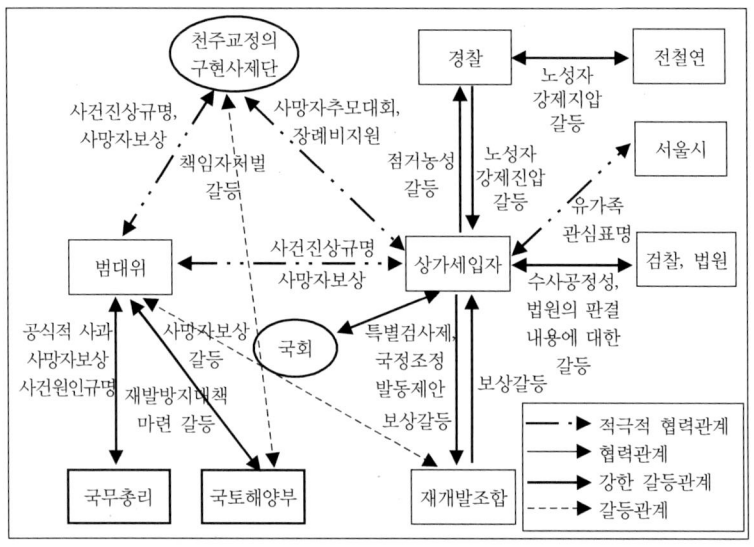

〈그림 4-8〉 주요 행위자 간 상호작용관계(갈등해소기)

제3절 네트워크 구조

1. 네트워크 구조 형태

갈등생성기의 직·간접적인 주요 행위자에는 용산구청, 정비업자, 재개발조합, 상가세입자 등이 해당된다. 이 시기에 참여하는 주요 행위자 간의 네트워크 구조는 비교적 단순하고 명확하게 나타나고 있다. 즉, 공통된 목표를 추구하면서 그들 간의 유기적인 이해관계가 형성되는 재개발조합과 용산구청, 그리고 재개발조합과 정비업자는 서로 개방적이고 협력적인 네트워크 구조를 보이게 된다.

이렇게 개방적이고 협력적인 용산구청과 재개발조합, 그리고 재개발조합과 정비업자의 네트워크 구조는 조합집행부가 용산구청에 월2회 이상 방문한 기록과 정비업자와 재개발조합 간의 사업계약관계를 통해서도 간접적으로 확인되었다. 하지만, 서로 다른 목표를 추구하면서 이해관계가 서로 상이한 재개발조합과 상가세입자는 서로 폐쇄적이고 갈등적인 네트워크 구조를 보이고 있다. 즉, 재개발조합과 상가세입자 간 대화나 협상 또는 왕래나 정보제공 등의 활동이 거의 이루어지지 않았다.[77]

재개발조합과 용산구청, 그리고 재개발조합과 정비업자는 재개발사업의 추진을 위한 계약관계나 인허가절차상의 행정업무 등의 명목으로 서로 필요한 정보를 공유하는 구조를 형성한다. 게다가, 재개발조합은 정비업자와 행정업무 용역계약을 맺기 때문에 서로 권

---

[77] 재개발조합과 상가세입자, 그리고 재개발조합과 용산구청의 방문기록은 재개발조합의 업무일지를 참조하였다.

력관계가 형성되며, 용산구청과 정비업자 및 재개발조합도 인허가절차를 수행하기 위해 수직적인 권력관계를 보이게 된다. 그리고 재개발조합은 사업시행주체로서 상가보상비와 이주비 등을 상가세입자에게 보상해 주는 행위주체이다. 따라서 재개발조합은 강자의 입장을 취하는 반면, 상가세입자는 재개발조합의 보상조건에 협상하게 되는 약자의 권력관계를 가지게 된다.

갈등표출기의 직·간접적인 주요 행위자는 용산구청, 정비업자, 재개발조합, 상가세입자, 전철연, 시공자, 철거업자 등이 해당된다. 이 시기에 참여하는 주요 행위자 간의 네트워크 구조는 갈등생성기와 큰 차이를 보이지는 않았다. 즉, 공통된 목표를 추구하며 유기적인 이해관계를 가지는 재개발조합과 용산구청, 그리고 재개발조합과 정비업자, 철거업자, 시공자는 서로 개방적이고 협력적인 네트워크 구조를 형성한다. 따라서 그들 간에는 서로의 정보공유나 의사전달 등이 자유롭게 나타났다.[78]

그러나 재개발조합, 용산구청과 상가세입자는 분명한 입장의 차이를 보임으로써, 서로 폐쇄적이고 경직된 네트워크 구조를 형성하게 된다. 즉, 상가세입자는 주거이전비, 이사비용, 휴업보상비, 임대주택 또는 국민주택 분양권 등의 충분한 보상을 요구한다. 따라서 이들은 서로 폐쇄적이고 경직된 네트워크 구조를 형성되며, 상호 간의 대화나 협조관계, 정보제공 등의 활동이 거의 이루어지지 않았다. 개방적이고 협력적인 네트워크 구조를 가지는 재개발조합과 용산구청, 그리고 재개발조합과 정비업자, 철거업자, 시공자는 재개발사업

---

78) 재개발조합과 정비업자, 시공자, 철거업자, 그리고 재개발조합과 용산구청의 정보공유 등은 재개발조합의 업무일지 및 회의 자료 등을 참조하였다.

의 계약관계 및 인허가절차의 행정업무를 위해 필요한 정보를 공유한다. 또한, 재개발조합과 정비업자, 철거업자, 시공자는 행정업무상의 용역계약을 맺기 때문에 수직적인 권력관계가 형성된다.

용산구청과 정비업자 및 재개발조합도 인허가절차를 위한 수직적인 권력관계가 형성된다. 게다가, 재개발조합은 상가세입자에게 보상해 주는 행위주체로서, 재개발조합과 상가세입자 역시 권력관계를 가지게 된다. 마지막으로, 전철연은 상가세입자의 보상요구를 재개발조합에게 얻도록 지원하며, 그들 간의 계약에 따라서 권력관계가 형성될 수 있다.

갈등심화기의 직·간접적인 주요 행위자는 용산구청, 정비업자, 재개발조합, 상가세입자, 전철연, 시공자, 철거업자, 경찰, 범대위 등이 해당된다. 이 시기의 주요 행위자 간 네트워크 구조는 갈등생성기나 갈등표출기와는 다르게 다양한 행위자들이 참여함으로써, 복잡하고 경직되며 폐쇄적인 네트워크 구조를 형성하는 것이 특징이다. 즉, 전철연을 비롯한 범대위 등의 시민단체가 간접적인 행위자로 가세하면서 상가세입자와 함께 주요 행위자로 등장한다. 이로써 상가세입자를 중심으로 한 범대위와 재개발조합을 비롯한 철거업체, 경찰, 용산구청 등은 경직되고 폐쇄적인네트워크 구조를 형성하였다.

이 과정에서 상가세입자와 범대위, 재개발조합과 정비업자, 철거업자, 시공자, 용산구청 등의 주요 행위자들은 그들 내부적으로는 자신들의 정보를 공유하고 협력적이고 유기적인 관계를 형성한다. 하지만, 그들 외부적으로는 갈등의 대상과 이유를 명확히 함으로써 경직되고 폐쇄적인 네트워크 구조를 형성한다. 게다가, 조정자 혹은 중재자의 역할을 담당해야 할 주체인 지방정부의 역할부재는 갈등해소를 위한 대화나 협상으로의 시도조차 어려운 네트워크 구조 형성에 간접적인 영향을 미치고 있다. 그리고 경찰은 점거농성하는 전철연 및 철거민 농성자들과 대화나 타협 등 소통을 위한 통로의 부재로 폐쇄적이고 갈등적인 네트워크 구조를 보였다.

한편, 개방적이고 협력적인 네트워크 구조를 가지는 재개발조합과 정비업자, 철거업자, 시공자는 행정업무상의 용역계약으로 수직적인 권력관계가 형성된다. 그리고 용산구청과 정비업자 및 재개발조합도 인허가절차로 인해 수직적인 권력관계가 형성된다. 또한, 경찰은 상부에서 지시하는 명령에 따라서 철거민 농성자들을 강제적으로 진압해야 한다. 따라서 경찰은 내부적으로 수직적인 권력관계를 보이며, 철거민 농성자와 의사소통이나 정보제공 등이 거의 불가능한 경직되고 폐쇄적이며 갈등적인 네트워크 구조를 형성한다. 재개발조합은 상가세입자에게 보상해 주는 행위주체로서, 재개발조합과 상가세입자 역시 수직적인 권력관계를 가진다. 마지막으로, 전철연은 상가세입자의 보상요구를 재개발조합에게 얻도록 지원하며, 그들 간의 계약에 따라서 권력관계가 형성될 수 있다.

갈등해소기의 직·간접적인 주요 행위자에는 재개발조합, 상가세입자, 전철연, 경찰, 범대위, 종교단체, 서울시, 국회, 국무총리, 국토해양부, 사법부 등이 해당된다. 이 시기의 주요 행위자 간 네트워크 구조는 대체적으로, '용산참사'를 수습하고 이해당사자 간의 갈등을 해결하고자 협상분위기를 조성하면서 서로 의사전달을 통한 유연하고 개방적인 네트워크 구조가 특징적이다.

직접적인 행위자인 유가족을 비롯한 상가세입자와 재개발조합의 입장을 간접적인 행위자인 범대위를 비롯한 시민단체와 국무총리,

서울시, 국토해양부, 국회, 사법부 등이 대변하면서 다양한 방법으로 소통과 협상이 진행되었다. 그러면서 경직적이고 폐쇄적이던 직접적인 행위자 간의 네트워크 구조를 유연하고 개방적인 네트워크 구조로 변화된다. 여기에는 간접적인 행위자들의 소통을 위한 다양한 활동들이 중요하게 작용하였다.

즉, 직접적인 행위자인 유가족을 비롯한 상가세입자와 재개발조합의 입장을 대변하는 간접적인 행위자인 범대위를 비롯한 시민단체와 국무총리, 서울시, 국토해양부, 국회, 사법부 간에는 권력관계가 형성하지 않는다. 즉, 직접적인 행위자인 유가족을 비롯한 상가세입자나 재개발조합은 그들의 입장을 대변하고 목적을 달성하고자 계약관계를 통해 수직적인 권력관계로 간접적인 행위자를 참여시킨 것이 아니기 때문이다. 이것이 네트워크 구조의 분석결과 갈등해소 기만의 특징으로 드러났다.

2. 갈등구조

용산4구역 재개발사업의 갈등구조는 직접적인 갈등관계와 간접적인 갈등관계로 구분할 수 있으며, 각각의 갈등관계가 상이한 갈등구조의 형태를 보이게 된다. 그리고 직접적인 갈등관계는 갈등의 형성요인에 따라서 두 가지 형태로 분류할 수 있다. 첫째, 용산4구역 재개발사업의 영업보상비와 관련하여 상가세입자 중심의 범대위와 재개발조합 간에 형성되는 갈등구조이다. 둘째, '용산참사'가 발생된 이후 철거민 농성자의 사망원인과 책임규명에 대하여 유가족을 중심으로 한 범대위와 경찰 간에 형성되는 갈등구조이다. 즉, 영업보상비와 관련해서는 직접적인 이해당사자들 사이에서 갈등구조가 형성되며, 철거민 농성자 사망원인과 책임규명과 관련해서는 범대위를 비롯한 시민단체 등의 간접적인 이해당사자들이 개입함으로써 그들 간에 갈등구조가 형성됨을 알 수 있다.

용산4구역 재개발사업에서는 직접적인 이해당사자 간에 형성되는 직접적인 갈등구조와 '용산참사'로 인해 사망자가 발생하고 이를 관리하는 과정상에서 간접적인 갈등구조가 형성되고 있었다. 한편, 철거민 사망자에 대한 중앙정부의 책임성 있는 사과요구와 관련해서 유가족을 비롯한 범대위와 중앙정부를 대신할 수 있는 국무총리 간의 간접적인 갈등구조도 발생하였다. 또한, 용산4구역 재개발로 인해 상가영업비 보상 및 '용산참사'로 인한 유가족의 보상과 관련하여 유가족을 비롯한 범대위와 서울시 및 용산구청 간에도 간접적인 갈등구조가 나타났다.

그리고 철거민 사망자 원인규명을 놓고 검찰과 범대위 간에, '용산참사'에 대한 책임자 처벌 및 재판결과에 대해서는 법원과 범대위 간에 간접적인 갈등구조가 형성되었다. 이 밖에도 수사기록 전면공개의 여부를 놓고 검찰과 법원의 행위자간, 그리고 경찰의 강제진압 과정에서 발생한 사망자에 대한 책임과 처벌과 진상규명의 우선순위 문제와 관련하여 국회에서는 여·야의 정치권 간에 간접적인 갈등구조를 보이게 된다.

1) 직접적인 갈등구조

직접적인 갈등구조는 용산4구역 상가세입자를 중심으로 구성된 철거민대책위 및 범대위와 재개발조합 간에 형성된 것으로, 상가세입자에 대한 보상비 및 이주비의 첨예한 입장 차이로 극심한 갈등이 발생한 것이다. 상가세입자의 상가영업보상 문제와 관련하여 형성된 이해당사자 간의 갈등구조는 용산4구역 추진과정에서 관리처분계획의 변경과 관련하여 절차적 규정을 위반하는 문제로 법원에서 용산4구역 재개발무효처분을 받는다. 그럼으로써, 용산4구역 재개발사업을 둘러싼 주요이해당사자 간 직접적인 갈등구조는 향후에도 반복하여 발생될 소지가 있다.

상가세입자를 대변하는 범대위와 농성자들의 강제진압을 담당하였던 경찰 간에 점거 농성자들의 진압과정에서 발생한 사망사건의 원인규명과 책임소재를 두고 주요 행위자 간 직접적인 갈등구조가 형성되었다. 이러한 용산4구역 재개발사업의 직접적인 갈등구조를 도식화하면 다음과 같다(<그림 4-9> 참조).

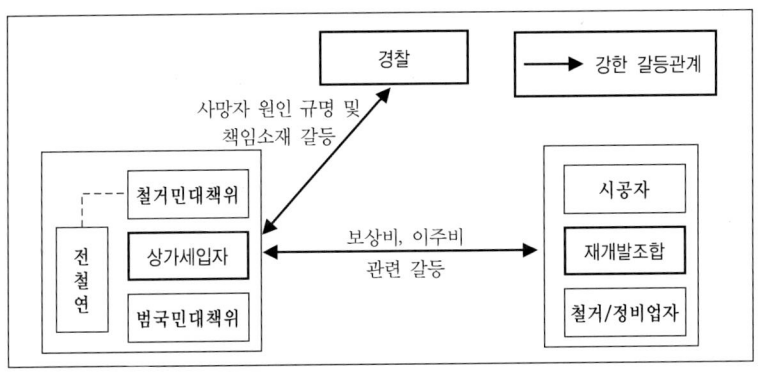

〈그림 4-9〉 용산4구역의 직접적인 갈등구조

한편, 사망원인 규명과 책임자 처벌문제와 관련하여 대법원은 점거농성자 사망원인을 경찰의 강압적인 진압과정으로 보기보다는 농성자가 보관하던 휘발성 물질에 귀책사유가 있다고 판결하였다. 그러나 이러한 판결결과에 대해 유가족을 중심으로 한 범대위는 크게 반발하면서 경찰과 직접적이면서 강력한 갈등구조 형성하게 된다.

2) 간접적인 갈등구조

상가세입자의 보상비 및 이주비를 두고 재개발조합과 발생되는 직접적인 이해당사자들의 갈등조정과 협상을 이루고자 철거민대책위 및 범대위와 서울시 및 용산구청 간에 간접적인 갈등구조가 발생하게 되었다. 이러한 주요 행위자들의 간접적인 갈등구조는 철거민 농성자와 관련하여 유가족에 대한 보상 문제 및 상가세입자대책 관련제도 개선문제 등과 관련하여 형성되었다. 이처럼, 용산4구역 상가영업 보상비와 '용산참사'로 인한 사망자 발생과 관련된 갈등에서 직접적인 갈등행위자는 아니지만, '용산참사'에도 불구하고 도시환경정비사업을 촉진하겠다는 서울시의 발표[79]로 도심재개발사업의 속도조절을 요구하는 범대위 간에 간접적인 갈등을 유발시키고 있다.

그리고 철거민 사망자 원인규명을 놓고 검찰과 범대위 간에, '용산참사'에 대한 책임자 처벌 및 재판결과에 대해서는 법원과 범대위 간에 간접적인 갈등구조가 형성되었다. 이 밖에도 수사기록 전면공개의 여부를 놓고 검찰과 법원의 행위자 간, 그리고 경찰의 강제진압 과정에서 발생한 사망자에 대한 책임과 처벌과 진상규명의 우선순위 문제와 관련하여 국회에서는 여·야의 정치권 간에 간접적인 갈등구조를 형성한다. 게다가, 경찰진압과정에서 다수의 사상자가 발

---

79) 중앙일보, 2009년 2월 2일자.

생함으로써 갈등이 최고조에 달하는 용산4구역 재개발사업은 이후 '사법적 판결'과정을 거치면서 책임소재, 건물불법점거, 공무집행방해 여부, 사망원인 등에 대하여 경찰과 사망자 유족 간 치열한 사법적 갈등으로 이어졌다. 하지만, 사법적 판결과정에서 조차도 경찰과 사망자 유족에 대하여 이해당사자 간의 의견대립으로 갈등이 심화되기도 하였다. 뿐만 아니라, 사망자에 대한 보상액 산정과 사망자에 대한 정부의 공식적 사과 등을 놓고 정부와 범대위, 재개발조합과 서울시 및 유족들 간에 갈등이 표출되는 등 다자간의 간접적인 갈등이 발생하였다.

'용산참사'와 관련하여 사망자의 명예회복 및 사망자에 대한 정부의 책임성 있는 사과를 놓고 유가족을 주축으로 한 범대위와 국무총리 간에 간접적인 갈등이 발생하였다. 철거민 농성자 사망과 관련하여 진상규명과 사망자 발생의 책임자 처벌방식을 놓고 국무총리실과 국회, 여·야 간에 간접적인 갈등이 발생하기도 하였다. 게다가, '용산참사'에 대해 '선 진상규명, 후 책임자처벌'을 주장하는 정부와 '선 책임자 처벌, 후 진상규명'을 강조하는 범대위 및 야당 사이에서 간접적인 갈등이 발생하고 있다. 이러한 용산4구역 재개발사업의 간접적인 갈등구조를 도식화하면 다음과 같다(<그림 4-10> 참조).

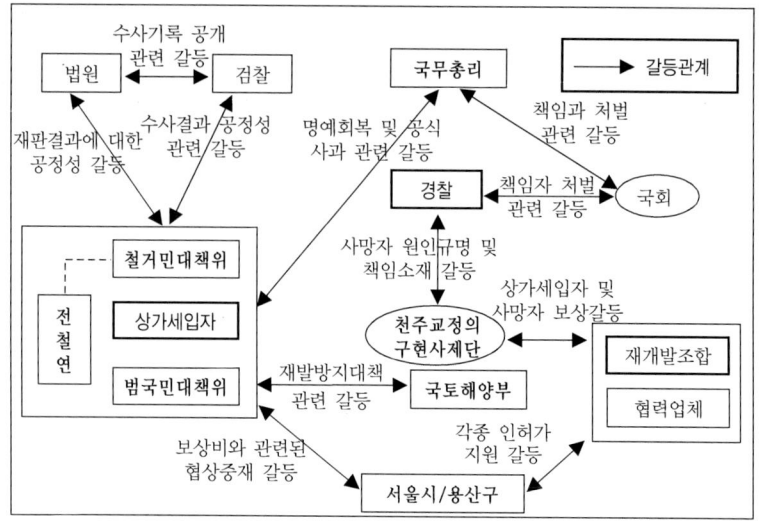

〈그림 4-10〉 용산4구역의 간접적인 갈등구조

제4절 갈등구조 종합

1. 갈등구조 변화과정

1) 주요 행위자 개입의 변화

갈등단계별로 참여하는 주요 행위자를 살펴보면, 우선 갈등생성기(2006. 4.~2007. 5.)에 서울시, 상가세입자, 용산구청, 재개발조합, 정비업자 등이 주요 행위자로 참여한다. 갈등표출기(2007. 6.~2008. 5.)는 시공자, 철거업자, 세입자대책위, 전철연, 철거민대책위 등이 새로운 주요 행위자로 참여한다. 갈등심화기(2008. 6.~2009. 1.)는 경찰과 범대위, 마지막으로 갈등해소기(2009. 2.~2010. 1.)는 종교단체, 중앙정부, 사법부 등의 주요 행위자가 참여하게 된다. 갈등단계별 참여하는 주요 행위자는 그들이 추구하는 목적과 이해관계의 차이에 따라서 다양한 형태의 갈등구조 양상을 가지며, 각 갈등단계별 주요 행위자의 참여시기는 다음과 같다(<표 4-13> 참조).

〈표 4-13〉 갈등단계별 주요 행위자의 참여시기

참여시기	주요 행위자
갈등생성기	서울시, 상가세입자, 용산구청, 재개발조합, 정비업자
갈등표출기	시공자, 철거업자, 세입자대책위, 전철연, 철거민대책위
갈등심화기	경찰, 범대위
갈등해소기	종교단체, 중앙정부, 사법부

갈등단계별 주요 행위자 개입의 변화와 그 특징을 살펴보면 다음과 같다. 첫째, 갈등단계의 진행에 따른 용산4구역 재개발사업의 주요 행위자는 지속적으로 증가하고 있다. 즉, 갈등생성기에는 서울시를 비롯한 5개의 주요 행위자가 관계되지만, 갈등심화기는 12개의 주요 행위자가 참여하게 된다. 이것은 주요 행위자가 증가할수록 그와 함께 갈등발생 소지도 함께 증가하며, 이해당사자 간의 갈등구조는 더욱 복잡해지기 때문에 갈등해결을 위한 협상이 쉽지 않고 결국에는 갈등이 증대됨을 알 수 있다.

둘째, 갈등해소기에 관여하는 주요 행위자의 개입이 증가하고 있다. 갈등해소기에 접어들어서 주요 행위자가 감소할 것이라 생각되나 오히려 증가함을 알 수 있다. 따라서 갈등해소기에 새로운 주요 행위자가 참여하면서 기존의 주요 행위자들과 또 다른 갈등을 유발하며 매우 복잡한 갈등의 양상을 보인다. 하지만 그럼에도 불구하고 갈등해소기에 새롭게 참여한 주요 행위자의 다양한 노력은 재개발조합과 유가족 및 철거민 세입자의 합의를 유도한다. 즉, 범대위와 종교단체를 비롯한 시민단체, 국무총리, 국회 등이 주요 행위자로 참여하면서 재개발조합, 경찰, 법원, 검찰, 서울시와 용산구청을 비롯한 지방정부 등과 새로운 갈등을 유발한다. 하지만 그들은 사망자 진상규명과 상가세입자 및 유가족에 대한 보상을 촉구하는 등 갈등해결을 위해 활동하였고, 그 결과 극적인 협상의 실마리를 찾는 계기가 된다.

셋째, 갈등해소기에 개입되는 주요 행위자는 용산4구역 재개발사업과 직접적인 이해당사자가 아닌 간접적인 이해당사자들이다. 즉, '용산사태'의 직접적인 이해당사자인 유가족이나 상가세입자가 아닌 범대위, 종교단체 등의 시민단체가 중심이 되어 사건의 원인 및 책임소재와 책임자 처벌 등에 관여하는 행위자로 참여한다. 게다가, 국무총리를 비롯한 국회의원, 법원, 검찰 등도 간접적인 이해당사자로서 주요 행위자로 참여하게 된다. 그리고 용산4구역 재개발사업과 '용산참사'의 직접적인 이해당사자인 상가세입자와 재개발조합이 아닌 범대위 중심의 시민단체와 중앙정부 및 사법부, 서울시 등의 간접적인 이해당사자가 직접적인 이해당사자들을 대변하게 된다. 이는 오히려 직접적인 이해당사자 간의 대화와 타협의 장을 마련하는 데 거부감을 줄임으로써 갈등을 해소하는 데 중요한 역할을 수행하게 된다.

2) 갈등구조의 변화과정

주요 행위자 간 갈등구조의 변화과정을 갈등단계별로 구분하여 분석하면 다음과 같다.

갈등생성기인 2006년 4월경에는 용산4구역 재개발사업과 관련된 갈등의 주요 행위자는 무엇보다 재개발구역 내의 토지등소유자와 재개발구역에서 영업활동을 하는 상가세입자이다. 재개발구역 내의 토지등소유자와 상가세입자 간에는 주로 이주 및 철거, 각종 보상과 관련하여 주요 행위자 간의 상이한 기대를 가지지만, 이해당사자들의 기대가 구체적으로 인지되거나 표출되지는 않는 상태이다. 용산4구역 재개발사업의 토지등소유자와 상가세입자의 첨예한 기대차이는 2006년 5월 재개발조합이 용산재개발구역에 관한 관리처분계획을 수립하게 되면서 토지등소유자를 중심으로 한 재개발조합과 상가세입자 간의 갈등으로 표출된다.

갈등표출기는 직접적인 이해당사자들의 기대가 더 구체적으로 인지되는 시기로서, 직접적인 주요 행위자인 재개발조합과 상가세입자 간에 이주, 철거 및 보상에 관한 기대가 관리처분계획으로 구체화되면서, 관리처분계획의 내용이 주요 행위자 간의 갈등유발 요인으로 작용한다. 용산4구역 재개발사업의 직접적인 이해당사자들의 기대감이 담겨진 관리처분계획의 내용이 공개되면서 기대감을 충족하지 못한 이해당사자들의 불만이 다양한 방식으로 표면화되는 단계이다.

갈등심화기는, 2007년 6월부터 표출되기 시작한 용산4구역 갈등은 2009년 1월 20일을 전후하여 갈등의 절정기에 이르는 시기이다. 갈등심화기를 거치면서 주요 행위자들의 갈등과 관련된 개입범위가 확대되고, 갈등강도는 더욱 높아지는 갈등구조를 보이게 된다. 갈등심화기는 재개발조합, 범대위, 경찰, 국무총리, 서울시 및 용산구청, 검찰 및 법원 등이 주요 행위자로 참여한다. 그리고 갈등을 야기하는 영업보상비와 이주비 문제, 사망자 원인규명 및 책임자 처벌문제, 사망자의 명예회복을 위한 정부의 공식적 사과문제, 사망자 원인규

명 및 책임자 처벌문제, 수사기록 공개문제, 공정재판 및 재판결과
의 공정성 문제 등은 다양한 이해관계가 형성되고 표면화된다.

갈등해소기는 다양한 주요 행위자들이 참여하면서 또 다른 갈등을
유발하기는 하지만, 그들의 노력이 반영되어 재개발조합과 범대위의
극적인 합의가 이루어지면서 갈등은 해소국면에 진입한다. 또한, 서
울시, 국무총리 등의 관심과 철거민 사망자의 장례식이 거행되면서
용산4구역 재개발사업의 주요한 갈등이 해결되는 갈등구조를 보인다.
이러한 갈등단계별 갈등의 변화과정 다음과 같다(<표 4-14> 참조).

〈표 4-14〉 갈등단계별 갈등구조의 변화과정

구 분	주요 행위자 간 갈등	갈등의 변화과정
갈등 생성기	서울시와 토지등소유자	●정비기본계획에 의거하여 용산4구역을 '도시환경정 비사업 지구'로 지정
	용산구청과 재개발조합	●재개발사업시행인가 등 각종 인허가
	재개발조합과 상가세입자	●이주 및 철거, 보상 문제의 상이한 의견 및 기대심리
갈등 표출기	재개발조합과 상가세입자	●관리처분계획인가, 재개발조합 설립, 재개발사업시 행인가 획득 ●이주 및 철거, 보상 계획의 상이한 평가
	재개발조합과 세입자대책위	●영업보상비 및 이주비 관련 첨예한 이견
갈등 심화기	재개발조합과 철거민대책위	●영업보상비 및 이주비 관련 첨예한 이견
	범대위와 경찰	●사망자 원인규명 및 책임자 처벌
	범대위와 서울시 및 용산구청	●철거민 세입자 및 사망자에 대한 보상
갈등 해소기	범대위와 국무총리	●사망자에 대한 명예회복 및 정부의 사과
	범대위와 검찰 및 법원	●사망자 원인규명 및 수사기록 공개 여부 ●공정재판 및 재판결과
	종교단체와 서울시	●갈등해결을 위한 협조요청
	범대위와 서울시	●갈등해결을 위한 서울시의 노력을 천명
	범대위와 시민단체 및 시공자	●사망자 장례비 지원 표명
	재개발조합과 범대위	●사망자 및 상가세입자 보상에 극적인 합의
	범대위와 국무총리	●국무총리 '용산참사' 분향소 방문 ●사건해결 천명 및 공식적인 연결통로

2. 갈등형성 요인

1) 상가세입자의 보상수준 불만족

정책네트워크 분석결과 용산4구역 재개발사업의 갈등형성요인으로는 무엇보다 상가세입자의 보상수준에 대한 불만족이 핵심인 것으로 드러났다. 특히, 상가권리금을 법적으로 보장받지 못하는 것으로 인하여, 상가세입자가 보상에 불만족하는 것으로 분석되었다. 이같은 사실은 주요 행위자의 심층면접에서도 확인할 수 있었는데, 심층면접자 중 다수[80]가 용산4구역 갈등의 주요인으로 상가세입자의 낮은 보상수준을 지적[81]하였다. 특히, 상가권리금의 법적 보장이 필요성을 언급하고 있다.[82] 결국, 상가세입자들이 재개발조합의 보상수준에 만족하지 못하면서 잠재되었던 갈등이 종국에는 '용산참사'로 표출된 것이라고 할 수 있다.

---

80) 심층면접 대상자 중 서울시청 정비사업팀 담당자 K씨, (주)파크앤시티 정비업자 담당자 C씨, '용산참사' 진상규명위원회 관계자 L씨, 전국철거민연합회 관계자 J씨, 뉴타운바로세우기 연대회의 관계자 L씨 등이 용산4구역 갈등형성 요인으로 상가세입자 보상수준을 언급하였다. 그리고 그중 대부분이 상가권리금에 대한 법적인 보장이 안 되는 부분을 갈등의 주요인으로 지적하고 있다.

81) 사실, 용산4구역은 우리나라 도시재개발사업에서의 보상과 관련된 전통적인 갈등이었죠. 특히, 무엇보다 상가세입자들의 보상 문제로 발생한 것이 '용산참사'입니다. 그곳은 주민들이 어느 정도 만족할 만큼 손해보상을 했었어도 되는 사업구역이라고 봅니다. 그 지역은 비례율도 높았고 개발이익도 많이 나왔으며, 조합 자체적으로 나온 '관리처분계획 자료집'을 보면 손실보상액으로 300억이 책정되었는데, 실제 집행비용은 70억 정도밖에 되지 않았다. 책정액을 모두를 지급할 필요도 없었고, 책정금액을 어느 정도만 지급했어도 극심한 갈등 없이 타협이 가능했을 것으로 보입니다. 재개발조합에서 책정된 보상액 금액을 절약하려고 보상액을 충분하게 지불하지 못했다고 봅니다. 따라서 그것이 용산4구역 갈등의 주요인이라 생각됩니다(뉴타운바로세우기 연대회의 관계자 L씨, 심층면접).

82) 도시의 경우에는 상가보증금보다 상가권리금이 굉장히 많습니다. 상가보증금은 불과 몇백만 원인데, 상가권리금은 몇 억 원에 해당하고 이런 거죠. 권리금이 법적으로 보호받고 있지는 않지만, 그들의 생존이지 않습니까? 그러다 보니까 당사자들은 권리금을 무시할 수 없는 것이죠. 결국에는 권리금이 '용산참사'의 원인이라고 볼 수 있죠(전철연 관계자 J씨, 심층면접).

2) 사업지연에 따른 사업비의 증가

주요 행위자 분석을 통해서 드러난 것처럼, 재개발사업을 직접적으로 수행하는 사업추진주체와 그 밖의 직·간접적인 주요 행위자 간의 입장은 극명하게 차이가 있었다. 즉, 실질적으로 사업을 추진하는 시행자인 재개발조합을 중심으로 정비업자, 시공자, 철거업자, 용산구청 등은 신속한 사업추진이라는 공통된 그들의 목표달성을 위해 협력적인 상호 관계를 형성 및 유지하게 된다.

신속한 사업추진을 위해 용산4구역 시공자는 '관리감독'이라는 이름으로 철거업자의 업무전반을 관리·감독하도록 하였다. 그리고 철거업자들은 2008년 6월까지 철거작업을 완료하지 못할 경우, 지체보상금을 지불해야 한다는 계약서를 재개발조합과 작성하였다. 이러한 협력업체와 재개발조합 간의 이러한 계약관계는 철거업자가 지나치게 서둘러서 상가세입자들을 퇴거시키고 강제철거를 강행하는 요인으로 작동하게 된다. 게다가, 재개발사업의 초기비용을 '대여금'이라는 명목으로 시공자가 선 지급[83]함으로써, 재개발조합과 시공자 간의 유착관계의 가능성도 존재하게 된다.

이러한 재개발조합을 비롯한 협력업체들 간의 적극적인 협력관계의 형성과 유지는 결과적으로 신속한 사업추진을 함으로써 사업비를 줄이고 수익을 극대화하려는 그들의 사업추진 배경에서부터 비롯된 것이다. 즉, 철거업자는 지체보상금을 재개발조합에 지불하지 않기 위해서 어떠한 수단과 방법을 동원해서라도 상가세입자를 퇴

---

83) 재개발조합의 초기비용에 대한 부담은 없죠. 사업 초반에 정비업체 선정이 돼서 초기에 들어가는 비용관리를 운영비조로 하다가, 시공사가 선정이 되고 난 다음부터 정비업체 계약금이라든지 설계사 계약금 등을 시공사로부터 차입을 해서 초기비용을 부담하게 되죠. 이것을 대여금이라고도 합니다(삼성물산 시공사의 담당자 B씨, 심층면접).

거시키고자 노력하게 된다. 재개발사업의 지연에 따른 사업비용 부담증가로 인하여 협력업체의 신속한 사업추진이 갈등형성요인으로 작동하고 있음을 협력업체의 심층면접을 통해서 재차 확인할 수 있었다.[84]

3) 재개발사업에 대한 지방정부의 시각

상기의 정책네트워크 분석을 통한 주요 행위자 간의 상호작용관계와 심층면접에서 드러난 용산4구역 재개발사업의 갈등요인 중 하나는 재개발사업을 재개발조합 및 협력업체와 상가세입자들의 상호관계를 개인적인 이해관계로 바라보는 지방정부의 시각임을 알 수 있었다. 즉, 용산구청을 비롯한 서울시청은 법적인 테두리 안에서만 용산4구역과 관련된 각종 인허가절차를 수행하였으며, 지방정부는 법적인 범위를 벗어난 이해당사자 간의 갈등을 중재하거나 사업추진주체를 관리·감독하는 것이 어렵다는 입장만을 표명하였다.

용산구청 및 서울시는 영업보상과 관련하여 발생되는 재개발조합과 상가세입자간의 갈등을 행위주체들 간의 사적인 문제로 바라봄으로써, 그들이 개입할 명분이 없다는 입장만을 고수하였다. 또한, 지방정부는 '용산참사'의 사고가 서울시민의 안전 측면으로 수행된, 적법한 공권력행사의 과정에서 철거민 농성자의 방화로 사상자가

---

84) 관리처분인가에서 세입자와 협의가 안 되면 사업지연이 되기 때문에 그런 부분들이 사업상의 발목을 잡게 되는 거죠. 이주비는 들어가 있는데 다달이 이자는 나가지요. 용산4구역의 경우도 이자가 약 500~600 정도 됩니다. 한 달에 20~30억씩 나가고 있는데 명도처분인가가 나지 않으면, 그런 것들이 다 조합원들에게 부담이 되고 사업성을 악화시키는 것이죠. 만약에 '용산참가'가 발생하지 않았다면 공사비를 상당히 줄일 수 있었겠죠. 600억까지 추가비용이 발생하지는 않았을 것이고, 100~200억 정도로 추가비용이 발생했을 것이라고 봅니다(삼성물산 시공사의 담당자 B씨, 심층면접).

발생하였다는 입장을 보이고 있다. 이렇게 지방정부 입장에서는 철거민 농성자와 재개발조합 간의 갈등을 단순한 그들 사이의 사적인 측면으로 '용산참사'를 바라보고 있었다. 따라서 이것이 용산4구역 재개발사업의 갈등형성요인으로 작용하게 되었음을 알 수 있다. 이러한 사실은 업무상 초지일관 법적인 부분만을 강조하는 용산구청[85]과 서울시청[86]의 사업담당 공무원의 심층면접에서도 확인할 수 있었다. 이것은 재개발사업에 대한 지방정부의 무책임한 입장을 단적으로 보여 주는 사례라고 할 수 있다.

상가세입자의 보상 문제를 사적인 관점으로 바라보는 지방정부의 시각이 어떠한 결과를 초래하는지 살펴보면 다음과 같다. 상가세입자는 재개발조합의 보상수준에 만족하지 못하면서 그들의 주장을 표명하기 위해 우선적으로 재개발조합을 찾아가게 된다.[87] 하지만,

---

85) 구청에서는 재개발조합과 주민이 합의를 할 수 있도록 자리를 마련하는 것 이외에 할 수 있는 것이 특별하게 없습니다. 왜냐하면 보상에 관한 합의는 법적으로 그들 당사자 간의 문제이므로 구청에서 합의과정에 관여할 수 있는 여지가 없기 때문입니다(용산구청 도시계획과 사업담당자 J씨, 심층면접).

86) 원칙적으로, 서울시에서 상가세입자 보상에 관여할 여지는 없습니다. 당사자하고 인가권자, 인가권자도 사실상 기준에 맞춰서 해 주었다면 인가권자도 어쩔 수 없는 거죠. 어떻게 보면 당사자 간의 문제인데, 그게 법적인 기준에 맞춰서 했는지를 인가권자가 판단을 했어야 하죠(서울시청 정비사업팀 사업담당자 K씨, 심층면접).

87) 주거세입자나 상가세입자나 가장 먼저 조합을 찾아가게 되는데, 조합에서는 제대로 된 평가금액 항목내역을 공개하지 않거든요. 조합에는 입구에서는 용역들이 항상 버티면서 위협적으로……. 이분들이 그다음으로 가는 곳은 용산구청이죠. 그 지역에서 오랫동안 살아왔던 분들은 공공에 대한 신뢰가 그래도 있어요. 구청에서는 우리들이 주민이니까 10년 동안 살아온 주민인데 우리들의 이야기를 외면하지 않겠지, 하고 구청을 찾아가게 되는데…… 그러나 돌아오는 답변은 별거 없죠. 집 있고 땅 있는 사람들이 자기 돈 가지고 사업하는데 세입자들이 자꾸 더 달라고 하면 되겠느냐고 하거나, 구청이 관할하는 게 아니라 조합 가서 알아봐라 이렇게 얘기하는 거죠. 극단적인 경우는 용산구청처럼 떼잡이들, 이런 식으로 크게 간판을 붙여 놓기도 하고. 거기서 크게 실망을 하게 되는 거죠. 구청에서 그런 식의 입장(얘기)을 듣고 나니. 그분들도 사실 제도적이고 법적인 시도는 다 해 보시죠. 하지만 다 안 되고…… 이 문제를 풀어 나갈 방법들을 찾지 못하는 거고, 그러다 보니 극단적인 싸움의 양산으로 가는 경우가 많은 것 같습니다(진상규명위원회 관계자 L씨, 전화인터뷰).

재개발조합과 특별한 합의점을 찾지 못한 상가세입자는 공공기관으로서 각종 인허가절차를 수행하는 용산구청을 찾아가게 된다. 그러나 용산구청은 상가세입자의 보상 문제를 개인적인 차원으로 바라보기 때문에 직접적인 개입이 불가하다는 입장만을 표명하게 된다.

따라서 상가세입자들은 그들에게 정보를 주고 의사소통을 함으로써 도움을 요청할 수 있는 전철연이라는 시민단체에 의지하게 된다. 결국에는 이것으로 인하여 상가세입자들이 극단적인 투쟁방식으로 그들의 주장을 표명하고자 선택하게 되며, 이것이 결과적으로 '용산참사'의 원인으로 작용한 것이라 할 것이다. 이러한 내용은 진상규명위원회의 한 관계자와 심층면접[88]을 통해서 확인할 수 있었다.

4) 정치적 배경하에서 성급한 공권력 투입

용산4구역 재개발사업의 갈등은 일반적인 재개발사업에서 발생하는 갈등의 원인 중 하나인 상가세입자의 재개발조합 보상에 대한 불만으로 시작되었으나, 타 지역과는 다른 신속한 공권력이 투입되면서 '용산참사'를 유발하는 직접적인 요인으로 작용하게 되었다.[89]

---

88) 용산에서 돌아가신 한 열사님이 계세요. 호프 운영하시던 분이시고 연세 가장 많으셨던 분인데 품에 지니고 있던 용산구청 공문이에요. 작년에 대법원 판결도 끝나고 검찰로부터 돌려받은 거거든요. 그 전까진 검찰로 보관하고 있다가. 이분이 20여 년 '한강 갈비집' 운영하다가 리모델링해서 호프집을 운영하시고 쭉 살아오시던 분인데. 내용 보시면, 이분이 사전에 공문이든 질의서든 구청에 보내셨던 거 같아요. 세입자보상이 완료되지 않았으니 관리처분을 중지해 달라. 또는 지금 당장 하지 말아 달라고 보내셨죠. 그것에 대한 회신공문으로 온 건데…… 내용을 보면 "세입자 보상계획에 대한 협의가 없다 해서 관리처분을 기타 등을 중단할 수 없는 상황임을 회신하오니 양지하시기 바랍니다." 거절당하신 거죠. 이 공문을 갖고 망루에 올라가셨어요. 이러한 사례를 통해서 알 수 있듯이, 구청에선 보상에 관련해서 자기가 할 수 있는 건 없다고……(진상규명위원회 관계자 L씨, 심층면접).

89) 경찰이 시민의 안정을 위해서 망루에서 화염병 투척을 막았으면 되는데, 그렇게 빠르게 진압할 필요가 있었는지 의문입니다. 이런 것들이 복합적으로 작동해서 '용산참사'가 발생되었다고 생각합니다(뉴타운바로세우기 연대회의 관계자 L씨, 심층면접).

이러한 차원에서 보았을 때, 현 정부의 정치적인 배경하에서 성급한 공권력 투입은 용산4구역에서 인명사고가 발생하는 '용산참사'의 주요한 갈등형성요인으로 볼 수 있다. 특히, 일반적인 상가세입자보상 갈등과는 다르게 용산4구역에서는 물리적인 충돌에서 그친 것이 아니라, 인명사고로까지 이어지면서 범대위를 비롯한 시민단체, 정부뿐만이 아니라 전 국민의 이목이 집중될 만큼 재개발사업에서의 커다란 사건이었다.

이렇게 '용산참사'의 직접적인 요인을 공권력의 빠른 투입이라고 보아도 지나치지 않을 것인데, 이러한 내부에는 현 정부의 정치적인 배경이 간접적으로 작동하고 있음을 정책네트워크 분석 결과 확인할 수 있었다. 즉, 이전 정부와는 다르게 현 정부에서는 경제우선주의 원칙에 따라서 뉴타운사업 등의 개발사업 및 토목사업에 비중을 두고 있다. 따라서 현 정부의 도시개발중심의 밀어붙이기식 사고방식이 공권력의 성급한 투입한 것임을 심층면접[90]을 통해서 확인할

---

90) 개발문제로 인한 갈등은 쭉 역대 어느 정권이든 있어 왔던 건데, 현 정권이 들어서면서 뉴타운개발이라는 도심광역개발이 시작된 거죠, 굉장히 정치적인 프로젝트였던 거잖아요. 대권 프로젝트로 제시됐었고…… 그런 것들이 굉장히 표로 즉각적으로 연결되던 상황이 있던 거고…… 용산 4구역에 대해서도, 사실 굉장히 작은 지구의 개발구역 계획인 것 같지만, 서울역부터 한강르네상스까지 이어지는 서울 부도심을 만들겠다는 용산을, 그런 O 모씨 전 시장의 프로젝트가 있었던 거고, 사업비 50조가 투여되는……. O모씨 전 시장도 재선기간 안에 이 사업을 한강르네상스까지 연결해서 빨리 추진하려고 했던 것들이 있었던 거고…… 거기에 삼성물산을 비롯한 대부분 재벌들이 참여하는 방식으로 있었던 거고…… 사실 용산4구역도 개발의 속도가 더 빨리 추진될 수 있었던 거죠. 특히, 경찰들의 재개발지역에서의 개입도 현 정부에 들어와서 많이 달라졌거든요. 사실 그 이전까지만 해도 당사자들 간의 갈등문제 이런 측면으로 경찰이 개입, 물론 경찰이 언제나 철거민들 편이었던 적은 없지만…… 물리적인 충돌이 발생하는 그 상황에서만 개입을 했었지, 그 이전단계에서는 별로 개입을 안 하는 편이었는데. 현 정부는 법과 원칙 이런 것들을 상당히 강조하면서, 재개발 지역에서도 포클레인이 공사가 들어온다, 그러면 철거민들은 무조건 몸으로 막는 거잖아요……. 계속 그런 식으로 하다 보니까 철거민들도 예전과 다른 상황에 직면하게 되고 점점 경찰에 대한 압박도 더 많이 느끼게 되고 그런 상황들이 발생을 했었던 거죠('용산참사' 진상규명위원회 관계자 L씨, 심층면접).

수 있었다.

3. 갈등해소 기제

1) 세입자보상의 협상분위기 조성

용산4구역 재개발사업에서 범대위를 비롯한 시민단체, 서울시를 포함한 정부, 재개발조합 등의 주요 행위자가 견지하고 있던 협상조건을 다소 완화하고 용산4구역 재개발사업으로 인한 갈등문제를 해결하려는 직·간접적인 당사자 및 주요 행위자 간의 노력이 철거민 농성자의 사망자 및 상가세입자들의 보상 문제를 해결하는 기제로 작동하였다. 이처럼 주요 행위자 간의 협상분위기 조성을 위해 범대위는 우선, 철거민들에게 요구한 임대상가의 포기의사를 밝혔고, 사망사건에 대한 정부의 사과수위를 대통령에서 국무총리로 수위조정하면서 협상여건을 마련하게 된다. 재개발조합도 범대위가 요구하는 보상액을 수용하였고, 그동안 종교단체들의 모금을 통해 지원하기로 하였던 장례비용도 재개발조합이 부담하기로 결정하였다. 이렇게 세입자보상을 위한 재개발조합의 적극적인 입장변화도 사망자 및 상가세입자 보상 문제를 타계하는 긍정적인 기제로 작용하고 있다.

이 밖에도 보상 문제를 해소하고자 서울시를 포함한 정부의 설득노력도 협상분위기를 조성하는 데 긍정적인 요인으로 작용하였다. 즉, 2009년 2월 12일 직접 지시한 무전기의 통화내용이 언론에 공개되면서 농성자들의 진압사망자에 대한 책임을 지고 서울지방경찰청장을 퇴임하였다. 그동안 유가족 및 범대위가 줄기차게 요구하였던 사망자들의 명예회복 및 정부의 사과표명과 관련하여 2009년 10월

경부터 서울시장이 문제해결의 의지를 천명하게 되었다.[91] 또한, 국무총리가 '용산참사' 분향소를 방문하였고, 대통령과 국무총리가 '용산참사'에 대한 유감을 표명[92]하는 등 '용산참사'와 관련된 문제 해결을 위하여 정부가 전향적인 자세를 보인 점도 사망자 및 세입자들의 보상 문제를 타결하는 중요한 돌파구를 마련하는 계기로 작용하였다.

이처럼 사망자 및 세입자의 보상 문제를 해결하기 위한 긍정적인 분위기 조성을 기반으로 용산4구역 재개발조합과 사망자 및 세입자로 진행된 범국민대책회의가 2009년 21월 31일 이루어진다. 이러한 범국민대책회의를 통해 국무총리의 사과표명, 유가족 보상금 지급, 상가분양권 인정, 장례비용 지급, 피해자들의 치료비 지급, 전철연에 가입한 상가세입자의 보상금 지급, 용산4구역 내 식당운영권 인정, 2010년 1월 9일 장례식이 거행되면서 2010년 1월 25일 분양소의 철거 등의 사항에 합의하기에 이른다.

2) 범대위를 비롯한 시민단체의 노력

용산4구역 재개발사업의 갈등문제를 해결하기 위해 범대위를 포함한 종교단체 등의 시민단체는 재개발조합과 철거민 세입자 및 유가족의 갈등해소를 위한 활동들을 진행된다. '용산참사' 후 각 지역사회에서 100여 개의 시민단체들이 모여서 범대위를 결성하게 된다. 즉, 점거농성자에 대한 경찰의 강제진압과 사망자발생 이후 농성자의 유가족을 추모하기 위한 시민단체들이 참여하면서, 범대위라는

---

91) 중앙일보, 2009년 10월 1일자.
92) 중앙일보, 2009년 10월 3일자.

조직을 결성하게 된 것이다. 범대위는 경찰의 강제진압 과정에서 발생한 사망자 원인규명과 책임소재 및 책임자에 대한 처벌 등의 문제에 대하여 중앙정부, 사법부, 경찰, 지방정부, 재개발조합 등과의 갈등관계에서 주도적인 역할을 수행하게 된다. 용산4구역 재개발사업의 사망자 유가족 및 상가세입자들의 입장을 대변하는 등 상가세입자 및 유가족과 재개발조합 간의 갈등해결 위한 다양한 활동들을 통해 갈등해소의 기제로서의 역할수행을 하였다.

사망자 및 세입자 보상 문제를 타결하기 위한 종교단체 및 각종 사회단체의 노력 역시 보상 문제의 타결에 긍정적인 영향을 미치게 되었다. 종교단체들은 범대위의 참여단체로서 적극적인 역할을 수행하기도 하였다. 이러한 종교단체는 범대위와 긴밀하게 연대하면서, 천주교정의구현사제단의 시국미사를 시작으로 기독교계의 시국예배, 불교계의 시국법회 등의 활동이 이어졌다.

특히, 천주교정의구현사제단은 2009년 3월부터 각 지역별 시국미사를 추진하였고, 4월부터 문정현신부가 참사현장 농성에 합류하였다. 이러한 종교단체들의 적극적인 추모행사 활동은 철거민 유가족들이게 큰 위로가 되었고, 각계각층의 시민연대를 확산하는 역할로 작용하기도 하였다. 한국교회봉사단은 장례비 및 치료비로 어려움을 겪는 사망자 및 부상자의 유가족들에게 장례비용을 대납하겠다고 제안함으로써, 사망자 및 세입자 보상 문제에 긍정적인 작용을 하였다.

3) 국무총리의 취임과 정부의 활동노력

용산4구역 재개발사업의 갈등문제를 해결하기 위해 서울시 및 용산구청, 국무총리, 국토해양부, 국회 등이 재개발조합과 철거민 세입자 및 유가족의 갈등해소를 위해서 노력하게 된다. 즉, '용산참사' 이후 용산4구역 갈등해소를 위한 정부의 다양한 활동들이 진행되었다. 우선, 2009년 9월 29일 국회에서 국무총리 임명동의안이 통과되면서 공식출범하는 새로운 국무총리의 취임은 용산4구역 철거민 세입자들의 협상활동에 커다란 변화로 작용하게 된다.

J모씨 국무총리는 총리 후보자 인사청문회부터 '용산참사'의 해결을 위한 강한 의지를 가지고 새로운 국무총리로 인명된 것이다. 따라서 국무총리는 취임 직후인 10월 3일 용산참사 현장을 방문하여 유가족 및 범대위 측과 대화를 나누며, 유가족에 대한 유감을 표명하고 총리실에 용산문제를 다루는 담당자를 배치하고 범대위와 연락을 취할 것을 선언하였다. 그는 이 자리에서 "지방정부를 비롯한 담당자들 간에 원만한 대화가 이루어지도록 최선을 다하겠다"라며 국무총리실에서 논의한 후 범대위와 유가족이 총리실과 직접적으로 상황을 소통하고 협력할 수 있는 '연결통로'를 마련하겠다고 약속하였다.

국무총리는 '용산참사'의 갈등해소를 위한 전제조건으로 범대위가 요청하는 정부의 공식적인 사과와 관련하여, 2009년 10월 3일에 있었던 국무총리의 '용산참사' 현장방문과 2009년 12월 30일 국무총리의 유감표명, 그리고 2010년 1월 12일 '용산참사' 분향소 조문을 통해 "다시는 이런 일이 발생하지 않도록 재개발정책을 개선하는 데 최선의 노력을 다하겠다"라고 밝히는 등의 내용이 '용산참사'의 갈등완화에 긍정적인 영향을 미치게 되었다.

국토해양부는 도심재개발사업과 연계하여, 용산4구역 재개발사업 지구지정, 사업추진방식, 재개발정책 등의 결정과 관련된 비공식적인 주요 행위자에 해당한다. 즉, 중앙정부의 주요 정책을 결정하는 중앙부처로서, 용산4구역 재개발사업 갈등의 간접적인 행위자인 것이다. 국회 역시, 갈등을 유발하게 된 재개발정책 및 사업추진방식과 관련하여 중앙정부에 개선안을 요구하며, 점거농성자 진입과정에서 발생한 사망자의 원인규명 및 관련자 처벌문제를 놓고 '특별검사제 도입'과 '국정조정권 발동' 등을 요구한다. 그리고 국토해양부는 '용산참사'의 재발방지를 위한 종합대책을 마련하는 등 용산4구역 갈등해소를 위해 노력하였으며, 서울시, 용산구청 등과 함께 세입자에 관한 권리보호 등의 대책을 수립하기도 하였다.

'용산참사' 이후 서울시, 용산구청 등과 함께 상가세입자에 관한 권리보호 등의 대책을 수립하는 등 용산4구역 갈등해소를 위한 긍정적인 하나의 기제로 작용하였다. 결과적으로, 서울시와 국회의 유가족에 대한 적극적인 관심과 국무총리의 빈소방문으로 상가세입자와의 갈등이 해소되는 계기가 되었다.

4. 갈등해소를 위한 제언

여기서는 용산4구역 재개발사업의 각 갈등단계별 분석결과를 통해 도시재개발사업의 갈등해소를 위하여 제언을 도출하고자 한다. 본 서적의 연구를 통하여 도출된 재개발사업에서 갈등해소를 위한 제언으로는 사전적인 갈등관리의 마련, 간접적인 행위자 및 참여경로의 확대, 마을만들기 등의 정비수법 도입, 지방정부의 적극적인 시각전환, 선택 가능한 상가세입자의 보상기준 마련, 공공관리제도의 권한강화 등으로 요약된다.

1) 사전적인 갈등관리의 마련

재개발사업에서의 갈등이 심화된 이후에 갈등을 해결하고자 노력하는 사후적인 방식이 아닌, 사전적으로 갈등의 소지를 줄이면서 갈등방지 차원의 적극적인 갈등방안 마련을 하는 방향전환이 필요하다. 본 서적의 분석에서도 '용산참사' 발생 전후의 대처방안이 사후적으로 진행됨을 알 수 있었다. 즉, '용산참사' 이전에 용산구청을 비롯하여 서울시, 국토해양부, 국무총리, 국회 등의 중앙 및 지방정부는 갈등발생을 예방하기 위한 사전적인 노력보다는 '용산참사' 발생 이후의 사건해결 및 대책마련을 위해 노력하였다.

용산4구역 재개발사업에서는 정부의 갈등방지를 위한 사전적인 노력은 부족했으며, 사건발생 이후에 비로소 서울시를 비롯한 국토해양부 등이 적극적으로 관심을 보이게 되었다. 그리고 서울시를 비롯한 중앙정부의 사후적인 노력의 결과는 직접적인 이해당사자들의 합의로 이어졌으며, '용산참사'의 진상규명과 책임자처벌과 관련해서는 법원의 사법적 판단에 따라 사후적인 결정이 이루어졌다. 뿐만 아니라, 직접적으로 갈등이 해결되는 재개발조합과 상가세입자 간의 합의는 15~20억 정도의 금전적인 유가족 보상금으로 마무리되는 등 사후적인 방식으로 용산4구역의 이해당사자 간의 갈등이 해소되었다.

재개발사업에서 사전적인 갈등관리를 위해서는 이해당사자 간의 충분한 소통의 장을 마련하는 것이 무엇보다 중요함을 분석결과 알 수 있다. 왜냐하면, 직접적인 이해당사자 간의 지속적인 협의의 장이 없다면 협상을 시도하지 못할 것이고, 이것은 그들 간의 갈등으로 이어지기 때문이다. 결국, 다양한 보상방법의 제도적 장치의 마련과 상가세입자와의 충분한 의사소통이 사후적이 아닌 사전적인 갈등관리의 방안이 될 수 있다.[93] 따라서 상가세입자와의 지속적인 대화채널을 확보하고 활용함으로써 재개발사업의 사전적인 갈등관리가 가능하게 된다.

이러한 사전적인 갈등관리를 위한 상가세입자의 소통을 확대하기 위해 분쟁조정위원회의 역할 및 권한강화[94]를 제안한다. 현재, 분쟁조정위원회는 재개발사업에서 발생되는 분쟁조정을 위해 시·군·구에 설치하여 운영하고 있다. 이는 재개발사업에서 다양한 이해당사자가 참여하며, 그들 간의 첨예한 의견차이로 합의 및 조정이 어려우며, 때로는 갈등이 심화되어 분쟁으로까지 발전하기 때문이다.

이에, 재개발사업의 이해당사자 간 분쟁조정을 목적으로 2009년 5월 「도시 및 주거환경정비법」에 분쟁조정위원회를 신설하여 법제도적 근거를 마련하였다. 이러한 분쟁조정위원회의 역할을 확대하여 상가세입자와의 소통의 장으로서의 기능을 수행토록 하는 것이다. 즉, 분쟁조정위원회에서 상가세입자들의 목소리를 듣고, 그들에게

---

93) 상가세입자들은 법적인 사항이나 수치화해서 해결하기는 굉장히 어렵습니다. 왜냐하면, 개개의 상가상황이 너무 다양한 거예요. 인테리어 수준이 어느 정도인지, 시설투자비나 상가권리금이 얼마나 들었는지는 모두 다릅니다. 다만, 충분한 대화가 필요하다고 봅니다. 사업시행자와 세입자 간 사업진행을 위해서는 어찌되었든 동의를 얻어야 하고 보상을 해 주어야 하기 때문에, 그런 사항에 대해서 충분한 협의과정을 넣어서 그런 부분을 설득하는 과정이 필요하다고 생각합니다. 그래서 그런 차원에서 분쟁조정위원회를 만들었는데, 사실상 현장에서 작동을 하느냐? 여기에 대해서는 저도 의문이 갑니다. 아직까지는 활성화는 되지 못하고 있습니다(서울시청 정비사업팀 사업담당자 K씨, 전화인터뷰).

94) 분쟁조정위원회는 「도시 및 주거환경정비법」 제77조의2(도시분쟁조정위원회의 구성 등)에서 규정하고 있다. 분쟁조정위원회 관련내용은 모두 4개의 항으로 구성되어 있으며, 그들의 역할 및 권한강화를 위해 다음 항목을 제안한다.
제5항: 기초자치단체에 설치·운영하고 있는 분쟁조정위원회를 상급관청인 광역시·도에 설치함으로써 기초자치단체의 분쟁조정위원회를 철저하게 관리·감독한다.
제6항: 분쟁조정위원회는 재개발사업의 시행에서 보상과 관련된 분쟁사항을 심사·조정할 수 있다. 특히, 상가세입자 보상수준과 관련된 분쟁의 경우, 분쟁조정위원회는 시행자(재개발조합)에게 보상금의 지급을 명령할 내릴 수 있다.

적절한 내용으로 재개발조합과 협상할 수 있는 권한을 부여하는 것이다. 그럼으로써, 분쟁조정위원회는 상가세입자들의 의견을 청취하고, 타협방안을 제시하는 조정자 역할을 기대할 수 있다. 이를 통해 재개발사업에서 갈등이 발생된 뒤 수습하는 사후적인 방식이 아닌 예방차원의 사전적인 갈등관리가 이루어질 수 있을 것이다.

한편, 2011년 8월에 입법예고된 「도시재정비 및 주거환경정비법」에서도 분쟁조정위원회를 현행 기초자치단체에 설치·운영하던 것을 상급관청인 광역시·도에서도 설치토록 보완하고 있다. 물론, 이같은 제도적 보완은 분쟁조정위원회의 역할확대 권한강화에 긍정적인 영향을 미치게 될 것이다. 그러나 사전적인 갈등관리를 위해서는 이것으로는 부족하며, 상가세입자와의 소통의 장으로서의 기능을 수행하도록 역할과 권한을 부여해야 한다고 사료된다.

2) 간접적인 행위자 및 참여경로의 확대

용산4구역 재개발사업에서 범대위와 종교단체를 포함한 시민단체 등의 노력은 재개발조합과 철거민세입자 및 유가족 간의 갈등해소를 위한 기제로서 작동하는 것이 상기의 분석결과에서 드러났다. 즉, 범대위를 비롯한 시민단체들은 재개발사업의 추진과정에서 직접적으로 관여하기보다는 '용산참사'의 발생 이후에 간접적인 행위자로 등장하여 이해당사자 간의 갈등해소에 긍정적인 영향을 미치고 있다. 이것은 다양한 시민단체들이 간접적으로 참여하여 재개발사업에서 발생되는 극심한 갈등해소를 위한 기제로 활용될 수 있음을 말해주고 있다. 따라서 재개발사업으로 발생되는 갈등해소를 위한 간접적인 행위자와 그들의 참여경로를 확대함으로써, 재개발사업의 갈등을 완화하거나 해소할 수 있다.

재개발사업에서 사전적으로 갈등소지를 줄이면서 갈등방지 차원의 관리방안 마련에도 불구하고, 갈등이 심화되거나 분쟁으로 이어지면 사후적인 차원의 갈등해결을 위한 노력이 필요하다. 즉, 사전적인 갈등예방 차원에서 갈등이 원만하게 해결된다면 더할 나위 없겠지만, 만약 제2의 '용산참사'가 발생하게 된다면 이를 대비해야 할 것이다. 이처럼, 재개발사업에서 불가항력적으로 발생되는 갈등의 심화나 해결하기 어려운 분쟁이 발생하는 경우, 시민단체와 같은 간접적인 행위자의 개입을 통해서 갈등을 원만하게 해결할 수 있는 것이다.

즉, 시민단체 등의 간접적인 행위자들이 참여할 수 있도록 참여경로를 확보함으로써 이해당사자 간의 분쟁이나 갈등을 제3자의 입장에서 조절하고 협상하는 데 긍정적인 영향을 미칠 수 있다. 따라서 이러한 차원에서 간접적인 행위자들의 참여경로를 확보하고 이를 통해서 간접적인 참여자를 확대해야 한다고 제언한다. 이것은 이해관계가 복잡하고 첨예하게 달라서 쉽게 해결되기 어려운 재개발사업에서의 갈등해소를 위한 하나의 새로운 대안이 될 것이다.

3) 마을만들기 등의 정비수법 도입

도시환경정비사업은 대부분 재개발조합 또는 토지등소유자가 시행자가 되고 관리처분방식에 따라서 전면철거방식으로 시행된다. 이렇게 전면철거방식의 단일한 사업방식으로 재개발사업이 진행되기 때문에 재개발사업에 참여하는 다양한 이해당사자 간의 갈등이 끊이지 않고 있다. 분석결과에서 알 수 있듯이, 전면철거방식에 따른 현행의 재개발사업은 상가세입자와의 보상갈등으로 사업진행에 어려움을 겪게 된다. 게다가, 사업시행자인 재개발조합과 사업추진주체인 협력업체 간의 수익극대화를 위한 유기적이고 적극적인 협력관계는 우리나라 재개발사업의 고질적인 문제인 유착관계를 유발하며, 상가세입자와 극심한 갈등이 형성되고 있다.

따라서 재개발조합과 상가세입자 간의 해결하기 어려운 갈등을 근본적으로 해결하기 위해서는 전면철거방식이 아닌 점진적인 사업방식인 개선형 재개발수법이 다양하게 도입되어야 할 것이다. 이러한 점진적인 사업방식에는 현지개량방식인 지역주민들이 사업주체가 되어 주택개량 및 정비하는 마을만들기 정비수법이 있다. 그리고 마을만들기는 재개발사업의 갈등을 해소하는 대안적인 개선형수법이 될 수 있다.

마을만들기는 최근에 비법정계획인 주민참여형 마을만들기 또는 협력형 마을만들기 등으로 등장하였고, 이러한 마을만들기 정비수법의 정착과 확대가 필요하다. 마을만들기란 일본의 마치즈쿠리(まちづくり)의 용어를 직역한 것이다. 이 개념은 1962년 일본의 나고야시 에이토 지구의 도시재개발 시민운동에서 처음 사용되었고, 1975년 '마을만들기'로 일본 전역에서 사용된다. 마을만들기(まちづくり)와 유사한 용어로는 '도시만들기', '지역만들기' 등이 있다. 또한, 지역주민이 거주하는 도시나 지역 및 마을을 그 지역 고유의 특성이나 자연환경에 맞게 주민들이 주도적으로 마을이나 도시를 만든다는 의미이다.

국내에서는 1970년대에 새마을운동으로 마을만들기가 처음으로 시도되었다. 그리고 1990년대 중반 이후 중앙정부가 마을만들기에 관심을 가지면서 2006년 '살기좋은지역만들기 특별위원회'를 통해 '살기좋은지역만들기' 정책을 추진하였다. 그리고 2007년에는 문화체육관광부의 '문화역사마을가꾸기', 행정안전부의 '정보화마을', 농림수산식품부의 '녹색농촌체험마을', '환경농업시범마을', 농업진흥청의 '농촌전통테마마을', 국토해양부의 '어촌체험관광마을', '살고싶은도시만들기' 등의 다양한 사업들이 전국 각지에서 활발히 추진되고 있다.

마을만들기를 통해서 재개발사업의 상가세입자 보상을 비롯한 이해당사자 간의 갈등을 해결할 수 있을 것이다. 왜냐하면, 마을만들기와 같은 개선형 정비계획수법은 재개발조합이나 협력업체의 이익추구가 아닌, 지역주민들의 주거환경의 질적 향상이 그들의 목표이기 때문이다. 이러한 마을만들기 등의 점진적인 개발방식을 통해서 그곳에 거주하는 주민들이 계속 살면서 정비사업을 추진할 수 있게 된다. 따라서 상가세입자에게 임시상가를 마련한다거나 순환재개발방식을 도입하지 않아도 재개발사업을 순조롭게 진행할 수 있다.

마을만들기뿐만 아니라 여러 형태의 다양한 점진적인 개선형 정비수법의 개념들이 최근 우리나라에서 등장하고 있다. 즉, 최근에 등장하는 다양한 개선형 정비수법을 국내에 도입하고 정착시킴으로써 재개발사업의 갈등뿐만 아니라 전면철거방식의 재개발사업의 고질적인 문제점들을 점진적으로 개선할 수 있을 것이다. 예를 들면, 현지개량수법(휴먼타운[95]), 경관협정사업 등), 마을만들기 사업, 소규

---

95) 휴먼타운은 최근까지 지속되어 온 아파트 중심의 개발방식에서 탈피하여 저층주거지의 환경을 개선하고 보존하려는 취지에서 등장하였다. 이에 서울시는 2011년 6월에 '서울휴먼타운'의 시범사업 2곳을 본격적으로 추진하는 계획을 발표하였다. 이러한 휴먼타운은 기존의 개발방식과 차별되는 저층주거단지를 조성하고자 하는 것이다. 또한, '서울휴먼타

모주택정비사업, 주택 개·보수사업(마을기업, 사회적 기업 등) 및 리모델링 활성화사업, 소규모상가 신축·개축사업, Urban Village[96] 등의 다양한 정비수법이 있다. 이렇게 점진적인 정비방식의 다양한 도입과 추진을 통해서 근본적인 차원에서 재개발사업의 갈등해소가 실현될 수 있다고 확신한다.

이미 미국, 영국, 일본을 비롯한 해외의 선진국에서는 도시개발 및 재개발사업의 패러다임 변화로 협력형 마을만들기 방식이 활발하게 진행되고 있다. 특히, 일본에서는 재개발사업에서의 갈등해소를 위한 노력들이 부단히 이어지고 있다. 일본에서는 재개발사업의 갈등해소를 위한 대안적인 정비방식으로서, 커뮤니티 밀착형 정비방식과 지구구분론 정비방식을 도입하여 추진하고 있다.

특히, 지구구분론 정비방식은 지구환경을 정비하고자 지구로 구분하고 지구의 특성에 맞게 재개발사업을 시행하는 것이다. 이 두 가지 정비방식은 동경도(東京都)에서 재개발사업 갈등해소를 위한 해법으로 등장하여 현재까지 활발히 시행되고 있다. 서울시 재개발사업에서도 정비구역 해제지역이나 갈등해소를 위해서 적용 가능한 '서울형 커뮤니티 정비방식' 및 '지구구분론 정비방식'의 새로운 도입이 필요하다고 보인다. 왜냐하면, 이것은 서울시 재개발사업에서

운'은 지역주민이 스스로 참여하여 그 지역을 직접 가꾸는 마을만들기의 성격과 기반시설의 확충 및 생활편익시설의 정비 등 재개발사업의 성격이 결합된 새로운 개념의 점진적인 개선형 정비수법 중 하나이다.

96) Urban Village는 그 이름 그대로 도시에 마을과 같은 스케일감과 친밀감을 회복하고자 하는 것이다. 즉, 기본적으로 자동차를 이용하지 않고서도 큰 불편함이 없으며, 다양한 계층의 사람들이 함께 거주하면서 다양한 커뮤니티를 형성하도록 하는 개념이다. 또한, 계획입안에서도 주민참가를 전제로 주변여건과 어울리는 도시디자인을 추구하고 있다. 이러한 Urban Village 개념은 영국의 도심부가 쇠퇴하던 1970년대 이후 맨체스터 등을 중심으로 본격화되었다. 그리고 대도시의 재생을 위해 각지에서 도시개발공사를 설립하여 도시재생사업을 추진하게 되었다(이삼수, 2006: 5쪽).

정비구역 해제지역의 환경정비나 갈등해소를 위한 실마리를 마련하는 하나의 해법제시가 될 수 있기 때문이다.

한편, 2011년 8월에 입법예고 된 「도시재정비 및 주거환경정비법」에서도 정비·보전·관리가 병행 가능한 새로운 정비사업방식을 도입하는 내용을 포함하고 있다. 하지만, 본 입법예고에서는 주민들이 주택을 개량·정비하는 주거지재생사업과 도시환경정비사업에 현지개량방식을 도입하고 있다. 하지만, 구체적인 개선형 정비계획수법이나 다양한 재개발사업방식은 포함하지 못하고 있다. 따라서 주민들이 주택을 정비하는 주거지재생사업이나 현지개량방식에 대한 세부적인 사업방식을 비롯하여, 다양한 형태의 개선형 정비수법에 대한 제도적인 보완이 이루어져야 할 것이다.

4) 지방정부의 적극적인 시각전환

분석결과에서 나타난 것처럼, 용산4구역에서 갈등형성의 주요인 중 하나는 재개발사업을 이해당사자 간의 사적인 문제로 바라보는 지방정부임을 알 수 있었다. 앞에서 살펴본 것처럼, 공공기관인 용산구청이나 서울시는 영업보상비와 관련된 문제를 재개발조합과 상가세입자 간의 사적인 시각에서 그들이 개입할 명분이 없다는 입장만을 고수하였다. 즉, 지방정부는 재개발사업뿐만 아니라 '용산참사'까지도 사적인 측면으로 보았는데, 재개발사업을 단순히 사적인 차원을 넘어서 공적인 측면으로 바라보는 지방정부의 시각전환이 재개발사업의 갈등해소를 위해 필요함을 강조하고 싶다.

왜냐하면, 재개발사업에 대한 지방정부의 시각이 공적인 차원으로 전환되었을 때, 비로소 지금까지 재개발사업에서의 인허가 절차를 법적인 범위에서 형식적으로 진행되던 관행에서 벗어날 수 있기 때문이다. 뿐만 아니라 지방정부가 재개발사업을 공적인 관점으로 본다면, 지금까지와는 다르게 제3자의 입장에서 상가세입자와 재개발조합을 관망하지 않게 될 것이다. 즉, 상가세입자와 재개발조합 간 지속적인 대화와 설득을 통해서 협상을 유도하는 갈등중재자 역할까지도 지방정부에게서 기대할 수 있게 된다.

게다가, 지방정부의 이러한 시각변화는 법적인 절차에 따라 재개발사업의 인허가요건을 협력업체가 갖추었다 하더라고, 그것이 제대로 진행된 결과물인지 공적인 입장에서 점검하게 될 것이다. 즉, 지금까지는 지방정부가 법적인 규정대로만 요건을 갖추었다면 인허가를 해 주었다면, 공적인 차원에서는 비록 결과물이 법적 요건을 갖추었다 하더라도 불합리한 부분이 없었는지 점검하는 변화를 가져오게 된다. 이렇게, 재개발사업을 바라보는 지방정부의 시각변화는 재개발사업에서 주요 행위자 간 갈등해소의 중요한 기제로 작동할 것이다.

5) 선택 가능한 상가세입자의 보상기준 마련

상가세입자들이 그들이 처한 상황에 맞게 선택할 수 있도록 선택 가능한 구체적인 보상방법을 마련[97]해야 한다. 용산4구역뿐만 아니

---

97) 상가세입자의 보상은 「공익사업을 위한 토지 등의 취득 및 보상에 관한 법률」 제77조(여업의 손실 등에 대한 보상)에서 규정하고 있다. 상가세입자의 보상 관련 내용은 모두 4개의 항으로 구성되어 있는데, 선택 가능한 상가세입자의 보상기준을 위해 다음 항목을 제안한다.
제5항: 상가권리금은 「상가임대차보호법」에 규정된 상가임대차 계약기간인 5년을 기준으로 감가상각을 적용한 산정기준에 의거하여 산정하고, 상가세입자 보상금에 포함하여 지급한다. 또한, 상가권리금의 산정 시 인테리어비용을 비롯한 시설투자비용을 평가하여 포함시킨다.

라 현재 진행되는 재개발사업에서 상가세입자의 보상은 금전적인 보상에 그치고 있다. '용산참사' 이후 상가세입자에게 잉여분의 상가분양권을 제공하는 내용이 추가되기도 하였지만, 아직까지 실질적인 상가세입자의 보상은 4개월분의 영업보상비가 전부인 것이다. 따라서 상가세입자들이 그들의 상황에 따라 보상방법을 선택할 수 있는 선택지는 전무한 상황이다.

재개발사업에서 상가세입자와의 갈등을 근본적으로 해소하기 위해서는 그들이 선택 가능한 보상방법을 다양하게 마련해 주어야 한다. 특히, 상가세입자의 점유권을 인정하는 차원에서 대체상가의 보장[98]은 재개발사업에서 상가세입자의 갈등을 근본적으로 해소하기 위해서 필요하다. 그리고 인테리어를 포함한 시설투자비 비용 및 상가권리금 등의 산정기준에 대한 법제도적 보완을 함으로써, 상가세입자 개개인의 입장을 고려할 수 있어야 한다.

2011년 8월에 입법예고된 「도시재정비 및 주거환경정비법」 내용을 살펴보면, 주민 간의 갈등을 인식하고 갈등완화 관련 내용이 있

제6항: 시장·군수·구청장은 재개발사업기간에 상가세입자가 등의 임차상인이 계속 영업활동을 할 수 있도록 임시상가를 설치한다.
제7항: 재개발조합은 재개발사업 완료 후 임시상가에서 영업활동을 하는 상가세입자에게 우선적으로 상가분양권을 주도록 한다.

98) 상가세입자들은 손실영업보상 3개월분, 용산 이후로 4개월분, 딱 그것밖에 없었던 거잖아요, 현재도 그렇고요. 따라서 상가세입자들이 선택할 수 있는 선택지가 주거세입자들에 비해 너무 없습니다. 손실보상 몇 개월 치를 빼고는 상가세입자들에 대한 다른 대책이 없다 보니 폭이 너무 좁다는 것이고…… 워낙 기존의 법 제도 차원에서 보상에 대한 규정이 너무 미약하게 되어 있기 때문에…… 기본적으로 결국은 상가세입자 문제도 재정착으로 접근되어야 한다고 보는데…… 그 지역이 개발되었을 그 상가단지에 재입주를 원하는 분들이 있다면, 그분들의 재입주를 보장해 주고, 그 기간 동안 대체상가들을 마련해 주는 방식…… 그런 몇 가지 대책들이 있을 때, 대체상가들을 선택해서 장사를 계속하고 싶다는 분들도 있을 거고, 빨리 몫 좋은 곳에서 장사하는 것이 이득이란 판단을 할 수도 있는 거죠. 그런 판단을 할 수 있도록 몇 가지 선택지들이 있어야 한다는 거죠. 일괄되게 지금처럼 보상, 이렇게만 가면 거기에서도 해결되지 않는다고 보는 거고…… 그런 방식으로 대책이 접근되어야 한다고 생각됩니다('용산참사' 진상규명위원회 관계자 L씨, 전화인터뷰).

지만 투명성 제고에 관한 부분만 일부 추가되었다. 즉, 재개발사업에서 실질적으로 갈등형성의 주요인이라 할 수 있는 상가세입자들에 대한 다양한 보상기준을 마련함으로써, 재개발사업의 갈등을 근본적으로 해결하기위한 제도적 보완이 지속적으로 필요하다고 사료된다.

특히, 상가권리금의 보상기준을 법제도적으로 마련하여, 상가세입자들의 보상기준을 명확하게 개선해야 한다. 분석결과를 통해 보았을 때, 용산4구역 재개발사업의 갈등발생은 결과적으로 상가세입자의 보상에 대한 불만에서 기인함을 알 수 있었다. 상가권리금은 법적인 보장이 아직까지 안 되지만, 상가세입자에게는 현실적이고 중요한 사안이다.[99] 따라서 상가권리금의 합리적인 보상기준 마련은 재개발사업에서 갈등해소를 위한 핵심과제이다.

상가권리금의 법적인 보상기준을 마련하는 것은 현실적으로 쉽지 않은 것이 사실이다. 하지만, 상가권리금의 적절한 보상기준은 분명히 마련되어야 함을 재차 강조한다. 그렇지 않는다면, 용산4구역뿐만 아니라 재개발사업이 진행되는 지역의 상가세입자들은 지금도 용산4구역에서 나타났던 상가권리금의 법적 보장과 관련된 갈등은 반복적으로 발생될 것이기 때문이다. 따라서 상가권리금의 법적 보상기준이 마련되지 않는다면 제2, 제3의 '용산참사'가 발생될 수 있

---

[99] 상가세입자의 경우, 우리나라에만 존재하는 권리금을 어떻게 할 것이냐의 문제입니다. 권리금을 해결해 주지 않으면 상가세입자 문제는 난망한 상황이죠. 상가영업 손실보상 금액을 책정하는 감정평가를 다시 하더라도 해결되지 않는 상황입니다. 용산까지는 3개월 상가영업 손실보상이었다가 4개월로 늘어났지만, 근본적인 해결방안이 아닙니다. 상가세입자들이 초기투자자금(시설투자비용)은 아니더라도 상가권리금은 인정해 달라고 상가세입자들은 말합니다. 권리금에 대한 인정이 없으면 계속 싸움이 발생할 수 있으므로, 이러한 대안을 만드는 것이 필요합니다(범대위 관계자 P씨, 심층면접).

음을 주장하는 바이다.

상가권리금은 철거민 이주보상비 지급 규정에 구체적인 법적 근거를 제시하지 못하기 때문에 산정기준의 마련이 어렵다. 즉, 상가권리금은 그 위치나 지역에 따라 달라지므로, 정형화된 하나의 산정기준으로 적용하기는 어렵다. 따라서 상가권리금의 산정기준을 여러 가지 조건으로 구분하여 유형화시키고 그에 맞는 세부기준을 제시하는 것이 필요하다. 예를 들면, 상가권리금에 영향을 미치는 요인들을 선정하고 단계를 구분함으로써 적절한 권리금을 산정할 수도 있다. 그리고 「상가임대차보호법」에서의 임대차계약기간인 5년을 기준으로 감가상각을 적용한 상가권리금 산정방법도 있을 것이다.

상가권리금을 비롯하여 영업보상비, 인테리어를 포함한 시설투자비, 임시매장 또는 대체상가 보장 등의 다양한 상가세입자 보상기준을 마련함으로써 소요되는 추가비용은 분양가를 상승시키거나 사업성을 저하시키는 등의 결과를 초래한다. 따라서 다양한 상가세입자 보상기준으로 추가되는 비용은 용적률 인센티브제도 등을 도입하거나, 보상비의 일정부분을 중앙정부나 지방정부가 부담하는 것도 하나의 대안이 될 것이다.

6) 공공관리제도의 권한강화

도시재개발사업의 사업추진주체인 협력업체들은 신속한 사업진행으로 최대의 이윤추구라는 그들의 공통된 목표 때문에 적극적인 상호협력관계를 형성하게 된다. 즉, 재개발사업의 협력업체들은 적극적인 협력관계를 유지하면서, 때로는 사적계약을 통해 신속한 사업추진을 도모하였다. 이러한 과정에서 협력업체들 간에 각종 비리 또는 유착관계, 그리고 그들 간의 사적 계약을 이행하고자, 신속한 사업진행으로 상가세입자와 극심한 갈등이 유발하게 된다.

분석결과에서도 나타났듯이, 재개발사업에서의 추진주체들은 담합에 가까울 정도로 적극적이고 유기적인 협력적 상호 관계를 형성 및 유지하려는 성향을 가지고 있다. 따라서 사업추진주체인 협력업체의 철저한 관리감독에 의한 투명성 확보는 중요하다. 왜냐하면, 재개발사업을 추진하는 사업시행주체인 재개발조합을 비롯한 협력업체들의 투명성을 강화함으로써, 무리한 사업추진을 방지할 수 있기 때문이다. 이것은 결과적으로 협력업체 간의 사적 계약으로 상가세입자와 합의 없이 강압적으로 진행되던 부분을 감소시킴으로써, 상가세입자와의 갈등을 해소하는 데 긍정적인 영향을 미치기 때문이다.

재개발조합을 비롯한 협력업체 간 형성되는 계약관계나 유착관계 근절을 위한 투명성 확보는 중요하지만, 이를 위한 제도적 장치의 실효성에 대해서는 회의적인 것이 사실이다. 왜냐하면, 현재 공공관리제도가 마련[100]되어 있지만, 그들의 권한이 시공사 선정 등에 매우 국한되어 관여하고 있기 때문이다. 따라서 공공관리제도[101]의 권

---

100) 도시재개발사업의 투명성제고와 사업효율성 증대를 위해, 2010년 4월 15일 「도시 및 주거환경정비법」 제77조의4(정비사업의 공공관리)에서 조항을 신설함으로써 '공공관리제도'의 법적 근거를 마련하고 있다.

101) 공공관리제도는 지방자치단체장이 공공 재개발·재건축 등 정비사업 과정에 참여하여, 공공관리자로서 조합임원의 선출 및 시공사 선정 등 사업 각 단계에 개입해 사업 진행을 돕는 제도를 말한다. 재개발·재건축 등의 정비 사업계획 수립부터 완료까지 관할 구청장이 주민들을 대신해 추진위원회의 구성을 지원하고 이를 위한 정비업체를 선정하는 등 사업진행을 시·구 등의 자치단체가 맡아, 정비사업 기간의 단축 및 사업의 투명성을 높이고 주민 부담을 낮추자는 취지로, 2010년 6월 「도시 및 주거환경정비법」 개정으로 도입되었다. 공공관리 적용대상은 시공사를 선정하지 않은 정비사업장으로, 조합설립 이후 시공사·설계자가 선정된 구역은 배제된다(서울특별시, 2010a).

한강화[102]를 함으로써, 공공관리자가 사업계획수립부터 완료단계까지의 사업과정을 실질적으로 관리·감독해야 한다. 이러한 공공관리자의 역할강화는 재개발사업의 투명성을 확보할 수 있으며, 나아가 재개발사업에서의 갈등을 완화 또는 해소할 수 있다.

한편, 2011년 8월에 입법예고된 「도시재정비 및 주거환경정비법」에서도 정비사업의 투명성 제고내용을 담고 있다. 즉, 조합운영에 필요한 예산 또는 회계의 처리기준을 마련하여 투명한 회계처리가 가능하도록 하며, 정비사업과 관련된 모든 정보를 인터넷 등에 공개토록 하는 것이다. 물론, 이 같은 제도적 보완은 재개발사업의 투명성을 제고하는 데 긍정적인 영향을 미칠 것이다. 하지만, 재개발사업의 갈등해소라는 측면에서 접근하였을 때 이러한 제도적 보완만으로는 부족하다. 따라서 공공관리제도의 권한강화를 통해서 재개발조합을 비롯한 협력업체 간에 형성되는 계약관계나 유착관계를 모니터링하고 제어할 수 있는 재개발사업의 전담기구가 필요하다고 사료된다.

제5절 소결

---

102) 공공관리제도는 「도시 및 주거환경정비법」 제77조의4(정비사업의 공공관리)에서 규정하고 있다. 공공관리제도의 주요 내용은 모두 6개의 항으로 구성되며, 공공관리의 권한강화를 위해 다음 항목의 추가를 제안한다.
제7항: 재개발조합의 운영에 필요한 모든 예산 및 회계 등의 처리규정을 마련하고, 투명한 회계처리가 가능하도록 공공관리자는 재개발조합을 관리·감독한다.
제8항: 재개발사업에서 정비업자, 시공자, 철거업자의 선정 시에 금품을 제공한 자와 받은 자와 사적인 계약관계 행위는 모두 처벌되며, 공공관리자는 이 모든 과정을 관리·감독한다.

정책네트워크 관점에서 본 용산4구역 재개발사업의 갈등구조 분석결과, 공통된 목표를 가지는 사업추진주체인 재개발조합을 비롯한 협력업체들은 협력관계를 보였다. 즉, 재개발조합과 협력업체, 그리고 지방정부와 재개발조합 및 협력업체 등은 협력적 관계구조를 가진다. 왜냐하면, 재개발조합 및 협력업체는 용산4구역 재개발사업 추진의 동반자로서, 사업시작 초기부터 긴밀한 관계를 형성하고 유지하기 때문이다.

반면에, 이해관계의 차이로 입장이 판이하게 다른 재개발조합과 상가세입자는 갈등관계를 형성하였다. 즉, 재개발조합의 영업보상비에 동의하지 않는 상가세입자를 중심으로 철거민대책위가 구성된다. 또한, 전철연이 개입되고 그들과 함께 물리적인 투쟁이 진행되면서 재개발조합과 철거민 농성자 간에 강한 갈등관계를 보였다. 게다가, 경찰의 강제진압은 철거민 농성자와 강한 갈등관계를 형성하고, 이로써 용산4구역 상가세입자의 갈등은 최고조에 달하게 되었다.

정책네트워크 관점에서의 용산4구역 갈등구조 분석결과, 갈등형성 요인과 갈등해소 기제를 밝혀냈다. 우선, 갈등형성 요인은 첫째, 상가세입자의 보상수준에 대한 불만족에서 기인하였다. 특히, 상가권리금을 법적으로 보장받지 못함으로써, 상가세입자는 불만을 가지게 되었다. 둘째, 재개발사업의 지연으로 사업추진주체의 사업비증가로 갈등이 발생하였다. 즉, 재개발사업의 지연에 따른 사업비용 부담증가는 협력업체의 신속한 사업추진의 요인으로 작동한 것이다.

셋째, 재개발사업을 사적으로 바라보는 지방정부의 시각이다. 즉, 용산구청을 비롯한 서울시청은 법적인 테두리 안에서만 용산4구역과 관련된 각종 인허가절차를 수행하였다. 이렇게, 지방정부는 법적인 범위를 벗어난 이해당사자 간의 갈등을 중재하거나 사업추진주체를 관리·감독하기 어렵다는 입장만을 표명하였다. 넷째, 정치적 배경하에서 성급한 공권력의 투입으로 용산4구역 재개발사업의 갈등이 발생된 것이다.

용산4구역의 갈등해소 기제는 첫째, 세입자보상에 대한 협상분위기조성이 무엇보다 갈등해소에 긍정적인 기제로 작동하였다. 즉, 용산4구역 갈등문제를 해결하려는 직·간접적인 당사자 및 주요 행위자 간의 노력이 사망자 및 상가세입자의 갈등해소 기제로 작동한 것이다. 둘째, 범대위를 비롯한 시민단체들의 노력이 갈등해소의 촉매제로 작용하였다. 즉, 범대위는 경찰의 진압과정에서 발생한 사망자 원인규명과 책임소재 및 책임자처벌 등의 문제를 해결하기 위해 직·간접적인 주요 행위자 간의 관계에서 주도적인 역할을 수행하였다. 셋째, 국무총리의 새로운 출범과 정부의 활동노력이 갈등해소에 긍정적인 영향을 미치게 되었다. 무엇보다, 새롭게 공식출범하는 새로운 국무총리의 취임은 철거민 세입자와의 협상에 긍정적으로 작용하였다. 그리고 용산4구역 재개발사업의 갈등문제를 해결하기 위해 서울시 및 용산구청, 국무총리, 국토해양부, 국회 등은 재개발조합과 상가세입자 및 유가족과의 갈등해소에 노력하였다.

재개발사업의 갈등해소를 위한 제언은 다음의 6가지로 요약된다. 첫째, 재개발사업에서 사전적으로 갈등의 소지를 줄이면서 갈등방지 차원의 적극적인 갈등방안을 마련하는 방향전환이 필요하다. 이것은 분쟁조정위원회의 역할강화로 상가세입자와의 소통의 장을 마련하는 것으로 실현할 수 있다. 즉, 이해당사자 간의 충분한 소통의 장을 마련함으로써, 상가세입자 보상에서 협상을 유도하게 된다. 이를 통해서 사전적인 차원의 갈등관리 방안이 마련될 수 있다. 둘째, 간접적인 행위자들의 참여경로를 확보하고 이를 통한 간접적인 참여자를 확대하는 것을 제안한다. 이는 재개발사업에서 갈등해소를 위한 하나의 대안이 될 것이다.

셋째, 마을만들기 등의 개선형 정비방식을 도입하는 것을 제안한다. 지금까지는 전면철거방식의 단일한 사업방식으로 진행되면서, 재개발사업에 참여하는 다양한 이해당사자 간의 갈등이 끊이지 않는다. 따라서 재개발조합과 상가세입자 간의 갈등해결을 위해서는 점진적인 사업방식인 개선형 정비수법이 다양하게 도입되어야 한다. 넷째, 공적인 관점으로 바라보는 지방정부의 적극적인 시각전환이 필요하다. 즉, 지방정부는 재개발사업뿐만 아니라 '용산참사'까지도 사적인 측면으로 보았다. 이제는 재개발사업을 단순히 사적인 차원을 넘어서 공적인 측면으로 바라보는 지방정부의 시각전환이 필요함을 강조한다.

다섯째, 상가권리금을 비롯한 다양한 세입자들의 보상기준을 마련하는 것이 필요하다. 즉, 재개발사업에서 상가세입자와의 갈등을 해소하기 위해서는 그들이 선택 가능한 보상방법을 다양하게 마련해야 한다. 특히, 상가세입자의 점유권을 인정하는 차원에서 대체상가의 보장이 무엇보다 필요하다. 여섯째, 공공관리제도의 권한강화로 사업주체의 투명성을 강화하는 것이다. 즉, 재개발사업의 추진주체들은 담합에 가까울 정도로 적극적이고 유기적인 협력적 상호 관계를 형성 및 유지한다. 이러한 재개발사업의 특성상, 사업추진주체인 협력업체의 철저한 관리·감독을 통해 투명성을 확보하는 것이 무엇보다 중요하다.

　이상에서 제언한 것처럼 재개발사업의 갈등해소를 위한 적극적인 방향전환이 있을 때 향후 지속적으로 수행될 재개발사업에서 발생되는 갈등을 완화 또는 해소시킬 수 있을 것이다.

제5장

마을만들기, 그리고
커뮤니티 정비사업의 추진

제1절 연구결과의 종합

본 책에서는 용산4구역 재개발사업을 사례로 재개발과정의 갈등구조를 정책네트워크 관점에서 갈등형성 메커니즘을 분석하였다. 이를 위해서 우선적으로, 용산4구역 재개발사업의 주요 행위자를 구성하였다. 그리고 갈등단계를 갈등생성기, 갈등표출기, 갈등심화기, 갈등해소기로 구분하여 그들 간의 상호작용과 네트워크 구조를 살펴보았다. 갈등단계는 용산4구역 지구지정의 시기부터 사업시행인가 기간을 갈등생성기로, 사업시행인가 이후부터 관리처분계획인가의 기간을 갈등표출기로, 관리처분계획인가부터 '용산참사'의 시기를 갈등심화기로, '용산참사' 이후부터 희생자들의 장례식이 거행된 시기를 갈등해소기로 구분하였다.

분석결과, 공통의 목표를 추구하는 주요 행위자들은 서로 개방적이고 협력적인 연계구조를 보였다. 이들은 서로 정보공유와 의사전달(communication) 등이 자유로운 네트워크 구조를 형성하였다. 하지만, 목표가 상이한 주요 행위자 간에는 서로 폐쇄적이고 단절된 연계구조를 형성하여 상호 간의 의사전달이나 합의가 어려웠다. 즉, 재개발조합을 비롯한 정비업자, 시공자, 철거업자 등의 협력업체와 상가세입자 간의 입장 차이가 극명히 달랐다. 특히, 상가세입자는 사업진행 시 의견제시나 의사소통의 부재로 재개발조합의 결정에 따르는 구조이다. 또한, 재개발조합과 사업실무자인 정비업자, 시공자, 철거업자 등 협력업체 간에는 서로 간의 개발이익이 무엇보다 우선시되었다. 하지만 상가세입자는 보상을 통해 새로운 터전을 마련해야 하는 입장이며, 따라서 갈등의 중재나 타협이 어려웠다.

갈등단계별 주요 행위자 분석은 다음과 같다. 우선, 갈등생성기에는 서울시와 용산구청을 비롯한 지방정부, 상가세입자, 재개발조합, 정비업자 등으로 비교적 복잡하지 않았다. 하지만, 갈등표출기와 갈등심화기에 시공자, 철거업자, 세입자대책위, 전철연, 철거민대책위를 비롯하여 경찰과 범대위가 참여하면서 복잡한 네트워크 구조를 형성하였다. 한편, 갈등해소기에 들어서는 주요 행위자의 개입이 최고조에 달하게 된다. 즉, 종교단체, 중앙정부, 사법부 등이 새로운 행위주체로 참여하면서, 그들 간의 갈등구조는 매우 복잡하게 변화하였다.

상호작용 분석결과, 갈등생성기에는 재개발조합과 용산구청이 공동의 목표를 추구함에 따라 협력관계를 보였으며, 재개발조합과 상가세입자는 보상수준의 입장 차이로 인하여 갈등관계를 띠었다. 갈등표출기는 재개발조합, 용산구청, 시공사가 서로 갈등관계를 보였으며, 재개발조합과 상가세입자는 강한 갈등관계를 형성하였다. 갈등심화기는 재개발조합, 시공사, 철거업체 등이 강한 협력관계를 보였으며, 재개발조합과 상가세입자, 전철연은 강한 갈등관계와 복잡한 갈등구조를 형성하였다. 한편, 갈등해소기는 시민단체와 재개발조합 및 중앙정부인 국무총리, 국회, 국토해양부와의 갈등형성 구조가 특징적이다. 게다가 재개발조합과 범대위를 중심으로 하는 시민단체간의 철거민 세입자와 유가족 보상 등을 놓고 첨예한 대립을 보이면서 갈등이 증대되는 갈등구조를 보이게 된다. 따라서 이들 주요 행위자 간에는 서로의 정보를 공유하거나 합의를 위한 연계행위가 어려운 상호작용구조를 형성하였다.

네트워크 구조 분석결과, 갈등생성기와 갈등표출기는 서로 다른 이해관계를 가지는 주요 행위자 간에 폐쇄적인 네트워크 구조를 보였다. 하지만, 갈등표출기 및 갈등심화기는 다양한 행위주체들이 새롭게 추가되면서 갈등구조가 복잡하고, 강한 폐쇄성을 보이면서, 대화, 협상, 정보의 공유 등이 어려웠다. 마지막으로, 갈등해소기는 범대위, 종교단체 등의 시민단체를 비롯하여 국회, 국무총리, 국토해양부가 새롭게 개입함으로써, 용산4구역에 관여하는 주요 행위자는 최고조에 달한다. 하지만, 그들의 갈등해결을 위한 지속적인 노력은 재개발조합과 유가족 및 상가세입자 간 협상의 실마리를 마련한다. 즉, 다양한 주요 행위자가 참여하면서 새로운 갈등이 유발되었으나, 갈등해소의 기제로 작동하였다.

이상의 본 서적의 연구를 종합하면, 주요 행위자 간의 첨예한 입장 차이는 갈등을 유발하는 주요인으로 작용하였다. 따라서 이러한 갈등을 근본적으로 해소 또는 완화하려면 상가세입자와 재개발조합, 공공기관 간의 폐쇄적이고 복잡한 연계구조는 서로 소통하면서 타협할 수 있는 개방적이고 유연한 구조로 변화시켜야 한다. 이를 위해서는 각 주요 행위자 간의 거버넌스 형성이 무엇보다 중요하다고 보인다. 또한, 이해당사자 간 거버넌스를 통해 서로의 입장을 표명하고, 의견을 존중하는 사회적 분위기가 무엇보다 중요하다. 즉, 상가세입자와 재개발조합 또는 상가세입자와 정부기관은 그들이 추구하는 목표나 이해관계가 다르다. 따라서 시간이 소요되더라도 의견청취 및 대화로써 협상할 수 있는 유연한 재개발사업 추진전략이 필요하다. 이로써, 다양하고 복잡하고 현대사회의 재개발사업에서 갈등해소가 이루어질 수 있을 것이다. 또한, 이것은 사업추진의 지연을 방지함으로써 순조로운 사업진행을 가능토록 할 것이다. 하지만, 주요 행위자 간 상호 소통이 가능한 연계구조 형성을 위한 법제도적 차원의 지속적인 변화로서 실현될 수 있을 것이다.

제2절 정책적 함의 및 한계점

본 책에서는 정책네트워크 관점에서 본 용산4구역 재개발사업의 갈등구조를 분석함으로써, 재개발사업의 정책적 함의를 도출하였다. 또한, 연구의 의의 및 한계점 등을 살펴보면서 논문을 마무리하고자 한다. 우선, 본 서적의 연구결과 도출된 정책적 함의는 다음의 5가지로 요약된다.

첫째, 상가세입자 보상과 관련된 법제도적 기준이 다양하고 명확하게 개선되어야 한다. 상호작용과 네트워크 구조 분석결과, 재개발사업에서 주요 행위자 간 갈등형성요인은 상가세입자의 보상과 관련된 것으로 밝혀졌다. 또한, 상가세입자가 보상에 만족하지 못하는 것은 상가권리금을 보장받을 수 없기 때문이었다. 게다가, 그들은 각자 요구하는 보상내용이 달랐는데, 재개발조합에서 제시할 수 있는 보상방법은 영업보상비와 같은 금전적인 보상밖에 없다는 것이다. 즉, 상가세입자들이 개개인이 처한 상황에 맞도록 보상방법을 요구하고 선택할 수 있도록 법제도적 개선이 필요하다. 다양한 보상방법으로는 영업보상이나 인테리어비용 또는 상가권리금과 같은 금전적인 보상을 비롯하여, 가이주단지, 임시상가, 상가우선분양권을 지급하는 것이 있다. 이러한 다양한 보상방법의 법제도적 기준마련을 통해 상가세입자의 보상만족도를 높인다면, 갈등해소에 기여할수 있을 것이다.

한편, 보상방법의 다양화와 함께 상가세입자 보상기준의 명확화가 분명히 이루어져야 한다. 왜냐하면, 상가세입자의 보상방법을 다양화하는 것 못지않게 더 많은 보상을 요구하는 상가세입자의 제어 (control)도 필요하기 때문이다. 즉, 장기간 재개발조합과 보상에 협상하지 않고 버틸수록 더 많은 보상을 받는다는 상가세입자의 인식변화가 함께 이루어져야 한다. 왜냐하면 상가세입자의 이러한 인식변화는 보상기준에 대한 명확한 정립을 통해서 실현 가능할 것이기때문이다.

둘째, 다양한 점진적인 재개발사업방식의 도입이 필요하다. 현행의 재개발사업은 재개발조합이 시행자가 되고 관리처분방식에 따른 전면철거방식으로 대부분의 재개발사업이 진행되고 있다. 즉, 전면철거방식의 고질적인 문제점으로 인하여 주요 행위자 간의 극심한 갈등이 발생하고 있는 것이다. 재개발사업에서 갈등이 형성되는 이면에는 사업시행자인 재개발조합과 사업추진주체인 협력업체들의 수익극대화라는 것이 자리하고 있다. 그들은 목표달성을 위하여 적극적이고 유기적인 협력관계를 형성하게 되고, 결국에는 상가세입자와 극심한 갈등을 형성하였다.

이러한, 재개발사업의 근본적인 갈등해소 및 갈등방지를 위해서는 전면철거방식이 아닌 다양한 점진적인 정비수법이 도입되어야 한다. 예를 들면, 현지개량수법(휴먼타운, 경관협정사업 등), 마을만들기 사업, 소규모주택정비사업, 주택 개·보수사업(마을기업, 사회적 기업 등) 및 리모델링 활성화사업, 소규모상가 신축·개축사업, Urban Village 등이 있다. 다양한 개선형 정비수법의 도입과 실행은 재개발사업의 장기적인 정책적, 제도적 변화를 통해서 실현 가능할 것이다. 따라서 장기적인 재개발계획을 세우고 다양한 점진적인 재개발방식을 활성화함으로써, 보다 근본적인 재개발사업의 갈등해소가 실현될 수 있을 것이다.

셋째, 상가세입자와 소통하면서 이해관계를 조정할 수 있는 재개발사업의 전담기구가 필요하다. '용산참사'는 상가세입자와의 소통의 부재로 발생한 것이라 해도 과언이 아니다. 즉, 상가세입자들은 자신의 입장을 이야기할 소통의 통로가 없기 때문에 전철연에 도움을 요청하였다. 그리고 전철연의 개입으로 그들의 저항은 과격하고 파괴적으로 변화였다. 반면, '용산참사' 이후에 범대위를 비롯한 시민단체들이 개입하였는데, 그들은 상가세입자들의 입장을 대변하는 등 소통의 역할을 수행하였다. 또한, 지속적으로 재개발조합과 협상 자리를 마련하고 합의 분위기를 조성하였다. 이것이 결국은 갈등해소의 주요인으로 작동하게 된 것이다. 이렇게 용산4구역 재개발사업에서 갈등의 원인과 갈등해소가 상가세입자의 소통과 관련되어 있음을 알 수 있다.

이처럼, 재개발사업은 보상과 관련된 상가세입자와의 소통이 무엇보다 중요하다. 따라서 현재 지방정부에 설치·운영되는 분쟁조정위원회를 소통의 통로기구로 전환하는 정책적·제도적 변화가 필요하다. 즉, 분쟁조정위원회가 상가세입자와 재개발조합 간의 실질적인 이해관계를 조정할 수 있도록 권한을 강화해야 할 것이다. 이로써, 형식적이던 분쟁조정위원회를 상가세입자의 갈등을 해소하는 실질적인 재개발사업의 전담기구로써 굳건히 자리하게 될 것이다.

넷째, 경찰의 물리적인 진압작전을 신중하게 결정하도록 제도적 규정이 강화되어야 한다. 연구 분석결과, '용산참사'는 경제논리를 무엇보다 우선시하는 현 정부의 정치적 배경은 경찰의 성급한 강제진압으로 이어졌다. 경찰의 시위진압 매뉴얼을 살펴보면, 농성자를 강제 진압할 경우 위험물질을 모두 소진할 때까지 인내하도록 되어 있다. 이러한 시위진압 매뉴얼 내용에도 불구하고, 용산4구역의 경우는 상부의 명령에 의거하여 그 내용이 지켜지지 않았다. 이것은 결과적으로 '용산참사'를 발생시켰다고 보아도 과언이 아니다. 따라서 경찰의 시위진압 매뉴얼이 제대로 실행될 수 있도록 관련규정을 강화해야 한다. 이로써, 재개발사업에서 농성자들을 진압하기 위한 경찰의 투입 시에는 충분한 시간을 두고 신중히 대처할 수 있을 것이다. 그리고 경찰의 강압적인 강제진압이 아니라 협상을 통해서 물리적인 충돌이 발생하지 않도록 유도하는 것이 무엇보다도 중요하다.

다섯째, 상가세입자와 결탁하여 물리적인 충돌을 유발하는 단체들의 처리규정이 마련되어야 한다. 용산4구역 갈등구조 분석결과, 갈등생성기 및 갈등표출기와는 다르게 갈등심화기 또는 갈등해소기는 다양하고 복잡한 주요 행위자들의 개입이 특징으로 나타났다. 즉, 재개발조합과 상가세입자 간의 보상 문제를 둘러싸고 전철연 등의 단체와 경찰 및 철거업자 등이 개입되면서, 그들 사이에서 갈등이 확대되어 사회적인 문제를 촉발(觸發)시키고 있다.

이렇게, 상가세입자와 결탁하는 단체들의 경우 그들 단체의 존속을 위해 상가세입자들의 보상액 일부를 요구하게 된다. 또한, 이들은 갈등을 형성하는 또 다른 주요 행위자로 등장하면서, 재개발조합과의 갈등구조를 극에 달하도록 간접적인 영향을 미치게 된다. 이처럼 시민단체를 비롯한 외부단체 등의 개입은 과격한 투쟁을 유도하는 부정적인 측면이 있다. 따라서 공익적인 성격을 가지는 재개발사업에서는 물리적인 충돌을 유발하는 전철연 등 단체의 규제를 강화해야 한다. 이로써, 상가세입자들이 이러한 단체에 가입하지 못하도록 유도할 수 있다. 즉, 상가세입자와 단체들이 결탁하여 보상 문제를 물리적으로 해결하려는 것을 방지할 수 있다. 하지만, 전철연 등은 한편으로는 상가세입자와 소통하면서 정보를 제공하는 긍정적인 역할을 수행하기도 하였다. 따라서 지방정부는 상가세입자와 소통을 위한 통로역할을 함으로써, 전철연 등의 단체가 개입하는 것을 사전에 방지하여야 할 것이다.

본 책에서의 분석결과를 통한 서울시 재개발사업의 정책적 함의는 서울시 재개발사업이 '협력형 마을만들기'로 변화하여야 한다는 것이다. 이미 미국, 영국, 일본을 비롯한 선진국에서는 도시개발 및 재개발사업의 패러다임 변화로 협력형 마을만들기 방식이 활성화되고 있다. 본 책에서는 용산4구역재개발사업을 사례로 갈등구조를 살펴보았는데, 일본에서도 재개발사업에서의 갈등해소를 위한 노력들이 있었다. 즉, 일본에서는 재개발사업의 갈등해소를 위한 대안적인 정비방식으로 두 가지가 등장하였다. 첫째는 커뮤니티 밀착형 정비방식이며, 둘째는 지구구분론 정비방식이 그것이다. 특히, 지구구분론 정비방식은 지구환경을 정비하고자 지구로 구분하고 지구의 특성에 맞게 재개발사업을 시행하는 것이다. 이 두 가지 정비방식은 동경도(東京都)에서 재개발사업 갈등해소를 위한 해법으로 등장하여 현재까지 활발히 시행되고 있다.

한편, 서울시에서는 휴먼타운 조성사업, 디자인서울 빌리지 등을 대안적인 정비방식으로 시행하고 있다. 그러나 이러한 서울시의 프로그램도 재개발사업의 물리적인 측면이 크기 때문에 갈등해소를 위한 대안적인 정비방식으로 적합한 것인지 의문이 든다. 왜냐하면, 서울시의 정비사업 방침이나 방법론을 타개할 수 있는 정비방식의 구축이 현 시점에서 필요하기 때문이다. 이것에 대한 하나의 대안으로 일본에서 시행되는 커뮤니티 밀착형과 지구구분론 정비방식이 시행되고 있음을 강조하고자 한다.

즉, 서울시 재개발사업에서 정비구역 해제지역이나 갈등해소를 위해서 적용 가능한 '서울형 커뮤니티 정비방식' 또는 '지구구분론 정비방식'의 도입이 필요하다. 이것은 서울시 재개발사업에서 정비구역 해제지역의 환경정비나 갈등해소를 위한 실마리를 마련하는 하나의 해법제시가 될 것이다. 전술한 바와 같이, 서울시에서는 서울시 휴먼타운이나 디자인 빌리지 등을 시행하면서 하나의 해법으로 내놓고 있다. 하지만, 이것과는 차별적인 '서울형 커뮤니티 정비방식' 또는 '지구구분론 정비방식' 등의 정비방식에 대한 도입이 필요하다. 이를 통해서 그 지역의 특성에 맞는 생활지표 등을 도출하고, 적절히 활용할 수 있는 정비방식의 변화가 서울시 도시재생사업에서 필요한 것이다. 이를 통해서 서울시 재정비사업의 갈등해소에

보다 근본적으로 접근함으로써 갈등해소에 기여할 것으로 기대한다.

본 서적에서 진행된 연구의 한계점은 다음과 같다. 첫째, 무엇보다 자료구득상의 한계이다. 주요 행위자 간의 연계구조 분석을 위한 그들 간의 협조관계, 입장 차이, 대화내용, 정보제공 등과 관련된 주요 행위자 간의 구체적인 자료획득에 어려움이 있었다. 따라서 주요 행위자 간 상호작용의 깊이 있는 분석에는 한계가 있다. 둘째, 사례연구라는 연구방법상의 한계점이다. 본 책에서는 용산4구역 재개발사업을 사례지로 연구를 수행하였다. 따라서 연구결과는 재개발사업에 일반화하여 적용하기에는 한계가 있다. 이것은 시범뉴타운 지역 등 다른 사례지역과 용산4구역을 비교연구함으로써 보완할 수 있을 것이다. 따라서 앞으로 이상의 한계점을 보완할 수 있는 후속 연구가 지속적으로 이루어져야 한다.

이러한 한계에도 불구하고 본 책에서의 연구결과는 재개발사업에서의 주요 행위자 간 갈등해소 및 갈등예방을 위한 기초자료로 활용될 것으로 기대한다. 즉, 사업시행주체인 재개발조합을 비롯하여, 시공자, 정비업자, 정비업자 등의 재개발사업 실무자뿐만 아니라, 중앙정부 또는 지방정부 등 공공기관에서 갈등을 제어하면서 재개발사업을 진행하도록 도와주는 기초자료로 활용될 것이다.

참고문헌

1. 국내문헌

강동완, 2008, "정책네트워크 분석(Policy-Network Analysis)을 통한 대북지원정책 거버넌스 연구: 정책 결정과정을 중심으로", 국제정치논총, 제48권 제1호, 293~323쪽, 한국국제정치학회.

강선호, 2008, 「정비사업에서의 갈등해소를 위한 감정평가제도 개선에 관한 연구: 주택재개발사업을 중심으로」, 서울시립대학교 석사학위논문.

강은숙, 2001, 「정책변동 요인에 관한 연구: 그린벨트 정책사례를 중심으로」, 서울대학교 박사학위논문.

권영규, 2007, 「정책네트워크 분석을 통한 도시하천 복원사업 정책과정 비교 연구: 서울시 청계천복원사업과 일드프랑스의 비에브르복원사업을 대상으로」, 서울시립대학교 박사학위논문.

김강민, 2008, 「정책네트워크 분석을 통한 갈등의 원인 및 관리에 관한 연구: 부천시 장묘복지시설 사례를 중심으로」, 경희대학교 박사학위논문.

김경주, 2002, 「여성정책과정에서의 정책네트워크 분석: 근로여성의 모성보호 정책을 중심으로」, 이화여자대학교 박사학위논문.

김렬 외, 2004, "참여정부의 지방분권정책 네트워크 분석: 지방분권특별법 제정을 중심으로", 대한정치학회보, 제12권 제1호, 27~55쪽, 대한정치학회.

김석준 외, 2002, 「거버넌스의 정치학」, 서울: 법문사.

김선경·원준연, 2003, "도시계획결정과정의 정책네트워크 분석", 행정논총, 제41권 제4호, 253~278쪽, 서울대학교 한국행정연구소.

김성연·이영환·박윤재, 2010, 「공공참여를 통한 주택재개발사업 갈등관리 방안」, 토지주택연구원, 한국토지주택공사.

김순양, 2003, "정책네트워크 모형의 이론적 쟁점 분석", 고려대학교 논집, 제9권 제1호, 178~217쪽, 정부학연구소.

김인영, 2009, 「대인 갈등 조정의 시사적 특성에 관한 연구」, 경희대학교 박사학위논문.

김정렬, 2000, "정부의 미래와 거버넌스 : 신공공관리와 정책네트워크", 한국행정학보, 제34권 제1호, 21~39쪽, 한국행정학회.

김종기, 2007, 「주택재개발사업상 발생하는 갈등해소방안 연구: 조합설립 추진위원회를 중심으로」, 전주대학교 박사학위논문.

김태영, 2009, "정책수단으로서의 사회적 기업", 한국정책학회 동계학술대회 자료집, 3~24쪽.

_____, 2008, "정책네트워크 개념을 활용한 종합부동산세 입법과정 분석", 한 국정책학회보, 제17권 제1호, 27~54쪽, 한국정책학회.

김형주, 2011, 「도시재정비사업에서 상가권리금 결정요인에 관한 연구」, 서울 시립대학교 박사학위논문.

김형주·한혜근, 2010, "서울시 뉴타운 개발사업에 대한 도시유형론 분석", 한 국부동산학보 제43집, 부동산학보, 127~141쪽, 한국부동산학회.

박광국, 2010, "사회적 위기 극복을 위한 대안적 패러다임 모색: 용산참사 사례 를 중심으로", 행정논총, 제48권 제1호, 25~49쪽, 서울대학교 한국행 정연구소.

박명현, 2004, 「서울시 청계천복원사업의 갈등관리 과정에 관한 연구: 서울시 와 상인집단 간의 협상을 중심으로」, 서울시립대학교 박사학위논문.

박호숙, 2005, 「정책결정과 정책집행」, 서울: 조명문화사.

_____, 1994, 「정책갈등과 지방의회의 조정역할」, 고려대학교 박사학위논문.

박환용·김호권, 2007, "재건축·재개발 사업의 갈등해소 및 사업투명화 연 구", 주택연구, 제15권 제1호, 127~148쪽, 한국주택학회.

방민석, 2002, 「전자정부 구축과정의 정책네트워크 분석: 정책패러다임의 변동 을 중심으로」, 성균관대학교 박사학위논문.

변종립, 2010, 「기후변화대응정책 형성과정에 대한 연구: 정책네트워크와 정책 옹호연합 통합 모형에 의한 탄소배출권거래제 도입과정 분석을 중심 으로」, 성균관대학교 박사학위논문.

배응환, 2001, "정책네트워크모형의 행정학연구에 적용탐색", 한국행정연구, 제10권 제3호, 258~298쪽, 한국행정연구원.

_____, 2000, 「정치체제변화에 따른 정부와 경제 이익단체의 정책네트워크 연구: 산업정책에 있어서 전경련, 대한상의를 중심으로」, 고려대학교 박사학위논문.

상남규, 2010, 「도시재생사업에서의 협력적 사업시행방식과 절차개선에 관한 연구: 세운재정비촉진사업을 중심으로」, 서울시립대학교 박사학위논문.

서수정·이창호·배웅규, 2006, 「현지개량사업의 활성화를 위한 정비수법 및 모델개발」, 주택도시연구원, 한국토지주택공사.

송석휘, 2011, "도시재개발사업에 따른 공공갈등 사례연구: 용산재개발 사례분 석을 중심으로", 「공정사회와 갈등관리(Ⅰ)」, 서울: 박영사, 89~133쪽.

신동우, 2009, "재개발조합과 세입자 사이의 분쟁사례", 「용산 철거민 참사를 계기로 본 도시재개발사업의 문제점과 대안」, 긴급토론회 자료집.

신영균, 2006, "의약 분업 정책결정과정의 정책네트워크 특성에 관한 연구", 대한정치학회보, 제13권 제3호, 185~205쪽, 대한정치학회.

양기용, 2000, "신공공관리이론의 한계와 책임경영제 도입방안", 경기논단, 제2권 제3호, 81~98쪽, 경기개발연구원.

양재대, 2003, 「정책네트워크 관점에서 본 도시계획 결정과정에서의 지방의회 역할에 관한 연구: 서울특별시를 중심으로」, 서울시립대학교 박사학위논문.

양현모·서원석·은재호·강동완, 2008, 「대북·통일정책 결정과정에서의 정책네트워크 분석」, 한국행정연구원.

여관현·최조순·최근희, 2011, "도시환경정비사업 갈등형성과정의 정책네트워크 분석: 용산4구역 국제업무지구를 중심으로", 도시행정학보, 제24권 제2호, 121~148쪽, 한국도시행정학회.

윤석환, 1996, 「정보통신정책영역에 있어서의 정책연계망에 관한 연구: 통신사업자 구조조정사례를 중심으로」, 충남대학교 박사학위논문.

이동호, 2007, 「국민연금 기금운용 정책네트워크 분석: 김영삼 정부~노무현 정부」, 서울시립대학교 박사학위논문.

이명규, 2005, "주민참여와 도시개발", 도시정보, 통권 제279호, 대한국토·도시계획학회 정보지.

이승주, 2006, 「도시재정비촉진을 위한 특별법 제정에 따른 서울시 뉴타운사업의 발전방향」, 서울시정개발연구원.

이주원, 2010, 「뉴타운! 아는 것이 힘이다」, (사)나눔과미래.

_____, 2009, "현장에서 본 도시재생사업의 갈등과 쟁점: 재개발(뉴타운)사업을 중심으로, 「빈곤과 도시재생」, 한일공동 심포지움 자료집, 89~133쪽.

이상경·신우진·정창무, 2001, "내용분석을 이용한 재건축사업 관련 주체들 간 갈등에 관한 연구", 국토계획, 제36권 제6호, 대한국토·도시계획학회, 99~111쪽.

이삼수, 2006, "도시패러다임 변화의 의의", 토지와기술, 제19권 제3호, 2~12쪽, 한국토지주택공사.

이순호, 1999, 「노동복지 정책네트워크 변화: 고용보험제도를 중심으로」, 고려대학교 박사학위논문.

이우권, 1999, "연결망 분석의 행정학적 함의", 전북행정학보, 제13권, 179~203쪽, 전북행정학회.

이주형, 2009, 「21세기 도시재생의 패러다임」, 서울: 보성각.

이창무·김미경, 2009, "뉴타운사업에 대한 재진단", 주택연구, 제17권 제2호, 283~308쪽, 한국주택학회.

이홍권, 2009, 「협력적 계획의 관점에서 본 부산 북항 재개발 갈등 사례 연구」, 서울시립대학교 박사학위논문.

임자영·정병우·양창현·유제승·김경환, 2008, "도시재정비사업에서 발생하는 갈등의 법제도적 개선방안: 주민참여를 중심으로", 한국건설관리학회 학술발표대회 논문집, 631~635쪽.

장성환, 2010, 「도시정비사업 추진 과정에서의 이해집단 간 갈등 구조 분석: 주택재개발사업을 중심으로」, 연세대학교 박사학위논문.

장영희, 2010, "사회갈등 예방을 위한 도시재정비사업 제도개선 방안", 사회통합위원회·대한국토·도시계획학회·한국주택학회 정책토론회 자료집.

장준호·김선직 편역, 2010, 「커뮤니티를 위한 마을만들기 개론」, 서울:형설출판사.

정용남, 1998, 「사법개혁과정에서의 정책네트워크연구」, 서울대학교 박사학위논문.

조미향·장준호, 2009, "주민참여형 공간정비사업의 문제점 및 개선방안", 대한국토·도시계획학회 춘계학술대회 자료집, 517~529쪽.

지속가능발전위원회 편저, 2005a, 「공공갈등관리의 이론과 기법(上)」, 서울: 논형.

_____, 2005b, 「공공갈등관리의 이론과 기법(下)」, 서울: 논형.

최호근·김현수, 2009, "도시환경정비사업에 있어서 상가세입자의 손실보상에 관한 연구", 대한국토·도시계획학회 춘계학술대회 자료집, 393~404쪽.

하성규, 1998, "도시재개발에 있어서 갈등요인의 분석과 해소방안", 한국지방자치학회보, 제10권 제2호, 189~209쪽, 한국지방자치학회.

하성규·김태섭, 2003, 「한국도시재개발의 사회경제론」, 서울: 박영사.

하혜영, 2007a, 「공공부문 갈등해결에 미치는 영향요인 연구」, 서울대학교 박사학위논문.

_____, 2007b, "공공갈등 해결에 미치는 영향요인 분석: 갈등관리 요인의 효과를 중심으로", 한국행정학보, 제41권 제3호, 273~296쪽, 한국행정학회.

홍성만, 2006, "정책네트워크 분석: 정책행위자 간 동적 네트워크 분석을 통한 정책현상 규명하기", 국토정보, 통권 제297호, 120~127쪽, 국토연구원.

홍순주, 2008, 「주택재건축사업의 갈등 해소 방안: 갈등모형의 실증분석을 중심으로」, 강원대학교 박사학위논문.

홍인옥, 2009, "우리나라 도시재개발사업의 성격과 문제점", 「용산 철거민 참

사를 계기로 본 도시재개발사업의 문제점과 대안」, 긴급토론회 자료
집, 1~12쪽.

홍인옥·남원석·이호, 2003, 「주거지정비사업의 갈등양상과 공공성 제고방안」,
서울: 대통령비서실 사회통합기획단.

홍인옥·서종균, 1998, "도심재개발사업의 갈등 해소 방안", 도시연구, 제4호,
157~176쪽, 한국도시연구소.

황병상·강근복, 2004, "과학기술 정책과정의 정책네트워크 분석: 핵융합 연구
개발정책사례를 중심으로", 한국정책학회보, 제13권 제2호, 175~205
쪽, 한국정책학회.

2. 기타 간행물 및 보도자료

국토해양부, 2011a, 「도시 및 주거환경정비법」, 국가법령정보센터.

_____, 2011b, 「국토의 계획 및 이용에 관한 법률」, 국가법령정보센터.

_____, 2011c, 「공익사업을 위한 토지 등의 취득 및 보상에 관한 법률」,
국가법령정보센터.

_____, 2010a, 「도시 및 주거환경정비사업 여행」.

_____, 2010b, 「2010년도 주택업무편람」.

서울특별시, 2011, 「서울특별시 도시 및 주거환경정비조례」, 국가법령정보센터.

_____, 2010a, 「서울시 보도자료」, 2010. 3. 19.

_____, 2010b, 「2020 서울특별시 도시·주거환경정비기본계획」.

_____, 2008, 「주거환경정책 자문위원회 자문안」, PPT자료.

_____, 2006, 「2020 서울도시기본계획」.

_____, 2004, 「2010 서울특별시 도시·주거환경정비기본계획」.

_____, 2001, 「서울시 도심재개발 기본계획」.

언론기관 기사 각 년도.

경향신문, 국민일보, 동아일보, 매일경제, 머니투데이, 민중언론, 세계일보, 시
사인, 조선일보, 주간동아, 중앙일보, 한겨레, 한겨레21, 한국경제, 한
국일보, MBC, SBS 등 언론보도자료.

용산구청, 도시개발 홈페이지(http://dosidev.yongsan.go.kr).

한국언론재단, 홈페이지(http://www.kinds.or.kr).

3. 외국문헌

Arnstein, S. R., 1969, "A Lader of Citizen Participation", Journal of the American Institute of Planners, Vol. 35, No. 4, pp. 216~224.

Blom Hansen, J., 1997, "A 'New Institutional' Perspective on Policy Networks", Public Administration, Vol. 75, pp. 669~693.

Boulding, K. E., 1962, *Conflict and Defense: A General Theory*, Oxford, England: Harper.

Bulkeley, H., 2000, "Discourse Coalitions and the Australian Climate Change Policy Network", Environment and Planning C: Government and Policy, Vol. 18, No. 6, pp. 727~748.

Carter, A., 2004, *Strategy and Partnership in Urban Regeneration in Roberts*, Urban Regeneration: A Handbook, London: SAGE Publication.

Coser, L. A., 1968, *Conflict: Social Aspect*, in David Stills (ed.), International Encyclopedia of the Social Science, NY: Macmillan.

Dahrendorf, R., 1959, *Class and Class Conflict in Industrial Society*, Stanford: Stanford University Press.

Dowding, K., 1995, "Model or Metaphor? A Critical Review of the Policy Networks Approach", Political Studies, Vol. 43, pp. 136~158.

Dugan, M. A., 1996, "A Nested Theory of Conflict", Leadership Journal: Women in Leadership-Sharing the Vision 1, pp. 9~20.

Jansen, D., 1991, *Policy Network and Change: The Cost of High-Tech Superconductors*, in Martin, B. and Mayntz, R., Policy Networks (9th eds.), Frankfurt am Main: Campus Verlag.

Jordan, G. and Richardson, J. J., 1987, *Government and Pressure Groups in Britain*, Oxford: Clarendon.

Jordan, G. and Schubert, K., 1992, "A Preliminary Ordering of Policy Network Labels", Uropean Journal of Political Research, Vol. 21, pp. 7~27.

Kenis, P. and Schneider, V., 1991, *Policy Networks and Policy Analysis: Scrutinizing a New Analytical Analysis*, in B. Martin and R. Mayntz (eds.) Policy Networks: Empirical Evidence and Theoretical Considerations, Campus Verlag: Westview Press.

Klinjin, E. H., 1996, "Analyzing and Managing Policy Processes in Complex Networks: A Theoretical Examination of the Concept Policy Network and It's Problems", Administration & Society, Vol. 28, No. 1, pp. 90~119.

Knoke, D. et al., 1996, *Comparing Policy Networks,* Cambridge University Press.

Marsh, D., 1998, *The Development of Policy Network Approach,* Marsh D. (ed.), Comparing Policy Networks, Buckingham: Open University Press.

Neal, P., 2003, *Urban Villages and the Making of Communities,* London: Sopn Press.

Roberts, P. W. and Sykes, H., 2000, *Urban Regeneration: A Handbook,* London: SAGE Publication.

Pinkley, R. L. and Northcraft, G. B., 1994, "Conflict Frames of Reference: Implications for Dispute Processes and Outcomes", The Academy of Management Journal, Vol. 37, No. 1, pp. 193~205.

Pondy, L. R., 1967, "Organizational: Concepts and Models", Administrative Science Quarterly, Vol. 12, No. 2, pp. 296~320.

Rhodes, R. A. W., 1997, *Understanding Governance: Policy Networks, Governance, Reflexivity and Accountability,* Buckingham Philadelphia: Open University Press.

Rhodes, R. A. W. and Marsh., 1992, "New Directions in the Study of Policy Networks", European Journal of Political Research, Vol. 21, pp. 181~205.

Robbins, S. P., 1983, *Organizational Behavior Concept,* Controversies and Applications (2nd eds.), Englewood Cliffs, N. J.: Prentice Hall.

Saaty, T. L., 2005, *Theory and Applications of the Analytic Network Process,* Pittsburgh: RWS Publication.

Schmidt, S. M. and Kochan, T. A., 1972, "Conflict: Toward Conceptual Clarity", Administrative Science Quarterly, Vol. 17, No. 3, pp. 359~370.

Van de Van, A. H., 1986, "Central Problems in the Management of Innovation", Management Science, Vol. 32, No. 5, pp. 590~607.

Waarden, F., 1992, "Dimensions and Types of Policy Networks", European Journal of Political Research, Vol. 21, pp. 29~52.

Wallance, M., 2001, "A New Approach to Neighbourhood Renewal in England", Urban Studies, Vol. 38, No. 12, pp. 2163~2166.

上原 友・大貝 彰・古賀 元也・鵜 心治・長井 裕志, 2010, "再開発事業における計画立案にむけた合意形成支援手法の提案", 日本建築学会東海支部研究報告書, 第48号, pp. 561~564.

古賀 元也・鵜 心治・大貝 彰・克己 田村・小林 武史, 2011, "市街地再開発事業における計画立案に向けた合意形成手法に関する研究", 日本建築学会計画系論文集, 第660号, pp. 405~414.

西村幸夫, 2007, 「まちづくり学」, 朝倉書店.

日本地域開發センター, 2005, 「參與型まちづくり事例集」, 日本地域開發センター.

秦 中伏・金多 隆・古阪 秀三・石坂 公一・近江 隆, 2002, "都市開発をめぐるコンフリクト問題のメタゲーム分析", 日本建築学会計画系論文集, 第555号, pp. 247~254.

地域問題研究所, 2001, 「まちづくりにみる住民の合意形成システムのあり方」.

부록 1. 심층면접 결과

용산구청 도시계획과 사업담당자 J씨 심층면접
(2011.08.12. 16시~17시)

1. 용산4구역 재개발사업을 언제부터 담당하고 있는지?

용산4구역을 담당하게 된 시기는 용산재개발 조합이 설립되고, 사업시행인가를 받는 시기인 2007년 초반부터입니다.

2. 용산4구역 재개발사업은 현재 어느 정도 진행되고 있는지?

2009년 1월에 용산사태가 발생하고 나서 용산4구역은 2년 가까이 전혀 사업 진행을 못 합니다. 그러나 다행히도 2009년 12월 30일 재개발조합과 '용산참사' 유족들 간에 사망자 보상과 관련된 사항에 합의하게 됩니다. 그리고 그동안 합의를 못했던 세입자와의 보상 문제는 모두 마무리되었고, 2010년 12월 31일에 사업구역 내 모든 주민들의 보상과 관련된 협의와 이주 및 건축물 철거작업을 모두 완료했습니다. 그런데 2011년 1월에 공사착공을 시작해야 했으나, 현재까지 그러지 못하고 있습니다. 그 이유는 용산사태가 발생하고 2010년 말까지 2년이라는 시간이 흘렀기 때문에, 그동안 각종 물가상승 등으로 사업초반에 재개발조합과 시공자 간에 맺은 계약서상의 공사비로는 공사착공의 진행이 어려운 상황입니다. 따라서 현재까지 재개발조합과 시공자 간 공사비에 대한 합의가 이루어지지 않아, 공사착공이 지연되고 있는 상황입니다.

3. 용산4구역 재개발사업을 담당하면서 사업추진상의 힘들었던 점이나 애로사항은?

용산4구역뿐만 아니라 다른 재개발사업에서도 마찬가지일 것입니다. 재개발사업 추진 시에 문제가 발생하는 것은 무엇보다 관리처분계획인가와 관련된 시기라 할 것입니다. 이 시기에서 세입자를 포함한 사업구역 주민들의 보상수준이 결정되기 때문이죠. 주민보상은 감정평가를 기초로 재개발조합과 주민 간에 이루어집니다. 대부분 주민들은 재개발조합이 제시하는 금액의 10~20% 정도를 더 보상

받는 것으로 합의가 이루어집니다. 하지만, 2~3배 이상의 보상금을 요구하는 주민과는 사실상 합의는 어렵습니다. 합의가 이루어지지 않는 주민은 많게는 10~15% 정도, 적게는 5% 정도 될 것입니다. 그런데 보상과정에서 더 큰 문제는 보상조건에 해당되지 않는 주민들입니다. 「공익사업을 위한 토지 등의 취득 및 보상에 관한 법률」에 따라 세입자나 주택소유주는 사업고시일 3개월 이전에 당해 사업지구에 거주하는 거주민에 한해 주거이전비 등의 보상을 해 고 있습니다. 따라서 주민등록상 3개월 이후에 들어온 세입자나 주택소유주 등에 대해서는 보상적격 주민과 동일하게 보상할 수 없는 것이지요. 또한, 용산4구역의 경우에 무허가 노점상들도 또 하나의 문제였습니다. 즉, 이들은 합법적인 절차에 따라 보상을 해 줄 수 없기 때문입니다. 이로 인해 주민과의 마찰이 발생하곤 합니다. 이러한 부분이 사업추진 과정에서 발생하는 애로사항이라 생각됩니다.

4. 그렇다면 상가세입자의 보상과 관련해서 상가권리금은 어떻게 처리되었는지?

상가권리금과 관련된 보상기준은 현행법상 마련되어 있지 않습니다. 그로 인해 상가세입자들의 반발이 있었는데요, 용산4구역의 경우는 상가권리금의 일정부분을 보상해 주는 것으로 합의가 마무리되었습니다. 그러나 상가세입자 중 일부는 재개발사업고시를 전후로 거래되기도 하였는데, 그 시기에는 상가세입자가 상가권리금을 조금만 내거나, 또는 내지 않더라도 상가에 들어올 수 있었습니다. 물론, 10년 이상 용산4구역에서 상가영업을 해 온 경우도 있을 것입니다. 하지만 그 경우는 상가영업을 통해서 상가권리금을 모두 회수하였다고 보아도 될 것입니다.

5. 용산참사 이후 「도시 및 주거환경정비법」이 일부 개정되었는데, 주민보상이 어떻게 달라졌는지?

주민보상과 관련하여 가장 큰 변화는 「도시 및 주거환경정비법」 제49조(관리처분계획의 공람 및 인가절차 등) 제6항의 내용입니다(개정 2009.5.27). 즉, 「도시 및 주거환경정비법」 개정 이전에는 재개발조합과 주민의 손실보상에 대한 합의가 없이도 토지나 주택의 수용에 의한 소유권이전이 가능했습니다. 하지만 「도시 및 주거환경정비법」의 개정에 따라 재개발조합과 주민이 합의에 이르지 못할 경우, '수용재결'에 따라 감정평가를 재차 하도록 되어 있습니다. 그리고 이를 근거로 다시 합의과정을 진행해야 하며, 만약 그래도 합의가 어려우면 '수용위원회'에서 그 내용을 관장하도록 하고 있습니다. 이러한 과정을 거치게 되면 최소한

6개월 정도의 시간이 보상기간에서 늘어나는데, 그렇더라도 합의과정을 거치지 않고 무리한 사업진행을 추진하는 것을 방지하기 위한 큰 제도적 변화라고 보여집니다.

6. 그렇다면, 분쟁조정위원회나 공공관리제도는 현실적으로 어떠한지?

분쟁조정위원회는 정비구역이 지정된 시·군·구 등의 지방자치단체에 구성하도록 「도시 및 주거환경정비법」에 규정하고 있습니다(「도시 및 주거환경정비법」 제77조의2). 그러나 분정조정위원회는 말 그대로 재개발사업의 시행과 관련되어 발생하는 분쟁을 심사, 조정하는 기구입니다. 따라서 세입자나 주민의 보상과 관련된 합의에 대해서 권한을 행사할 수 없습니다. 즉, 분쟁조정위원회가 재개발조합과 주민의 합의수준에 관여할 수 있는 것은 아무것도 없습니다. 그리고 공공관리제도는 설계자나 시공사 및 정비업자를 선정하는 데 관여를 할 수 있습니다(「도시 및 주거환경정비법」 제77조의4). 공공관리제도는 재개발사업의 투명성 차원에서 시행되는 제도이기 때문에 재개발조합과 주민과의 보상합의와는 상관이 없습니다.

7. 공공기관인 용산구청은 재개발사업에서 어떤 역할을 하고 있는지?

무엇보다 재개발조합과 주민 간의 합의를 유도하는 중간자역할을 수행하고자 하였습니다. 용산4구역 사업추진 이후 재개발조합과 주민의 합의를 위해 16차례의 모임을 마련하였습니다. 조합과 주민이 보상과 관련해 한번 틀어지게 되면, 그다음부터는 서로 만나려고조차 않습니다. 그래서 구청에서 서로 만날 수 있도록 자리를 마련하는 등의 기여를 했습니다. 구청에서는 재개발조합과 주민이 합의를 할 수 있도록 자리를 마련하는 것 이외에 할 수 있는 것이 특별하게 없습니다. 왜냐하면 보상에 관한 합의는 법적으로 그들 당사자 간의 문제이므로 구청에서 합의과정에 관여할 수 있는 여지가 없기 때문입니다.

8. 용산4구역 재개발사업을 관장하면서, 「도시 및 주거환경정비법」상 특별히 바뀌었으면 하는 사항은?

「도시 및 주거환경정비법」 제48조 제5항 제2호에 따르면, 재개발사업을 위한 세입자의 보상과 관련하여 주택소유주가 일정부분의 보상을 세입자에게 부담토록 하고 있습니다.(개정 2009.5.27). 이 조항 때문에 주택소유주는 세입자를 재개발사업이 시작되기 이전에 이주하도록 강요하거나, 친인척들을 동원하여 세입자로 들어오게 됩니다. 즉 세입자보상과 관련하여 주택소유주는 감정평가 전에 세입자들에 대한 임대차계약의 해지를 강요함으로써, 세입자 손해보상과 관련된 소지를 처음부터 없애는 것이지요. 이것은 앞으로 분명히 바뀌어야 할 제도적 개선사항일 것입니다.

9. 마지막으로, 재개발사업 추진 시 조합이나 정비업체의 신속한 사업추진을 위해 주민이주나 강제철거를 무리하게 진행한 것은 아닌지?

네, 사실 그런 부분이 전혀 없지는 않습니다. 우리나라 「도시 및 주거환경정비법」에서는 재개발조합에게 권한을 크게 주고 있습니다. 그렇기 때문에 세입자나 주민과 보상에 관한 합의가 일부 이루어지지 않더라도 일정부분 요건을 갖추게 되면 토지나 주택을 행사할 수 있는 권한을 재개발조합에게 주고 있습니다. 일례로 일본의 경우는 분명한 합의중심의 사회로서, 주민의 합의에 의해 재개발사업이 진행되는 것으로 알고 있습니다. 따라서 일본에서의 재개발사업은 우리나라보다 시일이 오래 걸리는 것이겠지요. 그것은 합의가 될 때까지는 재개발사업 추진이 불가하도록 하는 법적 규제 때문일 것입니다.

서울시청 정비사업팀 사업담당자 K씨 심층면접
(2011.10.12. 14시〜15시)

10. 용산4구역 재개발사업을 언제부터 담당하고 있는지?

용산4구역을 담당하게 된 시기는 재개발조합이 설립되고, 사업시행인가를 받는 시기인 2007년 초반부터입니다. '용산참사' 당시에도 용산4구역 업무를 맡았습니다.

11. 용산4구역 재개발사업에서 서울시의 역할은 무엇이었는지?

용산4구역은 2001년도에 지구단위계획이 수립되었고, 2005년에 정비예정구역이 되어서, 2006년 4월 20일 용산4구역이 정비구역으로 최초로 지정이 됩니다. 그리고 저희가 맡은 업무는 기본계획을 재정비하고, 기본계획의 범위 내에서 자치구에서 정비계획을 수립해서 가져오면, 저희가 심의를 거쳐서 구역지정 고시를 해 주는 거죠. 그 이후에 심의라든지 인허가 관련사항은 용산구청에서 업무담당을 하게 됩니다. 건축위원회 심의경우는 시에서 심의를 해 줄 게 있고, 교통이나 환경도 심의를 거치게 되어 있죠. 구역지정 외에는 저희가 특별히 관여할 부분은 없습니다.

12. 인허가 업무와 관련하여 용산구청에서 서울시와 협의나 교류가 있는지?

사업시행인가의 경우에 기본적으로 협의를 하는데, 인가 건에 대한 권한은 법규에 자치구로 명시가 되어 있어요. 자치구에서 인가를 해 주면서 당초의 정비구역을 지정했을 때 사항들이 잘 이행되었는지에 관해서는 우리와 협의를 합니다. 하지만 구체적인 것까지는 하지 않고, 인가권자가 판단해서 하게 됩니다. 협의 시에는 회의 자리를 마련하지는 않고, 문서나 공문으로 협의를 하게 됩니다.

13. '용산참사' 후 서울시에서 갈등해소를 위해 어떠한 노력을 하였는지?

원칙적으로, 서울시에서 상가세입자 보상에 관여할 여지는 없습니다. 당사자하고 인가권자, 인가권자도 사실상 기준에 맞춰서 해 주었다면 인가권자도 어쩔 수 없는 거죠. 어떻게 보면 당사자 간의 문제인데, 그게 법적인 기준에 맞춰서 했는지를 인가권자가 판단을 했어야 하죠. 그런데 용산4구역의 경우는 좀 특별한 경우였습니다. 사람이 죽고 사회적인 이슈가 되다 보니까 구청에서만 맡겨서 될 것이 아니었습니다. 그래서 사업 초기부터 외부적으로 관여를 안 했지만 내부적으로는 나름대로 계속 검토했습니다. 그러다 보니 '서울시는 무엇을 하느냐?'라는 사회적인 비난의 여론이 이었습니다. 그래서 7월 이후에서야 그나마 서울시에서 중재를 해 보겠다고 나서게 된 것입니다. 그때 당시의 이해당사자 분들인 사고 당한 측과 조합, 구청과 협의를 해서 최종적으론 저희가 중재역할을 함으로써 협의타결을 하게 된 거죠. 그러면서 사건 이후에 당정이라든지 시에서 TF팀을 구성해서 법령개정을 계속 추진해서 2009년 5월에 법 개정이 이루어졌고 시행령, 시행규칙 등이 계속해서 개선되었죠.

14. 용산참사 이후 「도시 및 주거환경정비법」이 일부 개정되었는데, 어떻게 달라졌는지?

가장 큰 것은 세입자에게 정보를 공지하는 부분, 휴업보상비 4개월로 상향조정, 분쟁조정위원회 설치, 세입자에게 상가우선분양권을 부여, 공공관리제도 도입 등이 큰 변화에 해당됩니다.

15. 상가세입자의 보상과 관련된 갈등의 원인을 무엇으로 보는지?

가장 큰 이견은 상가권리금을 인정하는 것, 임시상가를 설치해 주는 것이 주요 쟁점사안이었죠. 그런데 이 두 부분에 대해서는 법적으로 해결할 방법이 없어서 결국은 해결이 어려웠죠. 권리금은 법적으로 보호되거나 정해진 사항이 아니라서 보상에 넣을 수 없었고, 임시상가도 현실성 문제가 있어서 해결이 어려웠죠. 그런데 그거는 예전부터 계속 나왔던 것인데, 여기서 사건화되면서 붉어졌던 것뿐이지, 예전부터 재개발사업에서 계속 나왔던 이야기입니다.

16. 마지막으로, 재개발사업 추진상 애로사항이나 개선했으면 하는 부분은?

재개발사업이라는 것이 투명성을 갖고 해야 하는 것이 분명히 있습니다. 특히, 조합방식의 경우에는 조합집행부의 운영에 따라서 사업이 제대로 되는 경우도 있고 아닌 경우도 있습니다. 그래서 집행부의 투명성과 단합하는 것들이 필요하기 때문에 이러한 부분이 보완되어야 할 것입니다. 그런데 조합집행부를 어떻게 교육시켜야 할 것인지, 그런데 대부분 조합집행부는 경험이 없는 사람들이잖아요. 그래서 그 사람들을 어떻게 교육시키고 사업할 수 있도록 할 것인지가 관건입니다.

(주)파크앤시티 정비업자 담당자 C씨 심층면접

(2011.9.21. 10시~11시30분)

17. 용산4구역 재개발사업은 언제부터 담당하셨는지?

용산4구역 재개발사업을 담당한 시기는 저희 업체가 정비업체로 선정된 2006년 말 당시에는 다른 직원이 담당하다가 '용산참사' 이후에 제가 용산4구역을 담당하게 되었죠. 그 이후에 지금까지 약 5년 정도를 담당하고 있어요.

18. 정비업체가 용산4구역 재개발사업에 관여는 시기가 언제인지?

정비업체는 사업추진위 단계부터 용산4구역 재개발사업에 관여하게 되죠. 유일하게 법에서 인정해 주는 것이 정비업자와 설계업자 아닙니까? 사업의 최초부터 끝까지 정비업체가 모두 관여하고요. 설계업자는 그 이후에 사업시행인가부터 설계납품까지 관여하게 되지요. 나머지 업체들은 사업진행의 중간단계에서 관여하는 거죠.

19. 용산4구역에서 정비업체의 주요 업무는 무엇인지?

용산4구역 사업추진의 행정에 관련된 모든 부분을 담당하고 있죠. 세입자보상에서부터 사업인허가와 관련된 모든 서류작업을 저희들이 하죠. 행정적으로 뒷받침해야 하는 인허가 서류하고 세입자, 조합, 분양 관련 모든 행정업무를 하게 되죠……. 그 모든 부분을 여기서 하죠. 법에서 정한 테두리만큼이요. ……기본적으로 조합원의 권리명세 세입자 명세, 세입자 보상 어떻게 하고, 금액은 어떻게 하고, 예를 들면 보상에 관한 사항 등……. 기본적으로는 그렇게 다 하고 실질적으로 내보낼 때는 모든 판단은 조합에서 하고, 여기서는 행정적인 걸 주로 다 합니다. 인허가에 필요한 사항들 다 집어넣는 거고, 사업절차들, 세입자 보상, 자체적으로 업무를 봐야 합니다. 그 열거된 세입자들하고 조합원들 서식 등을 만들어주는 거고 나중에 세입자들 임대아파트 신청, 신청은 조합에서 받더라도 총회관련, 조합원 분양과 관련된 사항들, 전부 컨설팅부터 진행까지 모든 걸 하는 거죠. 재개발조합은 주체이기만 하고 모든 업무는 여기서 하는 거죠. 저희들이 한 요구도 조합에서 준비하고 사업을 진행하기 위해서 있는 거니까. 모든 인허가가 여기에는 모두 포함되죠.

20. 용산4구역 '용산참사'의 주요인은 무엇이라 생각하는지?

사실, 용산4구역 재개발사업에서 발생했던 '용산참사'는 법적인 보상 문제였어요. 법적인 보상은 그 테두리밖에 안 이루어지고, 권리금도 법적인 보상 기준이 없잖아요? 조합으로서는 법에서 나온 그 이상으로 세입자들에게 보상을 다 했죠. 하지만 세입자들의 만족을 못 시켰을 뿐이죠. 그렇게 보상을 했는데 '용산참사'라고 표현하는데, 그 화재사건은 이걸로 일어난 게 아니에요. 전체적인 세입자를 전철연에 가입시켜서 투쟁을 한 거죠. 그러니까 모든 상가세입자를 대표하는 양 무단점거를 하고, 철거를 못해서 공권력이 투입된 것이고, 공권력이 투입되어서 옥신각신하다가 화재사건이 발생한 거죠. 전철연은 주동만하다가 경찰이 투입될 것을 미리 알고 전철연은 다 빠졌어요. 사회적으로 보면 상가세입자 문제라고 판단하는데 사실은 그게 아니에요. 순수하게 전철연이 아닌 상가세입자들이 시위를 했으면 사회적 문제라고 볼 수 있는데, 이권을 노리고 전철연을 끌어들여 상가세입자를 호도한 거죠. 공권력도 이것이 잘못 되었다고 판단하니까 투입된 거죠. 보상에 관련해서는 엄연한 사업주체가 누구냐, 시공사도 조합도 정부도 책임이 있는 것 아니냐, 엄밀히 따지면 누가 잘못한 겁니까? 엄밀히 따지니까 조합의 과실이 조금 포함된 것이지, 조합이 법에서 정한 데서 안 했으면 조합의 책임이 크겠지만, 기본적으로 상가세입자들이 90% 이상이 조합에서 해 준 걸로 나갔는데 안 나가는 소수가 문제였던 것이죠. 이것은 현실하고 제도가 맞지 않아서 발생된 것이죠.

21. 사업추진과정에서 자주 소통하거나 밀접한 관계를 가지는 기관이나 업체는?

재개발조합과 가장 밀접한 관계를 가지게 되죠. 왜냐하면, 재개발조합의 행정적인 업무를 여기서 도맡아서 대신해 주는 거니까요.

22. 업무추진 시 정비업체와 재개발조합의 의견조율은 어떻게 하는지?

재개발사업 추진 시에는 조합이랑 구청이랑 세 바퀴가 맞물려 돌아가는데. 법적인 의견이 안 맞을 때는 변호사 자문을 구하고, 법적이 아니고 기준만 있고 세부사항이 없을 경우는 협의를 해서 가장 형평성 있는 방안을 모색합니다. 즉, 법의 테두리 없는 것, 법의 테두리 안에 있는 거는 변호사 자문을 얻거나 판례를 확인하고, 없는 건 다수한테 이득이 가는 방향으로 합니다. 문제는 조합원과 조합, 10명 중에 아홉 명은 맞다 하는데 한 명이 아니라고 하면, 그분이 이의를 제기하고 소송을 하죠. 그게 가장 불합리하고 의견 조율하기 어려운 상황이지요.

23. 상가세입자 권리금을 어떻게 생각하는지?

권리금이라는 건 프리미엄을 받는 건데, 권리금 받을 때마다 주인에게 뭘 줍니까? 주인이 만약에 그 돈을 일부 받으면서 했다면 당연히 권리금이라는 게 법적으로 들어오겠죠. 하지만, 세입자들끼리 주고받는 금액인데. 집주인이 어떻게 할 수 없잖아요. 법적으로 해결할 수 있는 방법도 없고요. 눈에 보이는 게 아니기 때문이죠. 결국 보상 자체가 그 사람들이 생각하는 거랑 맞지 않는 거죠. 권리금의 평가를 하면 서류, 근거가 있어야죠. 조합의 의결로, 총회의 의결로 진행되는 사업이라서 데이터가 없으면 권리금 보상을 어떻게 할 수 없는 거예요.

24. 용산구청의 조언자 역할에 대해서 어떻게 생각하는지?

서울시나 국토해양부, 관할구청까지 세 정부기관이 조언자나 조정자 역할을 해 주면 훨씬 재개발사업이 사회적 무리 없이 진행될 수 있는 거죠.

25. 상가세입자들의 보상수준을 어떻게 생각하는지?

세입자가 100명이에요. 실제로는 1억 원씩 지급된 게 아니고, 어떤 사람은 1억 천부터 팔천만 원까지 다양하죠. 결국에는 오래 버티는 세입자들만 많이 가져가는 꼴이 되는 거죠. 순수한 90%는 기본적인 수준만 보상이 되죠. 사실은 이게 더 불합리한 거예요. 법적으로는 기준 이상으로 보상이 되었다고 생각되죠. 그리고 수용재결, 명도소송 기간이 간소화되어야 하는 거예요. 세입자 내보낼 때, 동의하지 않는 세입자 내보낼 때 약 10개월에서 12개월이 걸려요. 이게 너무 길다는 거예요. 합리적으로 했는데도 어쩔 수 없죠. 강제집행을 해야 하는데, 명도소송 기간이 끝난 다음에 내보내야 하는 행정절차를 거쳐야 하는데, 이게 너무 길다는 거예요.

26. 마지막으로 말씀하실 추가적인 사항이 있으신지?

가장 어려운 게 세입자 보상 문제고요. 두 번째는 관리처분이에요. 재개발·재건축은 공동주택만 권리만 변동시키면 끝나는데, 도시환경정비사업은 주거시설, 비주거시설 모두 다 해 줘야 하죠. 즉, 권리변동을 다 시켜 줘야 해요. 재개발구역 내의 업무시설, 판매시설, 공동주택 등의 권리변동을 모두 해 줘야 해요. 따라서 여기에는 이권이 많이 개입되니까 가장 어렵죠.

삼성물산 시공사 담당자 B씨 심층면접

(2011.9.21. 11시~12시)

27. '용산참사' 관련해서 시공사의 전반적인 역할과 업무는 무엇인지?

저희 회사는 시공사로 선정되고 부터 조합관리를 하면서 인허가를 조합에서도 하지만 저희들이 도와서 하고, 아파트와 관련하여 트렌드에 맞는 마감, 평면, 설계 등을 제시해서 사업시행인가를 받습니다. 그리고 관리처분이 중요한데 공사비가 확정이 된 이후 조합분양가 협의를 통해서 관리처분을 합니다. 그런 업무를 진행하고 저희는 수주부터 관리청산까지 저희사업소에서 같이 관리를 합니다.

28. 용산4구역에서 시공사가 참여하게 되는 시기는 언제부터인지?

저희는 실질적으로 사업시행인가 이후 2007년도에 시공사가 선정되었고, 그때부터 용산4구역 재개발사업에 참여하게 되었죠. 2007년부터 인허가 진행하면서 사업시행인가, 관리처분까지 이미 2007년도에 진행이 되었었죠. 현재는 철거작업이 지연되면서 공사비 변경관련 사항의 협의가 조합과 결렬되어서 시공사를 바꾸기로 조합 측에서 일반적으로 결정을 했습니다. 작년 11월부터 올 초까지 조합과 저희 측에서 공사비 변경관련 협의를 하다가 올해 8월 20일 총회에서 시공사를 바꾸기로 결정을 내렸죠.

29. 재개발조합 측에서 시공사를 교체하기로 결정한 원인은 무엇인지?

용산4구역에서 오피스와 상가분양이 가장 큰데 분양 리스크 때문에, 1,500억 정도 표현이 되어 있을 텐데, 저희들은 공사비로 충원되는 돈은 630억 정도 됩니다. 나머지 900억 원은 나중에 오피스가 미분양 났을 때 오피스를 할인해서 분양할 수 있도록 조합원 측에 예비비로 잡아 달라고 요청했던 거죠. 용산4구역의 경우는 거의 다 분양을 통해서 공사비를 조합원 측에서 주는 형태인데, 오피스가 분양이 안 되면 저희들은 공사비의 회수가 어려운 상황이다 보니까 리스크 차원에서 예비비로 잡아 달라고 한 것입니다. 조합 측은 1,500만원에 분양할 수 있다고 주장하고 있습니다.

30. '용산참사' 이후 2년 정도의 공사지연이 시공사에 미친 영향은?

'용산참가'가 발생하지 않았다면 공사비를 상당히 줄일 수 있었겠죠. 600억까지 추가비용이 발생하지는 않았을 것이고, 100~200억 정도로 추가비용이 발생했을 것이라고 봅니다.

31. 정비업체와 관계는 긴밀한 관계나 정보교류 등을 하는지?

재개발조합 업무를 수행하고 있으니까 시공사, 설계사, 조합원 등이 모여서 서로 사업시행인가, 관리처분인가의 안을 같이 하게 됩니다. 주는 정비업체가 되기는 하지만 주 1회 정도 주기적으로 모여서 회의를 하게 되죠. 1주일에 한 번씩은 모여서 회의를 했었죠. 건축심의라든지 사업시행인가 시기에는 더 자주 모였습니다.

32. 용산4구역 사업진행상의 초기비용을 어떻게 부담하게 되는지?

재개발조합의 초기비용에 대한 부담은 없죠. 사업 초반에 정비업체 선정이 돼서 초기에 들어가는 비용관리를 운영비조로 하다가, 시공사가 선정이 되고 난 다음부터 정비업체 계약금이라든지 설계사 계약금 등을 시공사로부터 차입을 해서 초기비용을 부담하게 되죠. 이것을 대여금이라고도 합니다.

33. 시공사를 교체하면 지급된 사업초기비용은 어떻게 되는지?

형식적으로는 계약에 의해서 대여금조로 나간 비용이기 때문에 다른 시공사가 선정이 되면 그 시공사에서 저희가 받던지 은행 쪽으로 지급된 비용을 받게 되죠.

34. 서울시나 용산구청과 교류나 관계는 어떠한지?

사업시행인가 들어갈 때 시공사가 선정이 되어 있으면 정비업체, 설계사, 세무사가 배정되어 있고, 인허가 받을 때 저희들도 용산구청과 서울시에도 저희가 행정업무를 도와주고 있죠. 물론 주는 정비업자이긴 하지만요. 구청에 들어가서 회의를 한다거나 하지는 않습니다. 하지만 인허가 받기 위해서 용산구청에 들어가서 설명하고 그런 경우는 있습니다.

35. 재개발조합과 의견차이가 발생되는 경우는 없는지?

결정은 조합에서 하지만 안을 만드는 것은 정비업체나 설계업체에서 하게 되죠. 조합은 전문가는 아니지만 맞다 그르다는 판단을 할 수 있기 때문에, 한두 가지의 안을 만들어 가서 조합에서 선택하도록 하기도 합니다. 조합원들에게 부담이 되는 부분에 대해서는 대의원결의라든지 이사회를 열어서 의사결정을 받고 하기 때문에 의견차이로 큰 문제가 발생하지는 않습니다.

36. 용산4구역 사업진행을 하면서 개선이나 애로사항은 무엇인지?

관리처분인가에서 세입자와 협의가 안 되면 사업지연이 되기 때문에 그런 부분들이 사업상의 발목을 잡게 되는 거죠. 이주비는 들어가 있는데 다달이 이자는 나가지요. 용산4구역의 경우도 이자가 약 500~600 정도 됩니다. 한 달에 20~30억씩 나가고 있는데 명도처분인가가 나지 않으면, 그런 것들이 다 조합원들에게 부담이 되고 사업성을 악화시키는 것이죠.

전국철거민연합회 관계자 J씨 심층면접
(2011.10.10. 10시~11시30분)

37. 전철연은 어떠한 활동들을 주로 하는 단체인지?

전국철거민연합회는 이전에는 3개 정도 있었는데, 현재는 전국적으로 나누어져 여러 단체가 있습니다. 전철연은 개발지역 주민들의 주거권과 생존권을 보장받기 위해 개발지역의 주민들이 모여서 만든 비영리단체입니다. 즉, 주거세입자 뿐만 아니라 무허가 가옥주, 영세상가세입자들의 주거권리를 찾기 위해 활동하고 있습니다. '용산참사' 당시에도 전철연 소속으로 투쟁을 하였습니다.

38. 재개발사업의 투쟁을 통해 전철연에서 궁극적으로 추구하는 사항은?

전국철거민연합회는 '순환식개발'을 추구하고 있습니다. 순환식개발이란 것은 '선 대책 후 철거'이지요. 재개발사업에서 가이주단지를 우선 조성을 하고, 분양권 보다는 임대상가, 임대주거지죠. 재개발이 되면 나중에 조상이 되는 공원 같은 곳에 가이주단지를 조성해서 그곳에서 생활하다가 개발되면 수용할 수 있도록 요구하고 있습니다.

39. 전철연에서 재개발사업의 '순환식개발'을 요구하는 주된 이유는 무엇인지?

제가 오늘 혹시 참고될까 해서 재개발조합과의 철거민대책위 간의 합의문건을 가져왔습니다. 합의문건은 많이 받아 봤습니다. 그런데 법적으로는 아무 효력도 없고 인정도 해 주지 않는 것이지만, 우리 스스로 이것이 법적으로 제도화되어야 한다고 생각하기 때문에 '순환식 개발'에 입각한 가이주단지나 임대아파트, 임대상가 이런 것을 요구하게 되었죠.

40. 용산4구역 '용산참사'의 주요인은 무엇이라고 보는지?

도시의 경우에는 상가보증금보다 상가권리금이 굉장히 많습니다. 상가보증금은 불과 몇 백만 원인데, 상가권리금은 몇 억 원에 해당하고 이런 거죠. 권리금이 법적으로 보호받고 있지는 않지만, 그들의 생존이지 않습니까? 그러다 보니까 당사자들은 권리금을 무시할 수 없는 것이죠. 결국에는 권리금이 '용산참사'의 원인이라고 볼 수 있죠. 그리고 용산구청이나 서울시청 등 인허가권 행위자들이 있죠. 그리고 주민들의 안전한 생활을 할 수 있는 보호권자도 되잖아요? 그런데, 거기에 대해서 공공은 아무런 책임도 관심도 없었다라고 볼 수 있고요. 그리고 인허가를 해 주었을 때는 재개발조합이 재개발구역 내의 모든 사람들에 대한 보상이나 생존권, 주거권에 대한 원만한 합의점을 찾았어야 되잖아요? 그런데 그것에 대해서 공공이 전혀 노력하지 않았던 것이죠. 그럼으로 해서 용역깡패가 미리 배치되어 사람들을 쫓아내고 때리고 하는 역할들을 했어요. 이것들을 하는 것이 사실은 조합하고 시공사거든요. 이들은 빨리 주민들을 내몰고 공사를 해야 되니까요. 그래서 조합과 시공사가 그러한 폭행을 할 수 있도록 묵인하는 것이 경찰입니다. 즉, 재개발지구에서 철거민들 편은 없는 겁니다. 유일하게 국민들과 함께하는 동료들인데, 국민들도 이미 관심이 없고 떼쓰는 사람들이라는 인식이 있는 것이죠. 결국은, 이러한 것들이 '용산참사'를 일으킨 원인이라고 보여집니다.

41. '용산참사'를 통해 본 재개발사업의 문제점 해결방안이 있을지?

순환식개발을 하게 되면, 상가를 새로 지어서 입주할 수 있도록 만드는 것이 잖아요. 그러면 그곳에서 다시 상권을 형성하면서 권리금을 재생시키면 되는 것이에요. 그래서 권리금에 대해서는 문제가 안 됩니다. 이렇게 하면 좋은데 그렇지 않고, 개발되는 그동안 어떻게 하나? 그냥 쫓겨나는 거예요. 보상도 아주 적을 뿐만 아니라……. 또 우리 입장이 임대상가를 준다 하더라도 비싸서 들어갈 수 없는 형편이면 또 쫓겨나는 것이지 않습니까? 그래서 '순환식 개발' 일환으로, 우선은 무엇이라도 하면서 그곳에서 고객들과 상권을 지킬 수 있는 가이주단지를 만들어 달라 이런 것입니다. 전철연에서 상가를 '순환식 개발'에 입각해서 상가를 받은 곳이 있습니다만, 그곳은 어떻게 된 것인지 주상복합인데 상권이 거의 형성되지 않았어요. 그래서 이런 경우에 철거민들은 '어떻게 할 것인가?'라는 고민을 하기도 했습니다.

42. '용산참사'로 인한 영향이나, 그 이후 재개발사업에 대한 시각의 변화는?

'용산참사'가 우리에게 준 것은, 세상 사람들에게 재개발은 저렇게 하면 안 된다, 재개발은 그곳에 사는 주민들이 우선시되는 개발해야 함을 인식시켜 주었고, 한편으로는 재개발지구 대책위 사람들을 무조건 불쌍한 사람으로 보는 시각들도 생겼다, 즉 우리 입장에서 보면 재개발에 대한 잘못된 것들에 대해서 많은 사람들이 알게 되었다는 것이죠. 그 이전까지는 떼쓰는 사람들, 시끄러운 사람들로 보았지만, 지금은 동정이라도 하는 거예요. 이것은 그만큼 많은 사람들이 재개발 사업의 상황을 알게 되었다는 것이죠. 그 계기가 바로 '용산참사'였다고 보아집니다.

'용산참사' 진상규명 위원회 관계자 L씨 심층면접

(2011.08.22. 16시~17시30분)

43. '용산참사' 진상규명위원회는 어떤 활동들을 하고, 담당업무는 무엇인지?

저는 용산참사가 발생하기 전부터 그쪽 재개발, 철거 주거권 관련된 단체에서 활동했었거든요. 거기서 활동하면서 용산참사 발생하고 용산 범대위에 파견되어 쭉 참사당일부터 장례 치를 때까지 있었고……. 사실, 저로서는 참사문제가 발생하고 나서 초반에 많은 언론들이나 정치권을 통해서 재개발문제들이 조명되기도 했잖아요……. 범대위 내부에서는 문제가 막히는 것 중 하나가, 시간이 길어지면서 '용산참사'의 진상을 밝히는 일이 이 정권 내에서는 불가능하다, 즉 장기적인 투쟁과제로 가져가고, 유가족들 차원에서는 진상규명을 위한 발판마련을 위해서라도 정부 측의 사과나 표명이 있어야 하겠다는 겁니다. 그리고 일정수준에서 협상을 보고 장례를 치렀지만, 이 문제는 끝나지 않았다고 봤었던 거고……. 끝나지 않은 것 중에 범대위 차원에서는 진상규명차원, 즉 단순히 망루 위에서 있었던 일에서 있었던 일, 도대체 어떤 일이 있었고 급하게 진압하게 되었는지 규명하는 것도 있지만, 왜 그들이 망루에 오를 수밖에 없었던 것인지에 대한 진실이나 진상규명을 계속해서 밝혀내는 것도 중요하다는 입장들이 모아지면서 범대위가 '진상규명 및 재개발제도개선 위원회'로 전환된 것입니다.

44. '범대위'라는 시민단체는 어떠한 단체인지? 그리고 왜 만들어졌는지?

범대위 단체는 '용산참사'가 발생하고 나서 각 사회에서 100여 개의 시민단체들이 '용산 범대위'를 구성한 것이죠. 즉, 355일 만에 사망자 장례식을 치르고서, 범대위가 계속 유지를 할 순 없는 것인데, 그 대신 우리들의 해결과제를 위해 상시적인 시민단체로 전환하자고해서 '진상규명 및 재개발제도개선 위원회'로 이름을 바꾼 것입니다. 비록, 진상규명위원회로 전환했지만, 진상규명위원회의 과제는 장기적으로 이뤄져야 되는 거고요, 구속된 분들을 지원하는 역할 외에는 제2의 '용산참사'를 막기 위한 단체들, 재개발지역들의 실상들을 드러내고 관련된 제도개선을 위해서 활동하는 데 초점을 맞추고 있습니다.

45. '용산참사'와 관련되어 활동하셨던 분들의 현재 근황은 어떠하신지?

'용산참사' 그 당시 망루 농성했던 철거민 중에 7분이 구속되어 있습니다. 현재까지 4년, 5년형 대법원 확정 판결이 나서……. 망루에 불이 나니까 뛰어내려 부상당하신 분들 두 분이 계신데, 아직까지 수술 중이십니다. 그리고 그분들도 똑같이 기소되었고…… 항소심재판을 준비 중이지만, 1심에서 징역4년을 선고받은 상황입니다. 또한, 망루 농성에 참가하지 않았던 4구역 철거민들…… 1년 동안 같이 싸웠던 분들은 합의하고, 장례식을 치르고 나서 뿔뿔이 흩어져 각자 생활하고 있습니다.

46. '용산참사' 및 재개발사업의 갈등발생 주요인을 무엇으로 보는지?

재개발문제가 그간 있어 왔으나 상가세입자 문제에 대해서는 그동안 다뤄지거나 크게 드러난 문제들은 없었습니다. 상가세입자 문제는 2000년대 초반에서 현장에서는 일어나고 있었지요. 즉, 70년대, 80년대 달동네에서 판자촌 철거가 이어지다가, 90년대 중후반 이후에는 서울도심개발은 소규모로 진행되고 신도시가 생겨났잖아요. 그러다가 L모씨 전 서울시장은 2002년 뉴타운사업을 발표하고, 도심광역개발을 시작한 것인데요. 상가들이 상당히 존재하고 발달한 도심에서 뉴타운사업이라는 것은 광역적이고 빠른 속도로 추진되며, 지난 70년대부터 30년간 있어 왔던 재개발 면적의 절반 이상이 갑자기 뉴타운사업으로 지정된 것입니다. 즉, 주거세입자에 대한 보상대책은 70년대, 80년대 거치면서 임대주택이나 주거이전비, 순환형주택 등의 공급정책들이 마련되어 왔는데…… 상가세입자들은 전혀 그런 것들이 없었던 거죠……. 대책이 없던 상황에서 갑자기 2000년대 뉴타운 이후부터 서울에서 도심광역개발을 하니까, 대규모 상가세입자 문제들이 발생하기 시작했던 것이고…… 철거민 단체들을 만나 봐도 그때 이후부터 조직된 철거민들의 비율은 역전이 되었습니다.

47. 그러면, 상가세입자 보상과 관련된 의사소통의 통로는 전혀 없다는 건 가요?

그렇죠. 용산에서 돌아가신 한 열사님이 계세요. 호프 운영하시던 분이시고 연세 가장 많으셨던 분인데 품에 지니고 있던 용산구청 공문이에요. 작년에 대법원 판결도 끝나고 검찰로부터 돌려받은 거거든요. 그 전까진 검찰로 보관하고 있다가. 이분이 20여 년 '한강 갈비집' 운영하다가 리모델링해서 호프집을 운영하시고 쭉 살아오시던 분인데. 내용 보시면, 이분이 사전에 공문이든 질의서든 구청에 보내셨던 거 같아요. 세입자보상이 완료되지 않았으니 관리처분을 중지해 달라. 또는 지금 당장 하지 말아 달라고 보내셨죠. 그것에 대한 회신공문으로 온 건데…… 내용을 보면 "세입자 보상계획에 대한 협의가 없다 해서 관리처분을 기타 등을 중단할 수 없는 상황임을 회신하오니 양지하시기 바랍니다." 거절당하신 거죠. 이 공문을 갖고 망루에 올라가셨어요. 이러한 사례를 통해서 알 수 있듯이, 구청에선 보상에 관련해서 자기가 할 수 있는 건 없다고…… 서울시청에 재결수용위원회나 그런 게 있어요. 거기에 제시를 할 수 있는 건데 그렇게 감정평가를 한 번 더 하더라도 그러면 사실 올라가긴 올라가요. 근데 얼마 차이 없고, 그렇게 한 번 받으면 끝인 거죠. 더 이상 제도적으로……

48. 앞으로, 재개발사업에서 세입자들의 갈등해소 방안은 무엇이 있을지?

워낙 기존의 법제도 차원에서 보상에 대한 규정이 너무 미약하게 되어 있기 때문에…… 상가세입자들에 대해서 보상과 관련되어 권리금 얘기도 많이 되고 하잖아요. 일부 정치권에서는 권리금을 합리적으로 법적으로 수용하는 방안을 얘기하기도 했고……. 다 좋은데 기본적으로 결국은 상가세입자 문제도 재정착으로 접근되어야 한다고 보는데…… 주거세입자들에게도 그런 것처럼……. 거기엔 당연히 합리적인 보상도 포함되어야 하는 거고, 그 보상을 지금의 감정평가 기준을 더욱더 강화하는 것이냐, 혹은 권리금 문제를 다룰 것이냐, 이런 건 더 논의해 볼 수 있는 거지만……. 보상에 대한 합리적인 것들……. 그리고 이분들이 어차피 그 지역이 개발됐을 그 상가단지에 재입주를 원하는 분들이 있다면, 그분들의 재입주를 보장해 주고, 그 기간 동안 대체상가들을 마련해 주는 방식…… 그런 몇 가지 대책들이 있을 때, 대체상가들을 선택해서 장사를 계속하고 싶다는 분들도 있을 거고, 빨리 목 좋은 곳에서 장사하는 것이 이득이란 판단을 할 수도 있는 거죠. 그런 판단을 할 수 있도록 몇 가지 선택지들이 있어야 한다는 거죠. 일괄되게 지금처럼 보상, 이렇게만 가면 거기에서도 해결되지 않는다고 보는 거고……. 그런 방식으로 대책이 접근되어야 한다고 생각됩니다.

49. 현 정부의 정치적인 배경이나, 경찰의 빠른 진압을 어떻게 생각하는지?

개발문제로 인한 갈등은 쭉 역대 어느 정권이든 있어 왔던 건데, 현 정권이 들어서면서 뉴타운개발이라는 도심광역개발이 시작된 거죠. 굉장히 정치적인 프로젝트였던 거잖아요. 대권 프로젝트로 제시됐었고. 그 이전에 달동네, 산동네, 판자촌이 일시에 철거됐을 때도 엄청난 갈등이 있다가 90년대 중반 이후로는 사실 신도시 개발하면서 주로 택지개발지구니 그곳에도 쫓겨나는 분들이 있었지만, 땅덩이에 비해서는 이해조정할 수 있는 인원이 적잖아요. 그렇게 오던 것들이 다시 엄청난 사람들이 거주하고 곳에 아주 빠르게 정치적인 입장으로 추진되다 보니까 엄청난 갈등들이 발생할 수밖에 없었던 거고……. 그런 것들이 굉장히 표로 즉각적으로 연결되던 상황이 있던 거고……. 용산 4구역에 대해서도, 사실 굉장히 작은 지구의 개발구역 계획인 것 같지만, 서울역부터 한강르네상스까지 이어지는 서울 부도심을 만들겠다는 용산을, 그런 O모씨 전 시장의 프로젝트가 있었던 거고, 사업비 50조가 투여되는…… O모씨 전 시장도 사실 대권에 대한 욕심을 계속 갖고 있던 거잖아요. 본인 재선기간 안에 이 사업을 한강르네상스까지 연결해서 빨리 추진하려고 했던 것들이 있었던 거고. 거기에 삼성물산을 비롯한 대부분 재벌들이 참여하는 방식으로 있었던 거고. 사실 용산4구역도 개발의 속도가 더 빨리 추진될 수 있었던 거죠. 특히, 경찰들의 재개발지역에서의 개입도 현 정부 들어와서 많이 달라졌거든요. 사실 그 이전까지만 해도 당사자들 간의 갈등 문제 이런 측면으로 경찰이 개입, 물론 경찰이 언제나 철거민들 편이었던 적은 없지만…… 물리적인 충돌이 발생하는 그 상황에서만 개입을 했었지, 그 이전단계에서는 별로 개입을 안 하고, 그런 편이었는데. 현 정부의 법과 원칙 이런 것들을 상당히 강조하면서, 재개발 지역에서도 포클레인이 공사가 들어온다, 그러면 철거민들은 무조건 몸으로 막는 거잖아요. 그거에 대해서 충돌이 발생하면 경찰이 개입했던 건데, 지금 같은 경우는 포클레인이 들어오면 경찰이 배치되고, 몸으로 막아서면 바로 업무방해로 연행되거나 사진 찍어서 벌금을 매기거나 이렇게 되는 거거든요. 사실 예전엔 그런 것들은 없었거든요. 계속 그런 식으로 하다 보니까 철거민들도 예전과 다른 상황에 직면하게 되고 점점 경찰에 대한 압박도 더 많이 느끼게 되고 그런 상황들이 발생을 했었던 거죠. 사실 그런 부부분에 대해서 달라지고 있는 거죠. 점점 이제 계속 개발 지역에 대해서 철거민들이 그런 것들에 대한 위협, 벌금, 그런 것들이 쌓이면서 집행유예를 받는다거나, 심하면 구속될까 봐 두려워하게 되는 상황들이 발생하고 있고…… 제가 글에도 쓰기도

했는데, 용산참사가 일어나기 한 달 전쯤, 2008년 12월에, 당시 여당대표였던 P
모씨 국회의원과 대통령이 나눈 얘기가 언론에서도 보도됐었거든요. "전 국토에
서 해머소리가 들리도록 해야 한다. 전 국토에 불도저처럼 몰아붙이지 않으면 이
난국을 돌파하기 어렵다." 그런 얘기들을 나누거든요. 지금 현 정부가 갖고 있는
경제위기에 대한 대응의 핵심은 결국 토목사업 이것에만 집중하고 있는 거죠. 대
처를 하려고 하는 거고. 이게 막히면 안 되는 거죠. 세계 경제위기가 부동산 문
제 때문에 더욱 붉어진 것이 있는데, 그럼에도 불구하고 자꾸 그 문제를 건드리
는 것은 경제위기의 돌파에 대한 자기 구상을 방해하는 거라는 생각이 더 강하게
느껴졌을 것 같아요. 마치 대한민국 전 국토를 공사판으로 만들어야 한다, 그런
말들이 너무 쉽게 나오는 것처럼……

50. '용산참사' 당시의 전철연 개입을 어떻게 보시는지?

저도 용산 이후 장례를 치르고 나서, 지금 현재 철거민 운동에 대해 약간 비판
적으로 바라보는 얘기들도 하고 같이 그런 소통도 하고 그랬었는데, 결국은 초반
에도 말씀드렸지만 지금의 개발 양상이나 상황들이 기존의 철거민 운동만으로는
이길 수 없는 게임을 하고 있거든요. 기존의 철거민 운동들이 고립된 지역에서
철거싸움을 하는 방식, 용역들과 싸움의 방식……. 그런데 현실적으로 그럴 수밖
에 없는 철거민들의 열악한 상황들은 분명 있어요. 그럼에도 불구하고 그것을 넘
어서야 한다는 것을 지금 용산은 강요하고 있다고 생각하고 있고. 그것에 대한
어쨌든 기존의 저의 입장에서도 철거민 운동은 어쨌든 도움을 주고 연대하고 이
런 입장으로만 바라봤었는데, 그들의 투쟁을 지지, 지원하면 되는 거라고 생각했
다면, 용산 이후로는 그렇지가 않구나, 이 문제가 나의 문제고 우리의 문제고 같
이 싸움을 만들어 가는 방식 이런 것에 대한 고민이 있어야 한다는 거고……
용산이 있고 용산4구역이 있고……. 개발 지구에 남아 있는 철거민들의 싸움이
되는 거죠. 여기에 사는 사람들은 전혀 이 문제에 대해 관심을 갖지 않고, 이들
(용산주민)도 제대로 이들(철거민)하고 제대로 소통해 내지 못하고 이 안에서 용
역들과의 싸움……. 이렇게 가는 거잖아요. 전 용산을 통해서 이러면 안 된다.
특히, 범대위는 다양한 시민사회와 문화예술인과 종교인들이 같이 했었던 싸움이
었던 것처럼, 개발이 됐을 때 이 문제들을 지역의 문제로 가져갈 수 있어야 하고,
거기서 철거민 운동단체들도 그 역할을 해야 합니다. 특히, 이 한 지역의 개발이
지만 이 지역에 엄청난 변화를 가져오는 문제이기 때문에, 지역의 시민단체들이
나 지역의 일반 시민들과 함께 그들의 문제로 재개발문제를 만들어 나가고 같이
이 문제를 해결해 나가는 역할을 해야 한다고 봅니다. 즉, 기존의 철거민운동단

체들도 내부의 문제들뿐만 아니라, 외부의 자신들과 함께할 수 있는 세력들과 이 문제를 얘기하는 방식으로 나가야 한다고 생각합니다. 그렇지 않으면 계속 고립된 싸움이고, 다른 사람들은 이 문제에 같이할 수 없게 될 것입니다.

51. 재개발사업과 관련해서, 더 하실 말씀이 있으시다면……?

기본적으로 판이 많이 바뀌어야 하는 문제인데…… 2007년에 한 번 발표됐었죠, 주택수요구조가 발표된 적이 없었는데 2007년 말에 국회 통해 드러났던 걸 보면, 한국의 부자들이 1,083채의 집을 가지고 있다는 거거든요. 한국의 부자들 100명이 1인당 155채의 집을 갖고 있다, 한 번 통계로 발표된 적이 있었는데, 대한민국이 그런 구조가 가능했다는 거죠. 1,000채가 넘는 집을 소유할 수 있는 구조…… 계속 정부에서는 공급이 부족하기 때문에 주택을 공급해야 한다는 명목으로 도시재개발 사업을 하는 거잖아요. 하지만 공급이 계속 늘어나는데 집을 가질 수 있는 확률은 점점 떨어지는 거잖아요. 새로 지어진 집들이 두 채, 세 채 있는 사람들에게 계속 돌아가는 구조가 되는 거죠. 이런 방식에 대해서는 용산참사는 발생할 수밖에 없는 구조였다는 거고……. 결국은 집과 관련해선 우리 모두가 당면한 문제잖아요. 몇 해 전엔 민주노총 조합원들을 통해서 설문조사했더니, 조합원들이 갖고 있는 빚의 70% 이상이 집과 관련된 것이라는데…… 집을 갖고 있는 사람들도 대출 없이는 어렵고, 그 빚 때문에 허덕이고 쪼들리고…… 집은 개인의 능력에 따라, 재테크 수단으로만 얘기가 돼서…… 우리 모두가 가지는 공통적 문제를 함께 해결해야 되는 의제로 만들고, 같이 주거권을 얘기하고 요구하고, 이런 것들을 만드는 것이 중요하다고 생각됩니다.

범국민대책위원회 관계자 P씨 심층면접

(2011.9.21. 11시~12시)

52. '용산참사' 관련하여 활동했던 범대위에서 맡은 역할은 무엇인지?

제가 범대위 집행위원장으로 활동을 했었어요. 범대위 활동은 집행위원회 중심으로 돌아가기 때문에 거기서 지도부 역할을 했던 거예요. 첫째가, 추모대회라든지 각종 행사들을 집행위원회를 통해서 결의하는 것 등이 공식적인 역할이었어요. 두 번째가 유가족 관련해서 생활할 수 있도록 보살펴 주고, 협상과 관련해서 협상안 만들어서 협상자리를 만들어 주었어요. 한편으로는 투쟁의 지도부이고, 한편으로는 협상을 끌고 가는 주체 역할을 했었죠.

53. 철거민 점거농성에 개입한 전철연을 바라보는 입장은 어떠한지?

철거민 농성자들은 어떤 단체든 상관없이 의지하려고 하지요. 전철연은 투쟁을 하면서 돌파하려고 하는데, 조금 무모하게 저항하면서 철거민들의 입장이나 처지 등을 충분히 고려하기보다는 싸움을 만들어 내고 있는 집단이라고 봅니다. 어쨌거나 용산4구역 철거민들도 굉장히 다급했던 거죠. 전철연도 용산4구역이 다급하게 진행되는 상황이다 보니까 빨리 대응하면서 무리수를 둔 결과라고 보여집니다. 철거민 투쟁 중에서 망루투쟁은 정말 재고해야 하는 투쟁입니다.

54. 용산4구역 재개발사업에서 상가권리금을 어떻게 생각하는지?

상가세입자의 경우, 우리나라에만 존재하는 권리금을 어떻게 할 것이냐의 문제입니다. 권리금을 해결해 주지 않으면 상가세입자 문제는 난망한 상황이죠. 상가영업 손실보상 금액을 책정하는 감정평가를 다시 하더라도 해결되지 않는 상황입니다. 용산까지는 3개월 상가영업 손실보상이었다가 4개월로 늘어났지만, 근본적인 해결방안이 아닙니다. 상가세입자들이 초기투자자금(인테리어비용)은 아니더라도 권리금은 인정해 달라고 상가세입자들은 말합니다. 권리금에 대한 인정이 없으면 계속 싸움이 발생할 수 있으므로, 이러한 대안을 만드는 것이 필요합니다.

55. 타 지역과 달리 경찰의 신속한 강제개입의 원인은 무엇으로 보는지?

용산4구역은 ○○○ 전 서울지방경찰청장이 경찰 차원에서 밀어붙인 결과로 보기는 어렵습니다. 왜냐하면, 그간 철거민 농성자들의 진압과정에서 사망사고가 여러 번 있었기 때문에, 경찰 시위진압 매뉴얼에 보면 농성자들을 진압할 때는 위험물질을 모두 소진할 때까지 안내한다고 되어 있어요. 그러면서 경찰은 철거민들이 안전하게 망루에서 내려올 수 있도록 유도한다고 되어 있습니다. 따라서 경찰 내부에서는 시위진압 매뉴얼에도 있듯이 경찰의 판단만으로는 하루 만에 강압진압하지는 않았다고 보입니다. 그래서 경찰의 윗선이 있다고 볼 수 있고, 윗선의 정치적인 판단이 있었던 것으로 보여집니다. 아마도 그 윗선은 당시 국법질서, 법질서회복 등을 강조했던 청와대 쪽이 아닐까라고 생각됩니다.

56. 재개발사업에서 세입자들에 대한 정보공개가 잘 된다고 보는지?

세입자들에게 가장 먼저 필요한 것은 재개발정보를 공개하는 것입니다. 세입자들은 실제로 재개발사업의 진행과 관련된 상황을 잘 모릅니다. 뜬소문이 들고, 재개발조합은 진행상황을 알리지 않습니다. 구청에서 정보공개를 청구하고 그러면 되는데 바빠서 잘 못 하잖아요. 그러면 실제 이런 상황에서 세입자들에게 정보공개해서 사업이 이렇게 진행될 것임을 충분히 인식하고, 거기서 의견수렴이나 어려운 상황들을 소통할 장이 마련되지 않고 있습니다.

57. 재개발사업에서의 갈등해결을 위한 방안이 있다고 보는지?

어느 지역의 세입자들은 소유권뿐만 아니라 점유권도 인정해야 한다는 것이지요. 즉, 가이주단지나 임시상가를 보장해 주면 되는데, 이러한 아직까지는 법적인 보장이 없습니다. 이제는 서민층 세입자들을 쫓아내는 악순환 방식의 재개발사업을 근본적으로 바꿔야 할 것입니다. 그래서 재산증식의 재개발 자체나 인식을 바꿔서 오랜 시간 치밀하게 종합적, 광역단위로 개발계획을 세워서 국가정책으로 나와야 하는 것이지요. 그런데 재개발사업을 하나의 선거공략의 업적으로, 토건사업을 남기려 하는 식의 재개발은 이제 변화해야 할 것입니다.

'뉴타운바로세우기 연대회의' 관계자 L씨 심층면접
(2011.08.22. 13시~14시30분)

58. 나눔과미래 지역사업국에서 담당하는 업무는 무엇인지?

현재, 사무국장으로서 여러 업무를 담당하고 있는데, 특히 뉴타운지역의 가옥주들과 세입자들에게 상담, 교육, 주민조직지원 등의 활동들을 수행하고 있습니다. 그리고 LH공사에서 쪽방매입임대주택을 수탁받아 쪽방·고시원 등에 거주하는 주거약자들에게 임대주택을 제공하는 업무를 맡고 있습니다.

59. 용산4구역 재개발사업에서 갈등의 주요인은 무엇이라 생각하는지?

사실, 용산4구역은 우리나라 도시재개발사업에서의 보상과 관련된 전통적인 갈등이었죠. 특히, 무엇보다 상가세입자들의 보상 문제로 발생한 것이 '용산참사'

입니다. 그곳은 주민들이 어느 정도 만족할 만큼 손해보상을 했었어도 되는 사업구역이라고 봅니다. 그 지역은 비례율도 높았고 개발이익도 많이 나왔으며, 조합자체적으로 나온 '관리처분계획 자료집'을 보면 손실보상액으로 300억이 책정되었는데, 실제 집행비용은 70억 정도밖에 되지 않았습니다. 책정금액을 모두를 지급할 필요도 없었고, 측정급액을 어느 정도만 지급했어도 극심한 갈등 없이 타협이 가능했을 것으로 보여집니다. 재개발조합에서 책정된 보상액금액을 절약하려고 보상액을 충분하게 지불하지 못했다고 봅니다. 따라서 그것이 용산4구역 갈등의 주요인이라 생각됩니다.

60. 도시재개발사업에서 상가세입자들의 보상수준을 어떻게 보아야 할 것인지?

상가세입자 손실보상에서의 적정수준이란 것이 있겠는가? 사실, 10~20% 더준다고 해도 보상받는 상가세입자 입장에서는 시설투자비용이나 권리금이 반영되지 못한 상태이기 때문에 만족하기는 어려울 것입니다. 왜냐하면, 상가세입자은 투자비용을 받지 못하고 쫓겨나는 것이고요, 또한 거기에는 단골손님을 잃어버린다는 것도 포함된 것이기 때문입니다. 제일 좋은 방법은 많이 보상해 주면될 것인데, 그렇게 되면 사업성이 떨어질 것입니다. 그리고 주택재개발사업의 상가세입자와 도시환경정비사업의 상가세입자들은 입장은 다른 것 같습니다. 도시환경정비사업의 경우는 주택재개발사업과 달리 상가세입자의 이권이 걸려 있고, 권리금도 만만치 않기 때문에 상가세입자들의 저항이 커지게 된 것입니다.

61. 상가세입자 보상과 관련해서 상가권리금을 어떻게 보아야 할 것인지?

상가권리금과 관련된 보상은 '생활보상', '정당보상'이라는 차원에서 이루어져야 할 것입니다. '정당보상'이라 함은 이주하고 나서도 그 이전과 동일한 조건에서 영업이나 주거를 하도록 보상해 주는 것입니다. 그런데 보상금액을 보면 알겠지만, 용산4구역의 경우 '정당보상'이라는 측면에서 현실적으로 '정당보상'에 미치지 못하고 있습니다. 주거세입자에게 임대주택을 제공하는 것은 '정당보상'일수 있을 것입니다. 그런데 이것은 현실적으로 어려운 상황이겠지요. 상가세입자입장에서 '정당보상'이라고 하면 동일한 곳에서 창업이 가능하도록 보상이 이루어져야 할 것이다. 따라서 '생활보상' 차원의 보상이 이루어지지 않는다면 상가세입자들의 저항과 갈등은 반복될 수밖에 없을 것입니다. 그리고 시설투자나 상권형성에 대한 권리 등 상가권리금에 대한 감정평가가 이루어져 보상에 반영되어야 할 것입니다. 만약, 개별적인 상가권리금 반영이 어렵다면, 적어도 1년 정도의 영업 손실보상이 이루어져야 상가세입자들에게 적당할 것이라 생각합니다. 다만, 그렇게 되면 재개발사업의 채산성은 낮아지게 될 것이고, 결국에는 재개발조합의 부담이 커질 것이고 개발이익이 예전처럼 발생하지는 않을 것입니다.

62. 도시재개발사업에서 공공의 개입 및 역할강화를 어떻게 생각하는지?

저는 궁극적으로는 공공이 재개발사업에서 비용지불을 하지 않으려고 하기 때문에 결국에는 조합방식으로 재개발사업이 진행된다고 봅니다. 그리고 감정평가 금액에 대한 불신과 불만족이기 때문에 현 상태의 감정평가 금액으로는 공공이 개입한다고 하더라고 세입자보상은 크게 달라지지 않는다고 봅니다. 따라서 감정평가방식에 있어서 일대의 전환이 있어야 된다고 봅니다. 즉, 지금처럼 3개월, 4개월 치의 보상이 아니라, 1년 정도의 영업보상 정도는 해 주어야 한다고 봅니다. 감정평가 금액을 끌어 올려서, 충분한 보상을 해 주어야 한다고 봅니다. 그리고 '정당보상' 측면의 충분한 보상이 이루어지면, 제3세력이 개입할 여지가 줄어들 것입니다.

63. 현 정부의 정치적인 배경과 경찰의 빠른 진압을 어떻게 생각하는지?

우선은, 서울시나 용산구청은 책임행정을 하지 않았고, 인가행위 자체를 너무 빠르게 진행하면서 사업과정을 제대로 관리하지 못한 측면이 있습니다. 그리고 경찰이 시민의 안정을 위해서 망루에서 화염병 투척을 막았으면 되는데, 그렇게 빠르게 진압할 필요가 있었는지 의문입니다. 이런 것들이 복합적으로 작동해서 '용산참사'가 발생되었다고 생각합니다.

64. 앞으로 재개발사업에서 세입자들의 갈등해소 방안은 무엇이 있을지?

'용산참사'는 희생자가 발생했기 때문에 큰 사건이기는 했어도 그 내부의 문제는 우리나라 도시재개발사업의 가장 일상적인 문제였을 뿐입니다. 다른 재개발지역과 다른 특별한 문제로 발생한 것은 아니었습니다. 그리고 우리나라 재개발사업이 개발이익의 기대치 때문에 비용을 미리 지불하는 것인데, 세입자손실보상을 지금보다 더 하라고 그러면 재개발조합의 반발만 커질 것입니다. 왜냐하면, 다른 사람들도 이해관계를 가지고 있기 때문입니다. 따라서 해결방법은 사업추진이 가능한 사업구역을 분별하여, 불가능한 지역은 해지해야 한다고 봅니다. 그리고 가능한 지역에 따라서는 공공이 무엇을 책임질 것인가를 결정해야 합니다. 여기에는 공공의 재정적 책임까지를 말하는 것입니다. 예를 들면, 재개발사업 '관리처분계획인가' 시에 공공에서 의무적으로 기반시설, 편의시설 등의 설치비용 중 일부를 의무적으로 지출하도록 할 수도 있을 것입니다. 그렇게 되면 행정에서 인가를 함부로 허가해 주지 못할 것입니다. 그리고 상가세입자 갈등해소를 위한 대체상가는 '가든파이브', '세운상가' 등에서 시도했지만 실패했다고 봅니다, 그리고 지금처럼 팔고 남은 것 말고, 상가분양권을 주는 것도 하나의 방법이라고 봅니다.

65. '개발이익환수'를 통한 재개발사업의 재투자방식은 어떻게 생각하는지?

그것에 대해서는 다양한 방법이 있을 것입니다. 예를 들면, 국공유지를 매각하지 말고 무상양도 하도록 제도를 바꾼다면, 무상양도 조건으로 주차장 환수, 편의시설 또는 공용시설 등을 지역에 환원하거나, 세입자 보상을 더 보완하도록 하는 방법 등도 있을 것입니다. 그리고 국공유지 비중만큼 공공이 재개발사업에 출자하는 방법도 있을 것이고, 토지비축 차원에서 국가소유의 토지를 증대시키는 방법도 있을 것입니다.

66. 재개발구역 지정요건이나 주민동의율에 대해서는 어떻게 생각하는지?

현재, 재개발구역 지정요건은 과도한 지정요건이라고 봅니다. 우리나라도 영국처럼 도시노후지수 등을 활용하는 것이 합당하다고 봅니다. 예를 들어, 노후도는 60%가 안 되지만 도시재생지수를 보았을 때, 재개발사업이 필요하다면 지구지정을 하도록 하는 것이 필요합니다. 즉, 도시노후지수, 도시재생지수를 만들어서 이에 따르도록 하고, 다만 주민 동의율을 90% 정도로 높이면 갈등이 줄어들 것입니다. 중간 중간에 주민동의를 묻는 절차가 필요할 것입니다. 그리고 우리나라가 성숙된 사회라면, 특별한 동의율이 필요가 없다고 봅니다. 정말로 노후·낙후된 곳은 동의율이 낮더라도 재개발을 추진해야 하는 것이지요. 따라서 노후화되지 않은 지역은 최소한의 주민동의율만 필요하다고 봅니다.

부록 2. 전화인터뷰 결과

서울시청 정비사업팀 사업담당자 K씨 전화인터뷰
(2011.11.14. 14시10분~14시20분)

1. 세입자보상과 관련해서 조합원과 의견 차이를 어떻게 해결해야 할지?

상가세입자들은 법적인 사항이나 수치화해서 해결하기는 굉장히 어렵습니다. 왜냐하면, 개개의 상가상황이 너무 다양한 거예요. 인테리어 수준이 어느 정도인지, 비용이 얼마나 들었는지는 모두 다릅니다. 다만, 충분한 대화가 필요하다고 봅니다. 사업시행자와 세입자간 사업진행을 위해서는 어찌되었든 동의를 얻어야 하고 보상을 해 주어야 하기 때문에, 그런 사항에 대해서 충분한 협의과정을 넣어서 그런 부분을 설득하는 과정이 필요하다고 생각합니다. 그래서 그런 차원에서 분쟁조정위원회를 만들었는데, 사실상 현장에서 작동을 하느냐? 여기에 대해서는 저도 의문이 갑니다. 아직까지는 활성화는 되지 못하고 있습니다.

2. 분쟁조정위원회의 실질적인 권한이 없는 것은 아닌지?

없습니다. 예를 들어, 「건축법」에도 건축분쟁조정위원회라는 것이 있습니다. 과거에 저도 해보았는데, 실질적으로 그 사람들을 해결해 줄 수 있는 기구가 되기는 쉽지가 되지 않습니다. 결론을 정리해 주기는 어렵고 양측의 의견을 들어서 어떤 의견이 좀 더 타당한지를 조언해 주는 정도이죠.

3. 시공사의 분담금, 사업비 책정에서 사업투명성을 위한 방안은?

처음에 조합 설립하는 단계에서의 사업비측정은 쉽지 않습니다. 재개발사업에서는 사업을 진행하다 보면 사업비가 많이 달라지거든요. 재개발사업은 단계, 심의를 거치게 되면서 변화가 커집니다. 그런 변화가 나중에는 생각한 범위 이상으로 벗어나는 경우가 생깁니다. 그런 경우에는 조합원들이 반대를 하게 됩니다. 이것이 재개발의 문제점일 수도 있는데, 그런 비용관계의 변화가 없어야 한다고 생각하거든요. 기간도 오래 걸리죠. 사업비라는 것이 자기 돈으로 하는 경우는 거의 없어요. PF라든지 대출을 받는데, 그 기간에 따라서 금융비용들이 엄청나게 늘어나죠. 오히려, 그런 부분을 해결하자면 공공에서 초기자금을 가지고 그런 비용을 해소시켜 주면, 리스크가 줄어듭니다. 그러면 시공사의 경우는 분담금 책정이라든지 사업비 책정에서 자유롭지 않겠느냐, 투명해지지 않겠느냐라고 생각합니다. 시공사들 보면 전부 계약변경을 합니다. 초기의 공사비가 변경이 돼서 올라가요. 처음에 시공사가 재개발할 수 있다는 금액으로 제안을 하지만, 결국에는 그 부담이 점점 늘어나는 것이지요. 그런 것들이 줄어야 하는데 말입니다. 이 부분도 결국은 투명성과 관련이 되어 있는 것이지요.

(주)파크앤시티 정비업자 담당자 C씨 전화인터뷰
(2011.11.15. 14시30분~14시40분)

4. 인가 관련 행정업무상 용산구청과 의견 차이는 없는지?

물론 있죠. 그런 경우는 해결방안이 두 가지예요. 인허가를 제출한 다음 보완해서 그걸 다시 제출하거나, 한 부분에서 문제가 되면 다른 거 검토가 끝나고 추가적으로 제출하는 방법이 있죠. 법적으로 문제가 있다면 보완해서 제출해야지요. 처음에는 판단했을 때 맞았는데 고려하고 보니까 B라는 방법이 있으면 서류를 추가해서 집어넣죠. 그렇게 서로서로 해결하는 거죠. 애매한 법규내용이나 문구의 해석이 각자 다를 수 있잖아요? 대신 판례가 10건 중에 9건이 이렇다거나, 타사업체가 그렇게 한다 하면 따라가는 거죠. 구청에도 변호사가 있고 조합에도 변호사가 있으니까 최소한 두 군데에서 물어보고 확인하고 가는 거죠. 그렇게 합니다.

5. 용산4구역 재개발사업과 관련해서 법적으로 보완될 부분이 있는지?

세입자 보상이 적으니까 일정부분을 보완해 줄 수 있는 방안이 필요하죠. 대부분이 이런 거예요. 판례도 그렇고 전문가들이 거론하는 사항은, 사실은 2년 전에 제도화돼서 들어오긴 했는데요. 현재 세부적인 안이 없는데, 조합에서 세입자 보상을 많이 하면 그만큼 인센티브를 더 받는 거죠. 즉, 용적률을 높여 준다는 것이죠. 하지만 세부적인 내용이 없어요. 이런 것이 있다는 말만 있고 그다음이 없어요. 사실은 도시정비사업도 재개발의 일종이죠. 즉, 공공사업이에요. 조합원의 이득을 추구하지만, 밑바닥에 깔려 있는 거는 공익이에요. 공익을 최우선하는 사업에 공적인 뒷받침이 없는 것은 말이 안 되는 거예요. 할 것은 다 하고 조합원들의 이득을 적절하게 조절하면서 가는 건데, 세입자 문제는 조합의 책임이고 해결해야 하는 문제죠. 실제적인 이해관계자의 일이니까……. 사업이 늦어지거나 사건 일어나면 책임은 조합이 져야 하죠. 일반적으로 이 정도 규모면 한 달 늦어지면 10억에서 20억 손해예요. 용산4구역의 경우는 일 년 이상 늦어졌잖아요? 누가 책임을 지는 거예요? 조합원들이 고스란히 책임을 지는 거예요. 이런 제도하에서 보상은 보상대로, 사업 연장된 손해는 손해대로 사업을 간소화시키는 방법이 마련해야 해요. 이런 문제가 생겼을 때 세입자 보상을 현실적으로 마련하는 것이 제도화되면 좋고요. 그와 아울러 조합원한테도 손해가 어느 정도 양보할 수 있을 만큼의 손해가 가게끔 법제도화가 들어와야 사업이 순조롭게 진행되죠.

6. 용산구청이나 재개발조합과 정기적, 비정기적인 회의가 있는지?

필요할 때마다 그때그때 하는 거죠. 필요하면 일주일에 3~5회도 모여서 회의를 하고 그렇지 않은 경우는 한 달에 한 번 하기도 합니다. 보상 문제는 주로 세입자협의체하고 조합이랑 주로 하게 되고, 조합의 돈이기 때문에 저희업체는 행정적인 문제를 해결하는 것이지, 직접 협의자리에서 금액적인 제안은 못 해요. 조합의 돈을 마음대로 할 수는 없는 것이죠. 재개발과 세입자 간에 협의할 수 있도록 유도하긴 하는데, 이분들이 협의가 안 되면 어쩔 수 없죠.

전국철거민연합회 관계자 J씨 전화인터뷰

(2011.11.22. 16시~16시10분)

7. 세입자대책위가 전철연을 찾게 된 원인을 무엇으로 보시는지?

세입자대책위의 사실적인 요구는 전철연이 요구한 것이 그들이 요구한 것이었어요. 처음에는 용산구청에도 가 보고 재개발조합도 찾아가지만, 그들은 세입자들의 이야기를 들어주거나 대책을 위한 노력을 않는 것이죠. 그러다 보니 결국은 전철연을 찾아오게 되는 것입니다.

8. 용산4구역에서 철거민 점거농성에 전철연이 개입하게 된 계기는 무엇인지?

철거업자들의 행패가 지속되면서 세입자대책위 자체적으로 논의를 한 결과 전철연에 오게 됩니다. 그러면 우리가 가서 "재개발은 이렇게 되어야 합니다. 그런데 주민들을 너무 무시하는 개발이 되는 것에 대해서 우리는 함께 생존권에 대한 투쟁을 하겠다" 이런 설명회를 하죠. 이렇게 용산4구역에 세입자대책위와 함께 활동하게 되었죠. 용산4구역은 전철연과 그렇게 오랫동안 활동한 지역은 아니에요.

'용산참사' 진상규명 위원회 관계자 L씨 전화인터뷰

(2011.11.17. 13시~13시15분)

9. '용산참사' 당시 범대위로 소속되어 활동했던 주요 단체는 어디인지?

용산범대위는 '용산참사'가 발생한 2009년 1월 20일 빈민단체, 노동단체, 인권단체, 종교단체, 진보정당, 촛불네티즌단체 등이 모여 범대위에 대한 구성 논의를 거쳐, 1월 20일 80여 개 단체(이후 100여 개 단체)가 참여하는 범대위가 구성되었어요. 대표적인 범대위 구성단체는 한국진보연대, 전국빈민연합, 전국농민회총연맹, 사회주의정당준비모임, 민주화를위한전국교수협의회, 전국민주노동조합총연맹, 민주화실천가족운동협의회, 민족미술협의회, 한국작가회의, 진보신당, 민주노동당 등이 있습니다. 출범 당시 범대위는 '용산참사' 진상규명 및 책임자 처벌, 뉴타운·재개발정책의 근본적인 대책마련, '용산참사' 사망자·부상자·연행자 및 철거민 대책마련 등을 위하여 투쟁하기로 결정하게 되었고요. 그리고 '용산참사'에 참여한 종교단체로는 천주교, 불교, 원불교, 기독교 등이 포함된다. 그리고 종교단체들도 '용산참사' 직후 범대위가 구성된 초기부터 각종 추모행사 등을 통해서 적극적으로 참여하게 되었습니다.

10. 현재, 상가세입자들의 제도적인 보상방법에 대해서 어떻게 보는지?

첫째는 상가세입자들은 손실보상 3개월치, 용산 이후로 4개월분, 딱 그것밖에 없었던 거잖아요. 현재도 그렇고요. 따라서 상가세입자들이 선택할 수 있는 선택지들이 주거세입자들에 비해 너무 없습니다. 손실보상 몇 개월 치를 빼고는 상가세입자들에 대한 다른 대책이 없다 보니 폭이 너무 좁다는 것이고……. 두 번째가 용산처럼 도시환경정비사업이나 재개발, 공익사업 등이 이뤄지는 지역에서 절차에서 정비구역 지정되고, 사업시행인가, 관리처분인가, 철거 순으로 이뤄지는데. 주거세입자들은 사업시행인가가 날 때부터 이미 보상대책을 알게 됩니다. 즉, 주거세입자들은 임대아파트 입주자격이 있구나, 혹은 주거이전비를 받는구나 그 정도는 알게 돼요. 그때 그게 해당 안 되는 사람들은 대책을 마련하는 거고…… 해당되더라도 임대아파트가 주어지게 되는 것은 아니고…… 입주 자격만 주어지게 되는 거니까…… 어쨌든 본격적인 철거 이전에 자신의 대책에 대해 고민하는 시간이 생긴다는 거죠. 그러나 상가세입자들은 영업 손실보상밖에 없으니까 손실보상이라는 것이 관리처분시기에 감정평가결과가 최종금액으로 산정되면서 통보되거든요. 따라서 상가세입자들은 보상과 관련된 구체적인 내용들을 철거가 임박해서야 알게 됩니다.

11. 상가세입자들이 보상에 동의하지 않으면, 어떤 조치들을 취하게 되나요?

주거세입자는 철거 이전에 자신의 상태에 대해서 알게 되지만, 상가세입자들은 철거 직전에 알게 되니까 처음엔 개발된다고 그래도 신경 잘 안 쓰시고 그러다가 나중에 평가금액 받아 보시고 그때부터 조치를 취하게 됩니다. 그러나 이의제기나 문제제기할 수 있는 시간적 상황은 촉박해지고……. 그 상황에 놓였을 때 주거세입자나 상가세입자나 가장 먼저 조합을 찾아가게 되는데, 조합에서는 제대로 된 평가금액 항목내역을 공개하지 않거든요. 조합에는 입구에서는 용역들이 항상 버티면서 위협적으로……. 이분들이 그다음으로 가는 곳은 용산구청이죠. 그 지역에서 오랫동안 살아왔던 분들은 공공에 대한 신뢰가 그래도 있어요. 구청에서는 우리들이 주민이니까 10년 동안 살아온 주민인데 우리들의 이야기를 외면하지 않겠지, 하고 구청을 찾아가게 되는데…… 그러나 돌아오는 답변은 별거없죠. 집 있고 땅 있는 사람들이 자기 돈 가지고 사업하는데 세입자들이 자꾸 더 달라고 하면 되겠느냐고 하거나, 구청이 관할하는 게 아니라 조합 가서 알아봐라 이렇게 얘기하는 거죠. 극단적인 경우는 용산구청처럼 떼잡이들, 이런 식으로 크게 간판을 붙여 놓기도 하고. 거기서 크게 실망을 하게 되는 거죠. 구청에서 그런 식의 입장(얘기)을 듣고 나니. 그 분들도 사실 제도적이고 법적인 시도는 다 해 보시죠. 하지만 다 안 되고……. 이 문제를 풀어 나갈 방법들을 찾지 못하는 거고, 그러다보니 극단적인 싸움의 양산으로 가는 경우가 많은 것 같습니다.

부록 3. 「도시재정비 및 주거환경정비법」 제정안

1. 「도시재정비 및 주거환경정비법」 제정사유

최근 재정비촉진사업, 주택재개발·재건축 등 정비사업이 부동산 경기침체, 사업성 저하, 주민 간 갈등 등으로 지연·중단되고 있다. 이에 따라 정비사업에 대한 공공의 역할을 확대하고, 규제완화 등을 통해 정비사업의 원활한 추진을 지원한다. 사업 추진이 어려운 지역은 주민의 의사에 따라 추진위원회 또는 조합을 해산함과 아울러 정비구역을 해제하고, 사업단계별로 일정기간 사업이 진행되지 않을 경우 정비구역이 자동 해제되는 일몰제를 도입하는 등 정비구역의 사업조정을 지원한다. 또한, 전면 철거형 정비방식에서 벗어나 정비·보전·관리를 병행할 수 있는 새로운 정비사업방식을 도입하고, 중장기 도시재정비 국가전략을 마련하는 등 도시재정비 기능을 보완한다. 그리고 정비사업 관련제도의 효율적 운영을 위해 정비사업과 관련된 현행 「도시 및 주거환경정비법」과 「도시재정비촉진을 위한 특별법」을 통합하여 「도시재정비 및 주거환경정비법」을 제정하고 상기의 제도개선 사항을 동법에 도입한다.

2. 「도시재정비 및 주거환경정비법」 주요 내용

1. 정비사업 관련계획의 체계화 등
1) 국토해양부는 도시재정비 및 주거환경정비에 대한 10년 단위의 중장기 전략계획을 수립하고, 시·도지사 또는 대도시 시장은 전략계획에 부합하도록 정비기본계획을 수립하도록 함(안 제4조).
2) 시·도지사 또는 대도시시장이 정비기본계획 수립 시 생활권별 정비·보전·관리 등에 관한 계획을 포함하여 수립할 수 있도록 하고, 이 경우 정비예정구역을 지정하지 아니할 수 있도록 함(안 제5조).
3) 시장·군수·구청장이 재정비촉진계획을 정비기본계획의 범위 내에서 수립하도록 하여 정비사업 관련계획 간 위계를 합리적으로 조정함(안 제13조).
4) 정비기본계획 등 정비사업과 관련된 계획을 수립하는 경우 도심 활성화에 필요한 국가 또는 지자체의 사업을 정비사업과 연계하여 추진할 수 있도록

함(안 제5조, 제6조, 제13조).

2. 재정비촉진계획 주민의견 수렴 강화 등

1) 재정비촉진지구를 지정하는 경우에는 주민설명회를 개최하도록 하고, 재정비 촉진계획을 수립하는 경우에는 주민공람·공고 기간을 연장함과 아울러, 필요시 주민동의 절차를 시·도 조례로 정할 수 있도록 함(안 제9조, 제13조).

2) 재정비촉진계획에 주택재개발, 주택재건축, 도시개발사업, 시장정비사업 등 7개 사업에 역세권개발사업, 산업단지재생사업을 추가하여 광역적 정비가 가능하도록 함(안 제2조).

3) 상가세입자가 많은 재정비촉진지구에서는 임대주택의 일부를 임대상가 등으로 건설할 수 있도록 함(안 제98조).

3. 정비·보전·관리를 병행할 수 있는 정비사업 방식 도입

1) 양호한 단독 주택지를 대상으로 지자체는 기반시설을 설치하고 주민들은 주택을 개량·정비하는 주거지재생사업을 도입함(안 제2조, 제18조, 제20조 등).

2) 일정 기준을 충족하는 블록단위(100호 이내) 범위 내에서 보전·개발할 수 있는 소규모 주택정비사업을 도입함(안 제2조, 제18조, 제20조 등).

3) 한국토지주택공사 등 공공이 시행하는 주거환경개선사업에 관리처분방식을 도입함(안 제18조).

4) 상업지에 소규모 상가 신·개축 등을 통해 점진적으로 도심환경을 개선할 수 있도록 도시환경정비사업에 현지개량방식을 도입함(안 제18조).

4. 정비사업에 공공의 역할 강화

1) 정비사업에 공공관리제를 적용하는 경우에는 추진위원회의 설립을 생략할 수 있도록 함(안 제25조).

2) 공공관리자의 업무범위에 이주대책계획 및 관리처분계획 수립의 지원을 추가함(안 제117조).

3) 광역자치단체가 기초자치단체의 공공관리제 관리비용의 전액 또는 일부를 보조할 수 있도록 함(안 제117조).

4) 조합장이 장기간 공석인 경우에는 조합장 선출을 위한 총회를 소집할 수 있도록 시장·군수에게 관련 권한을 부여함(안 제37조).

5) 시장·군수가 관리처분계획 인가를 검토할 경우 한국감정원 등 전문 공공기관에 검증을 의뢰할 수 있도록 함(안 제65조).

6) 정비구역의 가구별 소득수준, 거주 형태 등을 조사하여 세입자 대책 수립 등 정비계획 수립에 활용할 수 있도록 함(안 제98조).

5. 정비사업의 투명성 제고를 통한 주민 간 갈등 완화

1) 조합 총회가 중요 안건을 처리하는 경우 조합원 직접 출석비율을 현행 10%에서 20%로 상향 조정하고, 정비사업비가 10% 이상 증가하는 경우 사업시행인가 및 관리처분인가 시 조합원 동의요건을 현행 조합원의 1/2에서 2/3로 상향 조정함(안 제37조).

2) 조합 운영에 필요한 예산·회계에 관한 처리기준을 마련·보급하여 투명한 회계처리가 가능하도록 지원(안 제111조)

3) 개인 정보(주민번호)를 제외한 정비사업과 관련된 모든 정보를 인터넷 등을 통해 공개토록 함(안 제112조).

4) 기초자치단체에 설치·운영하고 있는 분쟁조정위원회를 상급 관청인 광역시·도에도 설치토록 함(안 제114조).

5) 정비사업 시공업체 선정과정에서 금품을 제공한 자와 제공받은 자 모두를 처벌하도록 함(안 제127조).

6. 사업 추진이 어려운 지역에 대한 정비구역 해제 절차 마련

1) 정비사업 추진이 어려운 지역은 일정비율 이상의 주민 동의 시 추진위원회 및 조합의 설립인가를 취소함과 동시에 정비구역을 해제토록 함(안 제29조).

2) 신규로 지정될 정비구역은 사업 단계별로 일정 기간 동안 사업이 진행되지 않을 경우 정비구역을 자동 해제하는 일몰제를 도입함(안 제7조).

3) 정비구역이 해제된 경우 용도지역 등 도시관리계획 결정사항은 정비구역 지정 이전으로 환원토록 하되, 해제된 정비구역이 재정비촉진지구 내에 있는 경우 재정비촉진계획 중 기반시설 설치와 관련된 도시관리계획 결정은 유지토록 함(안 제7조).

7. 현행 「도시 및 주거환경정비법」에 따른 도시·주거환경정비기금과 「도시재정비 촉진을 위한 특별법」에 따른 재정비촉진특별회계를 도시재정비 및 주거환경정비기금으로 통합함(안 제123조).

8. 용적률을 「국토의 계획 및 이용에 관한 법률」에서 정한 상한까지 상향할 수 있도록 허용하고, 이때 증가된 용적률의 일부분을 임대주택으로 건설토록 하는 용적률 인센티브제도를 현행 과밀억제권역 재건축사업과 재정비촉진사업에만 적용하던 것을 전국 재개발사업 및 재건축사업에 확대하여 적용하도록 함(안 제44조).

9. 현행 「도시 및 주거환경정비법」과 「도시재정비촉진을 위한 특별법」의 내용은 「도시재정비 및 주거환경정비법」에 규정하고, 양법은 이 법 시행과 동시에 폐지함(안 부칙 제3조).

3. 「도시재정비 및 주거환경정비법」 제정안(주요 부문)

> **제1조(목적)** 이 법은 도시기능의 회복이 필요하거나 주거환경이 불량한 지역을 종합적으로 개선하기 위해 체계적인 계획을 수립하고, 기반시설의 확충과 도시 및 주거환경을 계획적으로 정비·보전·관리하기 위하여 필요한 사항을 정함으로써 도시경쟁력 강화와 주거생활의 질적 향상에 기여함을 목적으로 한다.

> **제3조(다른 법률과의 관계 등)** ① 이 법은 재정비촉진지구에서는 다른 법률보다 우선하여 적용한다.
> ② 재정비촉진지구 내 정비사업등의 시행에 관하여 이 법에서 규정하지 아니한 사항에 대해서는 해당 사업에 관하여 정하고 있는 관계 법률에 따른다.
> ③ 제2조 제2호 바목에 따른 소규모 주택정비사업은 제5조의 도시재정비·주거환경정비 기본계획의 수립, 제6조의 정비계획의 수립 및 정비구역의 지정에 관련된 사항을 적용하지 아니한다.
> ④ 제7조에 따른 정비구역 등 지정의 효력 상실은 제2조 제4호 나목부터 바목까지의 사업이 시행되는 구역에는 적용하지 아니한다.

> **제4조(도시재정비 및 주거환경정비 기본방침 수립)** 국토해양부는 열악한 도시 및 주거환경을 개선하기 위해 10년마다 다음 각 호의 내용을 포함한 기본방침을 수립하고, 5년마다 그 타당성을 검토하여 그 결과를 기본방침에 반영하여야 한다.
> 1. 도시재정비 및 주거환경개선을 위한 국가 정책방향
> 2. 도시재정비·주거환경정비 기본계획의 수립 방향
> 3. 노후·불량주거지 개선대상 지역의 조사 및 개선계획의 수립
> 4. 도시재정비 및 주거환경정비에 필요한 연차별 재정지원 계획
> 5. 기타 대통령령이 정하는 사항

> **제7조(정비구역 등 지정의 해제 및 효력 상실 등)** ① 시·도지사 또는 대도시의 시장은 정비예정구역 또는 정비구역의 추진상황으로 보아 지정목적을 달성할 수 없다고 인정되는 경우에는 지방도시계획위원회 또는 도시재정비위원회의 심의를 거쳐 정비예정구역 또는 정비구역의 지정을 해제할 수 있다.
> ② 정비예정구역 또는 정비구역이 다음 각 호의 어느 하나에 해당하는 경우에는 정비예정구역 또는 정비구역 지정의 효력이 상실된다.

1. 정비예정구역에 대해 제5조의 기본계획에서 정한 정비구역 지정 예정일로부터 3년이 되는 날까지 시장·군수가 정비구역 지정을 신청하지 아니하는 경우
2. 조합이 시행하려는 주택재개발사업·주택재건축사업이 다음 각 목의 어느 하나에 해당하는 경우
   가. 토지등소유자가 정비구역으로 지정·고시된 날로부터 3년이 되는 날까지 추진위원회 승인을 신청하지 아니하는 경우
   나. 토지등소유자가 정비구역으로 지정·고시된 날로부터 3년이 되는 날까지 조합설립인가를 신청하지 아니하는 경우(제25조에 따른 추진위원회를 구성하지 아니하는 경우에 한정한다)
   다. 추진위원회가 추진위원회 승인일로부터 3년이 되는 날까지 조합설립인가를 신청하지 아니하는 경우
   라. 조합이 조합설립인가일로부터 3년이 되는 날까지 사업시행인가를 신청하지 아니하는 경우
3. 도시환경정비사업을 토지등소유자가 시행하는 경우 토지등소유자가 정비구역으로 지정·고시된 날로부터 5년이 되는 날까지 사업시행인가를 신청하지 아니한 경우
4. 제29조에 따라 추진위원회 또는 조합설립인가가 취소되는 경우

③ 제1항 및 제2항에 따라 정비구역 지정의 효력이 상실된 경우에는 제6조의 정비계획으로 변경된 용도지역 또는 기반시설 등은 정비구역 지정 이전의 용도지역 및 기반시설 등으로 각각 환원되거나 폐지된 것으로 본다. 다만, 제2항에 따라 재정비촉진지구 내 정비구역 지정의 효력이 상실된 경우에는 기반시설 설치와 관련된 도시관리계획 결정사항을 제외하고 제13조의 재정비촉진계획 결정 이전의 상태로 환원된 것으로 본다.

④ 제1항 및 2항에 따라 정비구역 등 지정의 효력이 상실된 경우에는 시·도지사는 지체 없이 그 내용을 해당 지방자치단체의 공보에 고시하고, 국토해양부령으로 정하는 바에 따라 국토해양부장관에게 효력 상실 내용을 보고하여야 하며, 관계 서류를 일반인이 열람할 수 있도록 하여야 한다.

제9조(재정비촉진지구 지정의 신청 등) ① 시장(「지방자치법」 제175조에 따른 서울특별시와 광역시를 제외한 대도시의 시장에 대해서는 재정비촉진지구 내 정비사업 등이 필요하다고 인정되는 지역이 그 관할 지역 및 다른 시·군·구에 걸쳐 있는 경우로 한정한다. 이하 이 조 제3항, 제10조 제3항, 제13조 제1항·제4항 및 제16조에서 같다)·군수·구청장은 특별시장·광역시장 또는 도지사에게 재정비촉진지구의 지정을 신청할 수 있다. 재정비촉진지구를 변경하려는 경우에도 또한 같다.

② 제1항에 따라 재정비촉진지구의 지정을 신청 또는 변경하려는 자는 다음 각 호의 서류 및 도면(변경의 경우에는 변경하려는 사항에 한정한다)을 첨부하여 특별시장·광역시장 또는 도지사에게 제출하여야 한다.

1. 재정비촉진지구의 명칭·위치 및 면적
2. 재정비촉진지구의 지정목적
3. 재정비촉진지구의 현황 (인구, 주택 수, 용적률, 세입자 현황 등)
4. 재정비촉진지구 개발의 기본 방향
5. 재정비촉진지구에서 시행 중인 사업 현황
6. 개략적인 기반시설 설치에 관한 사항
7. 부동산 투기에 대한 대책
8. 그 밖에 대통령령으로 정하는 사항

③ 시장·군수·구청장은 제1항에 따른 재정비촉진지구의 지정 또는 변경을 신청하려는 경우에는 주민설명회를 하고 14일 이상 주민에게 공람하며 지방의회의 의견을 들은 후(이 경우 지방의회는 시장·군수·구청장이 재정비촉진지구의 지정 또는 변경 신청서를 통지한 날부터 60일 이내에 의견을 제시하여야 하며, 의견제시 없이 60일이 지난 때에는 이의가 없는 것으로 본다) 그 의견을 첨부하여 신청하여야 한다. 다만, 대통령령으로 정하는 경미한 사항의 변경을 신청하려는 경우에는 주민 공람 및 지방의회의 의견 청취 절차를 거치지 아니할 수 있다.

제18조(정비사업의 시행방법) ① 주거환경개선사업은 다음 각 호의 어느 하나에 해당하는 방법 또는 이를 혼용하는 방법으로 한다.

1. 제19조에 따른 사업시행자가 정비구역에서 정비기반시설을 새로 설치하거나 확대하고 토지등소유자가 스스로 주택을 개량하는 방법
2. 제19조에 따른 사업시행자가 제52조에 따라 정비구역의 전부 또는 일부를 수용하여 주택을 건설한 후 토지등소유자에게 우선 공급하는 방법
3. 제19조에 따른 사업시행자가 제58조 제2항에 따라 환지(換地)로 공급하는 방법
4. 제19조의 따른 사업시행자가 주택 및 부대·복리시설을 건설한 후 토지등소유자에게 제63조에 따른 관리처분계획에 따라 공급하는 방법

② 주택재개발사업은 정비구역에서 제63조에 따라 인가받은 관리처분계획에 따라 주택 및 부대시설·복리시설을 건설하여 공급하는 방법 또는 제58조 제2항에 따라 환지로 공급하는 방법으로 한다.

③ 주택재건축사업은 정비구역 또는 정비구역이 아닌 구역에서 제63조에 따라 인가받은 관리처분계획에 따라 주택 및 부대시설·복리시설을 건설하여 공급하는 방법으로 한다. 다만, 주택단지 안에 있지 아니한 건축

물의 경우에는 지형여건이나 주변 환경으로 보아 사업시행상 불가피한 경우와 정비구역에서 시행하는 사업으로 한정한다.

④ 도시환경정비사업은 다음 각 호의 어느 하나에 해당하는 방법 또는 이를 혼용하는 방법에 따른다.

1. 정비구역에서 제63조에 따라 인가받은 관리처분계획에 따라 건축물을 건설하여 공급하는 방법 또는 제58조 제2항에 따라 환지로 공급하는 방법
2. 정비구역에서 사업시행자가 정비기반시설을 새로이 설치하거나 확충하고 건축물은 토지등소유자가 신축 또는 개량하는 방법

⑤ 주거지재생사업은 제20조에 따른 주거지재생사업의 사업시행자가 정비구역에서 정비기반시설 및 공동이용시설을 새로 설치하거나 확대하고 토지등소유자가 스스로 주택을 개량하는 방법으로 한다.

⑥ 소규모 주택정비사업은 가로구역안에서 제63조에 따라 인가받은 관리처분계획에 따라 주택 등을 건설하여 공급하거나, 보존 또는 개량하는 방법에 의한다.

제25조(조합의 설립 및 추진위원회의 구성) ① 특별자치도지사·시장·군수·구청장 또는 토지주택공사 등이 아닌 자가 정비사업을 시행하려는 경우에는 토지등소유자로 구성된 조합을 설립하여야 한다. 다만, 제20조 제3항에 따라 도시환경정비사업을 토지등소유자가 시행하려는 경우에는 그러하지 아니하다.

② 제1항에 따라 조합을 설립하려는 경우에는 제6조에 따른 정비구역 지정 고시(정비구역이 아닌 구역에서 주택재건축사업을 하는 경우에는 제24조 제5항에 따른 주택재건축사업의 시행결정을 말한다) 후 위원장을 포함한 5명 이상의 위원 및 제27조 제2항에 따른 운영규정에 대한 토지등소유자 과반수의 동의를 받아 조합설립을 위한 추진위원회를 구성하여 국토해양부령으로 정하는 방법과 절차에 따라 특별자치도지사 또는 시장·군수·구청장의 승인을 받아야 한다.

③ 제2항에 따라 추진위원회의 구성에 동의한 토지등소유자(이하 "추진위원회 동의자"라 한다)는 제28조 제1항부터 제3항까지의 규정에 따른 조합 설립에 동의한 것으로 본다. 다만, 제28조에 따른 조합 설립인가 신청 전에 특별자치도지사 또는 시장·군수·구청장 및 추진위원회에 조합 설립에 대한 반대의 의사표시를 한 추진위원회 동의자의 경우에는 그러하지 아니하다.

④ 제2항에 따른 토지등소유자의 동의를 받으려는 자는 그 동의를 받기 전에 대통령령으로 정하는 방법과 절차에 따라 제3항의 내용을 설명·고지하여야 한다.

⑤ 제2항에 따른 추진위원회 위원에 관하여는 제36조 제1항부터 제3항까지의 규정을 준용한다. 이 경우 "조합"은 "추진위원회"로, "임원"은 "위원"으로 본다.

⑥ 제2항에도 불구하고 소규모 주택정비사업은 추진위원회를 구성하지 아니하며, 제117조에 따른 공공관리를 시행하는 구역에서는 추진위원회를 구성하지 아니할 수 있다.

⑦ 제6항에 따라 추진위원회를 구성하지 아니하는 경우 조합설립에 필요한 방법과 절차는 대통령령으로 정한다.

제29조(조합설립인가 등의 취소) ① 특별자치도지사 또는 시장·군수·구청장은 다음 각 호에 해당하는 경우에는 추진위원회의 승인 또는 조합설립인가(이하 이 조에서 "조합설립인가 등"이라 한다)를 취소하여야 한다.
  1. 추진위원회 설립에 동의한 토지등소유자 2분의 1 이상 3분의 2 이하로서 시·도조례로 정하는 비율 또는 토지등소유자의 과반수 이상의 동의로 추진위원회의 해산을 신청하는 경우
  2. 조합설립에 동의한 조합원의 2분의 1 이상 3분의 2 이하로서 시·도조례로 정하는 비율 또는 토지등소유자의 과반수 이상의 동의로 조합의 해산을 신청하는 경우
  3. 제7조에 따라 구역지정이 해제되는 경우

② 제1항에 따라 조합설립인가 등이 취소되는 경우에는 특별자치도지사 또는 시장·군수·구청장은 지체 없이 인가취소 내용을 해당 지방자치단체의 공보에 고시하여야 한다.

③ 제1항 제1호에 따라 추진위원회 승인이 취소된 경우 시·도지사 또는 시장·군수·구청장은 해당 추진위원회가 사용한 비용의 일부를 시·도조례가 정하는 바에 따라 보조할 수 있다.

제37조(총회 개최 및 의결 사항) ① 조합에 조합원으로 구성되는 총회를 둔다.

② 총회는 제36조 제4항의 경우를 제외하고는 조합장이 직권으로 소집되거나 조합원 5분의 1 이상 또는 대의원 3분의 2 이상의 요구로 조합장이 소집한다.

③ 다음 각 호의 사항은 총회의 의결을 거쳐야 한다.
  1. 정관의 변경(제33조 제3항 단서에 따른 경미한 사항을 변경하는 경우에는 이 법 또는 정관에서 총회의결사항으로 정한 경우만 해당한다)
  2. 자금의 차입과 그 방법·이자율 및 상환방법
  3. 제87조에 따른 비용의 금액 및 징수방법
  4. 정비사업비의 사용

5. 예산으로 정한 사항 외에 조합원에게 부담이 될 계약
6. 시공자·설계자 또는 감정평가업자(주택재개발사업은 제외한다)의 선정 및 변경. 다만, 감정평가업자 선정 및 변경은 총회 의결을 거쳐 특별자치도지사 또는 시장·군수·구청장에게 위탁할 수 있다.
7. 정비사업 전문관리업자의 선정 및 변경
8. 조합임원의 선임 및 해임
9. 정비사업비의 조합원별 분담명세
10. 제43조에 따른 사업시행계획서의 수립 및 변경(제41조 제1항에 따른 정비사업의 중지 또는 폐지에 관한 사항을 포함하며, 같은 항 단서에 따른 경미한 변경은 제외한다)
11. 제63조에 따른 관리처분계획의 수립 및 변경(제63조 제1항 각 호 외의 부분 단서에 따른 경미한 변경은 제외한다).
12. 제74조에 따른 청산금의 징수·지급(분할징수·분할지급을 포함한다)과 조합 해산 시의 회계보고
13. 조합임원 선출과 관련하여 선거관리위원회 위탁에 관한 사항
14. 그 밖에 조합원에게 경제적 부담을 주는 사항 등 주요한 사항을 결정하기 위하여 필요한 사항으로서 대통령령 또는 정관으로 정하는 사항

④ 제3항 각 호의 사항 중 이 법 또는 정관에 따라 조합원의 동의가 필요한 사항은 총회에 부쳐야 한다.

⑤ 제3항의 규정에 따른 총회 의결사항 중 다음 각 호의 어느 하나에 해당하는 경우에는 다음 각 호의 구분에 따라 의결하여야 한다.

1. 제43조에 따른 사업시행계획서의 수립 및 변경: 조합원 과반수의 동의(정비사업비가 10% 이상 증가하는 경우에는 3분의 2 이상 동의)
2. 제63조에 따른 관리처분계획의 수립 및 변경: 조합원 과반수의 동의(정비사업비가 10% 이상 증가하는 경우에는 3분의 2 이상 동의)

⑥ 총회의 소집절차·시기 및 의결방법 등에 관하여 이 법에서 특별히 정한 경우를 제외하고는 정관으로 정한다. 다만, 총회에서 의결을 하는 경우 조합원이 100분의 10 이상이 직접 출석하여야 하며, 창립총회 등 대통령령으로 정하는 총회의 경우 조합원이 100분의 20 이상이 직접 출석하여야 한다.

⑦ 제2항 및 제6항에도 불구하고 조합장의 결격사유 등에 따른 퇴임 및 해임에 따라 6개월 이상 조합장이 선임되지 않는 경우 시장·군수는 직접 총회를 소집할 수 있다.

제44조(증가용적률에 따른 임대주택의 건설 등) ① 사업시행자는 제6조에 따라 정비계획(이 법에 따라 정비계획으로 의제되는 계획을 포함한다. 이하 이 조에서 같다) 또는 제16조에 따라 재정비촉진계획으로 정해

진 용적률에도 불구하고 지방도시계획위원회의 또는 도시재정비위원회의 심의를 거쳐「국토의 계획 및 이용에 관한 법률」제78조 및 관계 법률에 따른 용적률의 최대한도(이하 이 조에서 "법적 최대용적률"이라 한다)까지 건축할 수 있으며, 사업시행자가 정비계획 또는 재정비촉진계획으로 정해진 용적률을 초과하여 건축하려는 경우「국토의 계획 및 이용에 관한 법률」제78조에 따라 특별시·광역시·특별자치도·시 또는 군의 조례로 정한 용적률 제한을 적용받지 아니한다.

② 사업시행자는 세입자의 주거안정과 개발이익의 조정을 위하여 제1항으로 인하여 증가되는 용적률의 100분의 75의 범위에서 대통령령으로 정하는 비율을 임대주택으로 공급하여야 하며, 임대주택의 규모 및 규모별 비율은 대통령령으로 정한다.

③ 사업시행자는 제2항에 따라 건설되는 임대주택을 대통령령으로 정하는 바에 따라 국토해양부장관, 시·도지사, 토지주택공사 등에게 공급하여야 한다. 이 경우 임대주택의 공급가격은 그 임대주택의 건설에 투입되는 건축비를 기준으로 국토해양부장관이 고시하는 금액으로 하고, 그 부속토지는 인수자에게 기부채납(寄附採納)한 것으로 보며, 인수된 주택은 시·도조례로 정하는 바에 따라 임대주택 또는 전세주택으로 활용하여야 한다.

④ 제1항에서 "관계 법률에 따른 용적률의 최대한도"란 다음 각 호의 어느 하나에 해당하여 건축행위가 제한되는 경우 건축이 가능한 용적률을 말한다.

1. 「국토의 계획 및 이용에 관한 법률」제76조에 따른 건축물의 층수 제한
2. 「건축법」제60조에 따른 높이 제한
3. 「건축법」제61조에 따른 일조 등의 확보를 위한 건축물의 높이 제한
4. 「항공법」제82조에 따른 비행안전구역 내 건축물의 높이 제한
5. 「군사기지 및 군사시설 보호법」제10조에 따른 비행안전구역 내 건축물의 높이제한
6. 「문화재보호법」제90조에 따른 건설공사 시 문화재보호를 위한 건축 제한
7. 그 밖에 건축 관계 법률에 따른 건축 제한으로 인하여 용적률 완화가 불가능하다고 특별자치도지사 또는 시장·군수·구청장이 관계 법률의 근거를 제시하여 제1항에 따른 지방도시계획위원회 또는 「건축법」제4조에 따라 시·도에 두는 건축위원회의 심의를 거쳐 용적률 완화가 불가능하다고 인정된 경우

⑤ 고밀복합형 재정비촉진지구의 경우 증가되는 용적률에 대한 주택의

규모 및 건설비율은 대통령령으로 달리 정할 수 있다.

⑥ 사업시행자는 사업시행인가를 신청하기 전에 미리 임대주택의 규모 등 제2항에 따라 건설되는 임대주택 건설에 관한 사항을 인수자와 협의하여 사업시행계획서에 반영하여야 한다.

⑦ 사업시행자는 정비사업의 준공인가를 받으면 지체 없이 인수자에게 제2항에 따라 건설되는 임대주택의 등기를 촉탁(囑託)하거나 신청하여야 한다. 이 경우 사업시행자가 해당 등기의 촉탁 또는 신청을 거부하거나 지체하는 경우에는 인수자가 등기를 촉탁하거나 신청할 수 있다.

⑧ 제2항에 따라 건설되는 임대주택의 임차인 자격, 임대료 수준 및 임대주택의 인수를 위한 절차와 방법 등에 관하여 필요한 사항은 대통령령으로 정할 수 있다.

제65조(관리처분계획의 공람 및 인가 절차 등) ① 사업시행자는 제63조에 따른 관리처분계획 인가를 신청하기 전에 관계 서류의 사본을 30일 이상 토지등소유자에게 공람하게 하고 의견을 들어야 한다. 다만, 제63조 제1항 각 호 외의 부분 단서에 따른 경미한 사항을 변경하려는 경우에는 토지등소유자의 공람 및 의견청취 절차를 거치지 아니할 수 있다.

② 특별자치도지사 또는 시장·군수·구청장은 관리처분계획 인가신청을 받은 날부터 30일 이내에 인가 여부를 결정하여 사업시행자에게 알려야 한다. 다만, 시장·군수는 인가신청된 관리처분계획의 타당성 검증 등을 위하여 필요한 경우에는 대통령령으로 정하는 공공기관에게 요청할 수 있으며, 그 검증에 소요되는 기간은 인가 처리기간에서 제외한다.

③ 특별자치도지사 또는 시장·군수·구청장은 제2항에 따라 관리처분계획을 인가한 때에는 그 내용을 해당 지방자치단체의 공보에 고시하여야 한다.

④ 사업시행자는 제1항 또는 제3항에 따라 관리처분계획의 공람을 실시할 때 또는 관리처분계획 인가의 고시가 있었을 때에는 대통령령으로 정하는 방법과 절차에 따라 토지등소유자 또는 분양신청을 한 자에게 공람계획 또는 관리처분계획의 인가 내용 등을 통지하여야 한다.

⑤ 특별자치도지사 또는 시장·군수·구청장이 직접 관리처분계획을 수립하는 경우에는 제1항·제3항 및 제4항을 준용한다.

⑥ 제3항에 따른 고시가 있으면 종전의 토지 또는 건축물의 소유자, 지상권자, 전세권자, 임차권자 등 권리자는 제71조에 따른 이전의 고시가 있는 날까지 종전의 토지 또는 건축물을 사용하거나 수익할 수 없다. 다만, 사업시행자의 동의를 받은 권리자 또는 제53조 및 「공익사업을 위한 토지 등의 취득 및 보상에 관한 법률」에 따른 손실 보상이 완료되지 아니한 권리자의 경우에는 그러하지 아니하다.

제98조(세입자 등을 위한 임대주택 건설 등) ① 지방자치단체의 장 및 사업시행자는 세입자 등의 주거안정을 위하여 노력하여야 한다.

② 시장·군수·구청장은 재정비촉진계획 또는 정비계획을 수립하기 전에 지구 또는 정비구역 거주자에 대하여 다음 각 호의 사항을 포함한 주거실태를 조사하여야 한다.

1. 주택 수, 세대 수 및 거주자 수
2. 가구별 소득수준 및 직업형태
3. 주택의 규모 및 거주형태[자가(自家)·전세·월세 등]
4. 주택가격 및 임대료 수준
5. 그 밖에 대통령령으로 정하는 사항

③ 시장·군수·구청장은 재정비촉진계획 또는 정비계획을 수립할 경우 세입자 등의 재정착을 유도하기 위하여 다음 각 호의 사항을 포함한 주택수요를 조사하여 재정비촉진계획 또는 정비계획에 반영하여야 한다.

1. 주택규모, 임대료 수준 등을 포함한 임대주택 희망수요
2. 주택규모, 분양가격 수준 등을 포함한 소형 분양주택 희망수요
3. 인근지역 이주 희망수요
4. 그 밖에 대통령령으로 정하는 사항

④ 시장·군수·구청장은 재정비촉진계획 또는 정비계획을 수립할 경우 제2항 및 제3항에 따른 조사결과를 고려한 임대주택 건설계획을 포함하여야 하며, 사업시행자는 그 계획에 따라 임대주택을 건설·공급하여야 한다. 이 경우 임대주택의 공급방법 등은 국토해양부령으로 정할 수 있다.

⑤ 사업시행자는 정비사업을 시행하는 기간 동안 주택소유자(정비구역에 실제 거주하는 자에 한정한다) 또는 세입자의 주거안정을 위하여 인근지역에 자체 건설하는 「보금자리주택건설 등에 관한 특별법」 제2조 제1호 가목에 해당하는 보금자리주택 또는 매입임대주택 등으로 임시거주시설을 지원하거나 재정비촉진사업을 단계적으로 개발하는 순환개발 방식을 활용할 수 있다.

⑥ 사업시행자가 제5항에 따라 순환개발 방식으로 사업을 시행하려는 경우에는 사업시행인가를 신청하기 전에 미리 인근지역의 보금자리주택 또는 매입임대주택 등 임시거주시설의 확보 여부, 이주 대상자, 임대 조건 등 순환개발 방식의 시행계획을 수립하여 사업시행계획서에 반영하여야 한다.

⑦ 재정비촉진지구 사업시행자 및 시장·군수·구청장은 재정비촉진지구의 영세상인 및 상가 세입자 보호대책을 수립하여야 한다.

⑧ 재정비촉진지구 사업시행자는 제7항의 대책 마련 등을 위하여 제44조 제2항에 따라 공급하여야 하는 임대주택 비율 중 일부는 임대를 위한

상가, 점포 또는 작업장(이하 "임대상가 등"이라 한다)으로 건설할 수 있으며, 이에 필요한 사항은 시·도조례로 정한다.

⑨ 재정비촉진지구 사업시행자는 사업시행인가를 신청하기 전에 미리 임대상가 등의 규모 등 제8항에 따라 건설되는 임대상가 등 건설에 관한 사항을 인수자와 협의하여 사업시행계획서에 반영하여야 한다.

제111조(회계감사) ① 특별자치도지사·시장·군수·구청장 또는 토지주택공사 등이 아닌 사업시행자는 대통령령으로 정하는 방법과 절차에 따라 다음 각 호의 어느 하나에 해당하는 시기에 「주식회사의 외부감사에 관한 법률」 제3조에 따른 감사인의 회계감사를 받아야 하며, 그 감사결과를 회계감사가 끝난 날부터 15일 이내에 특별자치도지사 또는 시장·군수·구청장에게 보고하고 이를 해당 조합에 보고하여 조합원이 공람할 수 있도록 하여야 한다.

1. 제27조 제5항에 따라 추진위원회에서 조합으로 인계되기 전 7일 이내
2. 제41조 제4항에 따른 사업시행인가 고시일부터 20일 이내
3. 제69조 제1항에 따른 준공인가 신청일부터 7일 이내

② 제1항에 따라 회계감사가 필요한 경우 사업시행자는 그 특별자치도지사 또는 시장·군수·구청장에게 회계감사기관의 선정·계약을 요청하여야 하며, 요청을 받은 특별자치도지사 또는 시장·군수·구청장은 즉시 회계감사기관을 선정하여 회계감사가 이루어지도록 하여야 한다.

③ 제2항에 따라 회계감사기관을 선정·계약한 경우 특별자치도지사 또는 시장·군수·구청장은 공정한 회계감사를 위하여, 선정된 회계감사기관을 감독하여야 하며, 필요한 처분이나 조치를 명할 수 있다.

④ 사업시행자는 제2항에 따라 회계감사기관의 선정·계약을 요청하려는 경우에는 특별자치도지사 또는 시장·군수·구청장에게 회계감사에 필요한 비용을 미리 예치하여야 한다. 특별자치도지사 또는 시장·군수·구청장은 회계감사가 끝난 경우 예치된 금액에서 회계감사 비용을 직접 지불한 후 나머지 비용은 사업시행자와 정산하여야 한다.

⑤ 국토해양부장관은 사업시행자가 이해관계자에게 유용한 재무정보를 제공할 수 있도록 적합한 회계처리기준을 작성하여 보급할 수 있다.

제112조(도시재정비위원회) ① 다음 각 호의 사항을 심의하거나 시·도지사 또는 대도시 시장의 자문에 응하기 위하여 시·도지사 또는 대도시 시장 소속으로 도시재정비위원회를 둘 수 있다.

1. 정비구역 또는 재정비촉진지구의 지정 및 변경에 대한 심의 또는 자문
2. 정비계획 또는 재정비촉진계획의 수립에 대한 자문
3. 정비계획 또는 재정비촉진계획의 결정 및 변경에 대한 심의 또는 자문

4. 정비사업 또는 재정비촉진사업의 시행에 대한 자문 등

5. 그 밖에 도시재정비 촉진을 위하여 필요한 사항에 대한 자문

② 제1항에 따른 도시재정비위원회의 설치 및 운영에 필요한 사항은 대통령령으로 정하는 범위에서 해당 지방자치단체의 조례로 정한다.

제113조(감독) ① 시·도지사 또는 시장·군수·구청장은 사업시행자가 재정비촉진계획을 위반하여 재정비촉진사업을 시행하는 경우에는 시정기간을 정하여 이를 시정하도록 명할 수 있다.

② 시·도지사 또는 시장·군수·구청장은 제1항에 따른 시정명령을 받고도 해당 기간에 시정하지 않는 사업시행자에 대해서는 사업시행자 지정의 취소, 해당 법령에 따른 재정비촉진사업의 인가 또는 승인의 취소 등 필요한 조치를 할 수 있다.

③ 정비사업의 시행이 이 법 또는 이 법에 따른 명령·처분이나 사업시행계획서 또는 관리처분계획에 위배된다고 인정될 때에는 정비사업의 적정한 시행을 위하여 필요한 범위에서 시·도지사(특별자치도지사는 제외한다)는 시장·군수·구청장, 추진위원회, 주민대표회의, 사업시행자 또는 정비사업 전문관리업자에게, 특별자치도지사 또는 시장·군수·구청장은 추진위원회, 주민대표회의, 사업시행자 또는 정비사업 전문관리업자에게 그 처분의 취소·변경 또는 정지, 그 공사의 중지·변경, 임원의 개선 권고, 그 밖에 필요한 조치를 할 수 있다.

④ 시·도지사는 이 법에 따른 정비사업의 원활한 시행을 위하여 관계 공무원 및 전문가로 구성된 점검반을 구성하여 정비사업 현장조사를 통하여 분쟁의 조정, 위법 사항의 시정 요구 등 필요한 조치를 할 수 있다. 이 경우 관할 지방자치단체의 장과 조합 등은 대통령령으로 정하는 자료의 제공 등 점검반의 활동에 적극 협조하여야 한다.

⑤ 제1항부터 제4항의 규정에 따라 조치한 사항에 대해서는 시장·군수·구청장은 시·도지사에게, 시·도지사 또는 특별자치도지사는 국토해양부장관에게 그 결과를 보고하여야 한다.

⑥ 제4항의 정비사업 현장조사를 하는 공무원에 관하여는 제110조 제3항의 규정을 준용한다.

제114조(시·도 도시분쟁조정위원회의 구성 등) ① 시·군·구(자치구를 말한다. 이하 이 조에서 같다)를 당사자로 발생된 정비사업의 시행과 관련된 분쟁의 조정을 위하여 시·도에 도시분쟁조정위원회(이하 "조정위원회"라 한다)를 둔다.

② 시·도 조정위원회는 부시장·부지사를 위원장으로 한 10인 이내의 위원으로 구성하며, 위원은 다음 각 호의 어느 하나에 해당하는 사람 중

에서 시·도지사가 임명 또는 위촉한다. 이 경우 제1호 및 제3호의 어느 하나에 해당하는 사람이 각 2인 이상이 포함되어야 한다.

1. 해당 시·군·구에서 정비사업 관련업무에 종사하는 5급 이상 공무원
2. 대학이나 연구기관에서 부교수 이상 또는 이에 상당하는 직에 재직하고 있는 사람
3. 변호사, 건축사, 감정평가사, 공인회계사
4. 그 밖에 정비사업에 전문적 지식을 갖춘 사람으로서 시·도조례로 정하는 사람

제115조(시·군·구 도시분쟁조정위원회의 구성 등) ① 정비사업의 시행으로 인하여 발생된 분쟁의 조정을 위하여 정비구역이 지정된 시·군·구(자치구를 말한다. 이하 이 조에서 같다)에 조정위원회를 둔다.

② 시·군·구 조정위원회는 부시장·부구청장 또는 부군수를 위원장으로 한 10인 이내의 위원으로 구성하며, 위원은 다음 각 호의 어느 하나에 해당하는 사람 중에서 시장·군수가 임명 또는 위촉한다. 이 경우 제1호 및 제3호의 어느 하나에 해당하는 사람이 각 2인 이상이 포함되어야 한다.

1. 해당 시·군·구에서 정비사업 관련업무에 종사하는 5급 이상 공무원
2. 대학이나 연구기관에서 부교수 이상 또는 이에 상당하는 직에 재직하고 있는 사람
3. 변호사, 건축사, 감정평가사, 공인회계사
4. 그 밖에 정비사업에 전문적 지식을 갖춘 사람으로서 시·도조례로 정하는 사람

제116조(조정위원회의 조정 등) ① 정비사업과 관련한 분쟁당사자는 해당 조정위원회에 조정을 신청할 수 있으며, 조정위원회는 조정의 신청을 받은 날부터 60일 이내에 조정절차를 마쳐야 한다. 다만, 기간 내에 조정절차를 마칠 수 없다고 판단되는 경우에는 조정위원회의 의결로 그 기간을 1회에 한해 연장할 수 있으며 그 기간은 30일 이내로 한다.

② 조정위원회는 정비사업의 시행과 관련된 분쟁 사항을 심사·조정하되, 「주택법」, 「공익사업을 위한 토지 등의 취득 및 보상에 관한 법률」, 그 밖의 관계 법률에 따라 설치된 위원회의 심사·조정대상에 포함되는 사항은 제외할 수 있다.

③ 조정위원회는 제1항에 따른 조정절차를 마친 경우 조정안을 작성하여 지체 없이 각 당사자에게 제시하여야 하며, 조정안을 제시받은 각 당사자는 그 제시받은 날부터 15일 이내에 그 수락 여부를 조정위원회에 통

보하여야 한다.

　④ 당사자가 조정안을 수락한 경우 조정위원회는 즉시 조정서를 작성하고, 위원장 및 각 당사자는 이에 서명·날인하여야 한다. 이 경우 당사자 간 조정서와 동일한 내용의 합의가 성립된 것으로 본다.

　⑤ 조정위원회의 구성·운영 및 비용의 부담, 그 밖에 필요한 사항은 시·도조례로 정한다.

제117조(정비사업의 공공관리) ① 특별자치도지사 또는 시장·군수·구청장은 정비사업의 투명성 강화 및 효율성 제고를 위하여 시·도조례로 정하는 정비사업에 대하여 사업시행 과정을 지원(이하 "공공관리"라 한다)하거나, 토지주택공사 등, 「자본시장과 금융투자업에 관한 법률」 제8조 제7항에 따른 신탁업자, 「주택법」 제76조 제1항에 따른 대한주택보증주식회사 또는 이 법 제100조 제1항 각 호 외의 부분 단서에 따라 대통령령으로 정하는 기관에 공공관리를 위탁할 수 있다.

　② 제1항에 따라 정비사업을 공공관리하는 특별자치도지사·시장·군수·구청장 및 공공관리를 위탁받은 자(이하 "수탁관리자"라 한다)는 다음 각 호의 업무를 수행한다.

　1. 추진위원회 또는 주민대표회의 구성을 위한 업무 지원
　2. 정비사업 전문관리업자의 선정(수탁관리자는 선정을 위한 지원만 할 수 있다)
　3. 설계자 및 시공자 선정 방법 등에 대한 지원
　4. 제43조 제4호에 따른 세입자의 주거 및 이주대책 수립에 관한 지원
　5. 제63조에 따른 관리처분계획 수립에 관한 지원
　6. 그 밖에 시·도조례로 정하는 사항

　③ 특별자치도지사 또는 시장·군수·구청장은 수탁관리자의 공정한 업무수행을 위하여 관련자료의 제출 및 조사, 현장점검 등 필요한 조치를 할 수 있으며, 수탁관리자의 행위에 대한 대외적인 책임은 특별자치도지사 또는 시장·군수·구청장에게 있다.

　④ 공공관리에 필요한 비용은 특별자치도지사 또는 시장·군수·구청장이 부담하되, 시·도지사는 시·도조례로 정하는 바에 따라 그 비용의 전부 또는 일부를 지원할 수 있다.

　⑤ 추진위원회가 제2항 제2호에 따라 특별자치도지사 또는 시장·군수·구청장이 선정한 정비사업 전문관리업자를 선정하는 경우에는 제26조 제2항을 적용하지 아니한다.

　⑥ 공공관리의 시행을 위한 방법과 절차, 기준 및 도시·주거환경정비기금의 지원, 시공자 선정 시기 등 필요한 사항은 시·도조례로 정하는 바에 따른다.

제122조(관련 자료의 공개와 보존 등) ① 추진위원회 위원장 또는 사업시행자(조합의 경우 조합임원, 도시환경정비사업을 토지등소유자가 단독으로 시행하는 경우 그 대표자를 말한다. 이하 이 조에서 같다)는 정비사업의 시행에 관한 다음 각 호의 서류 및 관련 자료가 작성 또는 변경된 후 15일 이내에 이를 조합원·토지등소유자 또는 세입자가 알 수 있도록 인터넷과 그 밖의 방법을 병행하여 공개하여야 한다.

1. 추진위원회 운영규정 및 정관 등
2. 설계자, 시공자, 철거업자 및 정비사업 전문관리업자 등 용역업체의 선정 계약서
3. 추진위원회, 주민총회, 조합총회 및 조합의 이사회, 대의원회의 의사록
4. 사업시행계획서
5. 관리처분계획서
6. 해당 정비사업의 시행에 관한 공문서
7. 회계감사보고서
8. 그 밖에 정비사업 시행에 관하여 대통령령으로 정하는 서류 및 관련 자료

② 추진위원회위원장 또는 사업시행자는 제1항에 따른 서류 등을 포함하여 정비사업 시행에 관한 서류 및 관련 자료를 조합원·토지등소유자가 열람·등사 요청을 한 경우 즉시 응하여야 한다. 이 경우 등사에 필요한 비용은 실비의 범위에서 청구인의 부담으로 한다.

③ 추진위원회 위원장, 정비사업 전문관리업자 또는 사업시행자(조합의 경우 조합임원, 제20조 제3항에 따라 도시환경정비사업을 토지등소유자가 시행하는 경우 그 대표자를 말한다)는 제1항에 따른 서류 및 관련 자료와 총회 또는 중요한 회의를 하였을 때에는 속기록, 녹음 또는 영상자료를 만들어 청산 시까지 보관하여야 하며, 제1항에 따라 공개의 대상이 되는 서류 및 관련 자료의 경우 분기별로 공개 대상의 목록, 개략적인 내용, 공개 장소, 열람·복사 방법 등을 대통령령으로 정하는 방법과 절차에 따라 조합원 또는 토지등소유자에게 서면으로 통지하여야 한다.

④ 제1항 및 제2항 규정에 의한 공개 및 열람·등사 등을 하는 경우에는 주민등록번호를 제외하고 공개하며, 그 밖의 공개의 절차 등 필요한 사항은 국토해양부령으로 정한다.

⑤ 특별자치도지사·시장·군수·구청장 또는 토지주택공사 등이 아닌 사업시행자는 정비사업을 완료하거나 폐지하였을 때에는 시·도조례로 정하는 바에 따라 관계 서류를 특별자치도지사·시장·군수 또는 구청장에게 인계하여야 한다.

⑥ 특별자치도지사·시장·군수·구청장 또는 토지주택공사등인 사업시행자와 제4항에 따라 관계 서류를 인계받은 특별자치도지사 또는 시장·군수·구청장은 해당 정비사업의 관계 서류를 5년간 보관하여야 한다.

제123조(도시재정비·주거환경 정비기금의 설치 등) ① 제5조에 따라 기본계획을 수립하거나 승인하는 특별시장·광역시장·도지사·특별자치도지사 또는 시장은 정비사업의 원활한 수행과 기반시설의 설치 지원 등을 하기 위하여 지방자치단체에 도시재정비·주거환경정비기금(이하 "정비기금"이라 한다)을 설치하여야 한다.
② 정비기금은 다음 각 호의 재원(財源)으로 조성한다.
1. 일반회계로부터의 전입금
2. 정부의 보조금
3. 「지방세법」 제112조(같은 조 제1항 제1호는 제외한다)에 따라 부과·징수되는 재산세 중 대통령령으로 정하는 일정 비율 이상의 금액
4. 제88조에 따른 부담금 및 정비사업으로 발생한 「개발이익환수에 관한 법률」에 따른 개발부담금 중 지방자치단체의 귀속분의 일부
5. 「재건축초과이익 환수에 관한 법률」에 따른 재건축부담금 중 같은 법 제4조 제3항 및 제4항에 따른 지방자치단체 귀속분
6. 「수도권정비계획법」 제16조에 따라 시·도에 귀속되는 과밀부담금 중 해당 시·도의 조례에서 정하는 비율에 해당하는 금액
7. 제92조에 따른 정비구역(주택재건축사업의 정비구역은 제외한다)의 국유지·공유지 매각대금 중 대통령령으로 정하는 일정 비율 이상의 금액
8. 제44조 제4항에 따라 시·도지사, 시장·군수·구청장에게 공급된 재건축 소형주택의 임대보증금 및 임대료
9. 차입금
10. 해당 정비기금의 융자회수금, 이자수익금 및 그 밖의 수익금
11. 그 밖에 시·도조례로 정하는 재원
③ 정비기금은 다음 각 호의 어느 하나의 용도 이외의 목적으로 사용해서는 아니 된다.
1. 이 법에 따른 정비사업으로서 다음 각 목의 어느 하나에 해당하는 사항
가. 기본계획의 수립
나. 안전진단 및 정비계획의 수립
다. 추진위원회의 운영자금 대여
라. 그 밖에 이 법과 시·도조례로 정하는 사항
2. 임대주택의 건설·관리

3. 임차인 주거안정 지원
4. 「재건축초과이익 환수에 관한 법률」에 따른 재건축부담금의 부과·징수
5. 기반시설의 설치 및 그 설치비용의 보조 및 융자
6. 차입금의 원리금 상환
7. 정비기금의 조성·운용 및 관리를 위한 경비
8. 그 밖에 대통령령으로 정하는 사항
④ 국토해양부장관은 필요한 경우에는 지방자치단체의 장으로 하여금 정비기금의 운용 상황을 보고하게 할 수 있다.
⑤ 정비기금의 관리·운용과 개발부담금의 지방자치단체 귀속분 중 정비기금으로 적립되는 비율 등에 관하여 필요한 사항은 시·도조례로 정한다.

제127조(벌칙) 다음 각 호의 1에 해당하는 자는 5년 이하의 징역 또는 5천만 원 이하의 벌금에 처한다.
1. 제30조에 따른 토지등소유자의 서면동의서를 위조한 자
2. 추진위원회 위원 또는 조합임원의 선출과 관련하여 금품, 그 밖에 재산상의 이익을 제공하거나 그 제공의 의사를 표시하거나 그 제공을 약속한 자
3. 제2호에 규정된 이익을 받거나 그 제공의 의사표시를 승낙한 자
4. 정비사업전문관리업자, 설계자 또는 시공자의 선정과 관련하여 금품, 그 밖에 재산상의 이익을 제공하거나 그 제공의 의사를 표시하거나 그 제공을 약속한 자
5. 제4호에 규정된 이익을 받거나 그 제공의 의사표시를 승낙한 자

여관현

현재 서울시립대학교 도시행정학과와 청주대학교 지적학과 외래강사(교수)로 재직 중이며, 안양대학교 마을만들기 연구소 책임연구원, 장수마을 대안개발연구회 연구위원, 서울시립 대학교 사회적기업연구회 연구위원이다. 안양대학교에서 도시정보공학을 전공했고, 인하 대학교에서 부동산학으로 석사학위, 서울시립대학교에서 도시행정학으로 박사학위를 받았 다. 박사논문은 「정책네트워크 관점에서 본 도시재개발사업의 갈등구조 연구」(2012)이다. 박사과정 시기였던 2008년부터 도시재개발사업의 갈등에 대한 학문적 탐구에 집중하기 시 작하였고, 그와 동시에 '장수마을 대안개발연구모임'의 연구진으로 참여하며 '주민참여형 마을만들기' 등 대안적인 재개발 관련 연구 및 실천에 매진하고 있다. 현장과 이론을 적용 할 수 있는 연구를 지향하며, 관심 연구 분야는 대안적인 도시재생사업, 커뮤니티 밀착형 재개발사업, 협력형 및 주민참여형 마을만들기, 서울형 커뮤니티 정비사업 등이다.

용산참사를 통해 본

도시재개발사업의 갈등과 대안

초판인쇄 | 2012년 7월 5일
초판발행 | 2012년 7월 5일

지 은 이 | 여관현
펴 낸 이 | 채종준
펴 낸 곳 | 한국학술정보㈜
주   소 | 경기도 파주시 문발동 파주출판문화정보산업단지 513-5
전   화 | 031) 908-3181(대표)
팩   스 | 031) 908-3189
홈페이지 | http://ebook.kstudy.com
E-mail | 출판사업부 publish@kstudy.com
등   록 | 제일산-115호(2000. 6. 19)

ISBN   978-89-268-3426-8 93350 (Paper Book)
        978-89-268-3427-5 98350 (e-Book)